中小企業金融における会計の役割

坂本孝司・加藤恵一郎［編著］

中央経済社

はじめに

　本書は，中小企業金融における「会計」（具体的には，財務会計・管理会計・財務管理の領域）の機能を理論的かつ実務的に解明することを通じて，中小企業金融における会計の役割期待を明らかにするとともに，この領域における諸課題およびそれらの将来に向けての解決策を提示することを目的とする。

◆中小企業金融の重要性

　わが国では，中小企業金融を含めて「金融システムの再構築」が強く求められている。金融は，人に置き換えれば身体を循環する血液のようなものであり，資金が適切・円滑に供給されて循環していくことによって，経済成長，企業の持続的な発展が図られる。しかし，わが国の企業経営を取り巻く環境，金融を取り巻く環境が急激に変化しているために，中小企業金融のみならず，企業金融のシステム全体に軋みが生じており，金融業界における従来の横並びの量的な拡大競争に集中するようなビジネスモデルはもはや限界に近づいてきているとの指摘がなされている（平成28事務年度「金融行政方針」参照）。

　中小企業金融の領域では，「中小企業者等に対する金融の円滑化を図るための臨時措置に関する法律」（中小企業金融円滑化法）が2009年12月4日に施行され，2013年3月末に終了期限を迎えたが，金融機関は引き続き円滑な資金供給や貸付条件の変更等に努めている。加えて政府は，地域企業の経営診断の指標として『ローカルベンチマーク』を活用した制度設計を指示し，①地域の金融機関や支援機関（商工会議所や認定経営革新等支援機関）が企業と対話を深めること，②担保や個人保証に頼らない融資を促進すること，③生産性向上に努める企業に対して融資を促進していくとしている（2016年3月4日開催の第4回「未来に向けた官民対話」における安倍晋三内閣総理大臣発言）。現在，金融行政，中小企業行政，金融機関および経営革新等支援機関は，これらの施策を実行に移す過程にあり，これら一連の施策が中小企業に関する「金融システムの再構築」を促すことができるか，その成果が問われているところである。

◆実務的かつ理論的な研究

　このような中小企業金融の激変の時代にあって，中小企業金融における会計の果たすべき役割を解明し，かつ将来に向けてその方向性を提示することは，中小企業金融における会計の位置づけからみて，さらには中小企業領域の会計研究の進展にとって，格別に重要な課題であると考えられる。

　しかし，中小企業金融における会計の役割に関しては，実務的なアプローチは散見されるものの，研究者による理論的かつ体系的な研究はほとんど存在していない。また近年，会計学においてはさまざまな実証研究が進展しているが，この領域に関する実証研究もそれほど進んでいないようである。他方，実務家の立場からすれば，日常の多忙な業務に取り組むことが優先され，中小企業金融における会計の役割を理論的・実証的に研究して解明することは二の次になりがちである。とはいえ，実務に立脚した建設的な意見を欠いたまま日常業務を遂行するだけでは，中小企業金融における会計の役割に関する議論や政策が実務を軽視したまま進行してしまうおそれがある。

　本書の原型となったのは，中小企業会計学会（会長：河﨑照行甲南大学教授）に設置された，課題研究委員会「中小企業金融における会計の役割」（2015年度－2016年度）である。同委員会では，約2年間，個別の討議を繰り返すとともに，顧問およびアドバイザーの先生方から助言をいただきながら，白熱した議論を重ねてきた。中小企業会計学会は，「中小企業の会計」を研究対象とする，世界的に見ても希有な学会であり，その設立目的は，①中小企業における会計を対象とする，②会計理論・会計制度・会計実務の3つの側面から解明する，③研究者と実務家の広範な意見交換を行う，④わが国および諸外国の会計理論および会計実務の発展に資する，とされている（設立趣意書）。本書は，「中小企業金融と会計」について，顧問およびアドバイザーに就任していただいた研究者と，中小企業金融に関する実務家が意見交換を行いながら，実務的かつ理論的に解明した成果物であり，まさに中小企業会計学会設立の趣旨にも完全に合致していると自負するところである。

◆本書の概要と特徴

　本書では，「中小企業金融における会計の役割」について，中小企業の金融政

策における会計の位置づけの概要と歴史的な経緯を示したうえで（第Ⅰ部），中小企業金融を「融資（貸出）」（第Ⅱ部），「決算書の信頼性」（第Ⅲ部）および「経営改善」（第Ⅳ部）という3つの要素に区分し，それぞれにおいてその内容を検討している。また，これらの3つの要素は相互に密接に関係していることから，その接点領域における課題と解決策も提示する。加えて，中小企業金融という「場」の当事者である，地域金融機関，中小企業，外部専門家である認定経営革新等支援機関（税理士等）などの役割期待も明らかにする。

本書が取り組む「中小企業金融における会計」をめぐる研究領域は，次に掲げるように，まったく新しい研究領域であるといってよい。

① 金融論が金融を経済学的視点から機能論的な思考に立って検討するのに対して，本研究では，中小企業金融という「場」（中小企業，地域金融機関，税理士等会計専門家など）に焦点を当てて機械論的な視点から検討を加える。

② 「中小企業金融における会計」の領域は，財務会計・管理会計・財務管理という領域を包括しており，その領域は非常に広い。

③ 「中小企業金融における会計」の領域は，理論のみならず，実務的な視点が格別に重要であり，両者の融合した領域である。

本書は，今後わが国で「中小企業金融における会計」を研究したり，各種施策を立案するにあたって，必ず参照しなければならない，せざるを得ない「定番の資料」として位置づけられることを目指している。それゆえに，それぞれの章は，その領域においてもっとも造詣の深い最前線の研究者や実務家が執筆している。また，今後この領域の研究にあたっての基礎資料を提供するため，開示可能な範囲内で，金融機関の信用格付・自己査定・債務者区分等の資料の現物を，さらに金融庁および中小企業庁等による公表資料などを体系的に整理して，網羅的に掲載している。

特筆すべきことは，TKC（1万人超の税理士および公認会計士から構成されるわが国最大級の職業会計人団体）の協力を得て，融資を申し込む中小企業が，金融機関に提出する資料一式［計算書類，税務申告書（各種別表），科目内訳書，記帳適時性証明書，税理士法上の添付書面，各種経営分析資料］の具体的なサンプルを巻末に掲載したことである。研究者や行政庁の方々の一部には，「中小企業の決算書

はでたらめだ」という先入観に立って中小企業金融をめぐる問題を議論される方が少なからずおられる。しかし，わが国の多くの中小企業が，適正な計算書類をはじめとする諸資料を積極的に金融機関に開示し提出していることもまた事実である。本書を読み進めるにあたって，計算書類，税務申告書（各種別表），科目内訳書，記帳適時性証明書，税理士法の書面添付制度などへ言及する箇所がある際には，その都度これらの資料のサンプルに目を通されることをお願いしたい。

　本書は，数多くの方々の温かいご指導とご支援によるものである。とりわけ，本研究の母体となった中小企業会計学会の会長であり，課題委員会の顧問として大所高所からご指導を賜った河﨑照行先生（甲南大学教授）に厚くお礼申し上げたい。また，課題委員会のアドバイザーとして特に理論的な見地からご指導をいただいた椛田龍三先生（専修大学），坂上学先生（法政大学），成川正晃先生（東北工業大学）に深く感謝申し上げる次第である。

　現下の出版事情にもかかわらず本書の出版の機会を与えてくださった株式会社中央経済社の山本継社長に厚くお礼申し上げたい。加えて，本研究の構想段階から誠意をもって対応してくださり，刊行に至るまで常に熱心で真摯なサポートをいただいた同社会計編集部副編集長の田邉一正氏に感謝の意を表したい。

2017年5月

編者　坂本　孝司

（注）　財務諸表，計算書類，決算書の表記の区別について
　財務諸表とは，金融商品取引法上の用語であり，貸借対照表，損益計算書，株主資本等変動計算書，キャッシュ・フロー計算書，附属明細表を意味している。
　計算書類とは，会社法上の用語であり，貸借対照表，損益計算書，株主資本等変動計算書，個別注記表を意味している。
　決算書とは，法律用語ではなく通称であり，財務諸表ないし計算書類を意味している。
　本書では，内容に応じて，適宜使い分けているので，ご留意いただきたい。

Contents

はじめに・I

序章 中小企業金融における会計の役割 ……1

1　はじめに …………………………………………………………1
2　本書のフレームワーク ……………………………………………2
　2.1　中小企業金融における会計の位置づけ・2
　2.2　中小企業金融における融資（貸出）のしくみ・3
　2.3　中小企業金融における決算書の信頼性・3
　2.4　中小企業金融における経営改善・4
3　「融資（貸出）のしくみ」・「決算書の信頼性」・「経営改善」の関係 ………………………………………………………………4
　3.1　相互の関係・4
　3.2　「融資（貸出）のしくみ」と「決算書の信頼性」との相互関係・5
　3.3　「融資（貸出）のしくみ」と「経営改善」との相互関係・5
　3.4　「決算書の信頼性」と「経営改善支援」との相互関係・6
4　機械論的アプローチ ………………………………………………6
　4.1　2つのアプローチ・6
　4.2　本書の立場・8

第Ⅰ部　中小企業金融における会計の位置づけ

第1章　会計情報の役割
― 会計で情報の非対称性を緩和する ―　　12

1　はじめに …………………………………………………………12
2　中小企業金融の特徴としての間接金融 ……………………13
3　金融市場における情報の非対称性 …………………………14
　3.1　逆選択・15
　3.2　モラルハザード・16
4　情報の非対称性への対処 ……………………………………18
　4.1　逆選択への対処・18
　4.2　モラルハザードへの対処・19
5　おわりに …………………………………………………………20

第2章　金融政策における会計の位置づけ
― その歴史的動向 ―　　23

1　はじめに …………………………………………………………23
2　中小企業の金融政策における会計の位置づけ ……………24
3　「中小企業金融における会計の位置づけ」をめぐる日本の動向 ……………………………………………………………29
　3.1　戦後の経済復興期から早期是正措置導入（1998年）前まで・29
　3.2　早期是正措置導入（1998年）からバーゼルⅡ導入（2007年）前まで・29
　3.3　バーゼルⅡ導入（2007年）から改正「中小・地域金融機関向け

の総合的な監督指針」（2011年）まで・32
   3.4　中小会計要領の公表（2012年）から「日本再興戦略 改訂2014」（2014年）前まで・34
   3.5　「日本再興戦略 改訂2014」（2014年）から現在まで・38
4　おわりに …………………………………………………………40
   4.1　各時代区分における特徴・40
   4.2　金融行政の取組み・41
   4.3　中小企業政策の取組み・41
   4.4　中小企業庁・経済産業省および金融庁による「一体的取組み」・42
   4.5　今後の課題・42

第II部　中小企業金融における融資（貸出）

第3章　金融検査マニュアルと金融機関の自己査定
― 金融機関の信用格付と自己査定の実務 ―
48

1　はじめに ……………………………………………………………48
2　「金融検査マニュアル別冊（中小企業融資編）」の公表 ………48
3　自己査定基準の適切性と自己査定結果の正確性の検証
   （別冊中小企業融資編）………………………………………………49
   3.1　自己査定とは・49
   3.2　信用格付とは・50
   3.3　信用格付の正確性・50
   3.4　中小・零細企業等の債務者区分・59
   3.5　信用格付と債務者区分の概念との整合性・61
4　今後の課題 ………………………………………………………62

4.1　金融機関から見た「信頼性ある決算書（財務諸表）」とは・62
　　　4.2　正確な実態財務の把握・64
　　　4.3　非財務情報の把握と評価・64
　5　おわりに ……………………………………………………………65

第4章　金融機関の貸出審査
― 定量・定性・事業性評価に基づいた貸出審査 ―
68

　1　はじめに ……………………………………………………………68
　2　貸出審査フロー ……………………………………………………68
　　　2.1　融資相談受付（ヒアリング）・68
　　　2.2　審査申込書類徴求・70
　　　2.3　貸出審査・70
　　　2.4　貸出可否判断・75
　3　貸出審査ポイント－今金融機関に求められているもの ……76
　　　3.1　実態把握の高度化・76
　　　3.2　事業性評価に基づく融資とコンサルティング機能発揮・77
　　　3.3　経営者保証ガイドライン（2014年2月施行）の活用・77
　4　経営改善計画の策定支援等の取組み ……………………………78
　　　4.1　金融検査マニュアル金融円滑化編・78
　　　4.2　中小企業庁の「経営改善計画策定支援事業」（2013年3月事業開始）・78
　5　おわりに ……………………………………………………………79

第5章 経営者保証に関するガイドライン
― いわゆる「入口段階」での経営者保証に過度に依存しない融資に関して ―

1 はじめに …………………………………………………81
2 「経営者保証に関するガイドライン」における中小企業
  金融と会計のかかわり …………………………………82
  2.1 金融庁と「経営者保証に関するガイドライン」のかかわり・82
  2.2 中小企業庁と「経営者保証に関するガイドライン」のかかわり・84
3 ガイドライン制定の背景と経緯 …………………………86
  3.1 経営者の個人保証による中小企業経営者の実質無限責任化・86
  3.2 経営者の個人保証問題とガイドラインのかかわり・87
4 中小企業に対するガイドライン適用の具体的内容 ………88
  4.1 経営者保証に依存しない融資（入口対応）とは・88
  4.2 入口対応におけるガイドラインの活用事例・92
5 おわりに …………………………………………………94

第6章 事業性評価
― 担保・保証人に過度に依存しない中小企業金融とは ―

1 はじめに …………………………………………………99
2 事業性評価融資の促進へ向けた政策 ……………………100
  2.1 事業性評価融資の政策的位置づけ・100
  2.2 事業性評価融資の具体的内容・102
3 事業性評価融資モデルの具体的検討 ……………………104
  3.1 広島銀行における事業性評価モデル・105
  3.2 広島銀行における事業性評価融資モデルの特徴・108
4 中小企業における事業性評価の将来的方向性 …………109
  4.1 金融仲介機能のベンチマークと事業性評価・109

4.2 事業性評価に対応した中小企業にふさわしい定性情報の開示・111
5 おわりに ……………………………………………………………112

第Ⅲ部　中小企業金融における決算書の信頼性

第7章　中小企業会計基準
― 財務経営力と資金調達力を高める会計の活用 ―　116

1 はじめに ……………………………………………………………116
2 「一般に公正妥当と認められる企業会計の慣行」としての
   中小会計要領 ………………………………………………………117
   2.1 日本に現存する2つの中小企業会計ルール・117
   2.2 中小指針と中小会計要領の普及状況・118
3 中小企業金融の要請と中小会計要領の特徴 ……………………120
   3.1 「中小企業の会計」の理論的構図と中小会計要領・120
   3.2 過去の「中小企業の会計」における「記帳」に対するスタンス・121
   3.3 中小企業政策における中小会計要領の位置づけ・123
   3.4 中小企業会計基準への準拠をコベナンツとする金融支援・125
4 中小会計要領に対する金融機関の誤解 …………………………126
   4.1 棚卸資産・有価証券の評価・127
   4.2 減価償却費の計上方法・128
   4.3 金融機関による誤解の整理・129
5 おわりに ……………………………………………………………130

第8章 会計システム
― 決算書の信頼性を高める会計システムとは ―　133

1　はじめに……133
2　ICT（Information and Communication Technology）の普及と中小企業金融……134
　2.1　クラウド型会計ソフトの台頭・134
　2.2　クラウド型会計ソフトの取引明細取り込み機能と勘定科目の自動推測機能・135
　2.3　フィンテック（FinTech）と中小企業金融・136
3　会計システムと電子帳簿保存法が抱える課題……139
4　中小企業金融の要請に応える会計システムの具備すべき機能……142
5　おわりに……145

第9章 税理士の役割
― 月次巡回監査・会計参与制度・書面添付制度・確定決算主義 ―　149

1　はじめに……149
2　月次巡回監査……150
　2.1　会社法による記帳要件・150
　2.2　中小企業における記帳要件充足の手段・151
3　会計参与制度……153
　3.1　会計参与制度創設までの経緯・153
　3.2　会計参与制度の意義と課題・154
4　書面添付制度……155
　4.1　書面添付制度の趣旨・155
　4.2　監査行為と書面添付制度・156

4.3 書面添付制度の現状・157
5 確定決算主義 ……………………………………………………158
5.1 確定決算主義の意義・158
5.2 確定決算主義における税理士の役割・159
6 おわりに ……………………………………………………………161

第10章 決算書の信頼性 ―――――――――――――――― 166
― 日本における現状と課題の明確化 ―

1 はじめに ……………………………………………………………166
2 決算書の信頼性を支える総合的な枠組み ……………………167
2.1 決算書の信頼性を支える項目の概要・167
2.2 法制度・169
2.3 会計基準・171
2.4 記帳適時性証明書・172
2.5 特に書面添付が決算書の信頼性付与に対して重要な理由・172
3 税理士のかかわり方と決算書の信頼性の程度 ……………174
3.1 税理士の決算書に対するかかわりの度合い・174
3.2 信頼性の程度と税理士法上の責任・175
4 決算書の信頼性向上がもたらすもの ………………………176
4.1 決算書の信頼性向上による効果・176
4.2 税理士の新たな使命・176
5 課題と提言 …………………………………………………………178
5.1 アメリカにおける制度の概要―レビュー，コンピレーション，プリパレーション・178
5.2 ドイツにおける制度の概要・179
5.3 日本における決算書保証制度導入の過程・179
5.4 決算書の信頼性と社会一般の認識・180

5.5　日本における決算書保証業務の行方・181
　　5.6　担い手としての税理士の「独立性」・182
6　おわりに ……………………………………………………183

第Ⅳ部　中小企業金融における経営改善

第11章　経営改善計画 ……………………………………188
　　― 策定と活用による業績管理 ―

1　はじめに ……………………………………………………188
2　中小企業経営者の経営課題と相談相手 ………………189
3　中小企業の「会計の活用」と「中小企業金融」との
　　かかわり …………………………………………………190
　　3.1　中小企業経営者による「中小企業の会計に関する基本要領」
　　　　の活用・192
　　3.2　社内業務管理と会計の活用・194
　　3.3　経営改善計画の活用と税理士のかかわり・195
4　経営改善計画 ……………………………………………198
　　4.1　経営改善計画策定支援の概要・198
　　4.2　会計情報の活用と留意点・201
　　4.3　実施計画の策定・202
5　おわりに ……………………………………………………204
　　5.1　社内管理情報としての会計情報の活用・204
　　5.2　月次サイクル，業務管理レベルにおける会計情報の確からしさの
　　　　確保・204
　　5.3　問われる中小企業経営者の会計活用スキル・205

第12章　モニタリング
― モニタリング実務と金融機関との信頼関係の再構築 ― ……… 207

1　はじめに ……………………………………………………………… 207
2　モニタリングとは …………………………………………………… 208
　2.1　経営改善計画策定支援事業におけるモニタリング・208
　2.2　金融機関が行うモニタリングとは・213
　2.3　コベナンツの有効性・213
3　モニタリングの3つの視点 ………………………………………… 215
　3.1　財務のモニタリング・215
　3.2　事業のモニタリング・221
　3.3　資金のモニタリング・223
4　金融機関との信頼関係の再構築 …………………………………… 224
　4.1　信頼の再構築プロセス・224
　4.2　企業評価の向上・225
5　ITを活用したモニタリング手法 …………………………………… 226
　5.1　モニタリングの実務の課題・226
　5.2　ITを活用したモニタリング手法の一例・226
　5.3　IT活用の効果・228
6　早期経営改善計画策定支援 ………………………………………… 231
　6.1　事業内容・231
　6.2　申請手続・231
　6.3　早期経営改善計画策定における作成資料・232
　6.4　対象事業者・233
　6.5　期待効果・233
7　おわりに ……………………………………………………………… 235
　7.1　財務数値の信頼性・235
　7.2　非財務情報の有用性・237
　7.3　モニタリングによるコミュニケーション・237

Column 1	レモンはお好きですか？・16
Column 2	中小企業金融における会計の役割と『中小企業憲章』・43
Column 3	地域金融機関における「事業性評価」の意義・67
Column 4	今後の地域金融機関の融資審査のポイント・79
Column 5	経営者保証ガイドラインが中小企業経営者の家族を守る・96
Column 6	事業性評価に統一的なモデルはない？・113
Column 7	粉飾決算とは・131
Column 8	フィンテック（FinTech）とは・139
Column 9	公正処理基準と中小企業会計・163
Column 10	会計で会社を強くする・184
Column 11	営業キャッシュフロー・204
Column 12	中小会計要領の導入により，会計を経営戦略に活かしたケース・220

特別収録	中小企業金融における会計の役割と税理士の職責 ─── 241
	── 金融庁 三井秀範検査局長に聞く
資　料	中小企業の決算書・税務申告書等のサンプル ─── 249

おわりに・309

索　引・313

序章

中小企業金融における会計の役割

1　はじめに

　「中小企業金融における会計の役割」をめぐる研究領域は，財務会計・管理会計・財務管理という広範囲のテーマを扱い[1]，かつ，理論と実務を包含するものとなっている。
　まず，「中小企業金融における会計の役割」を解明するにあたって，「融資（貸出）」，「決算書の信頼性」および「経営改善」という3つの要素が格別に重要となっている。さらに，「中小企業金融における会計の役割」に関して，この3つの要素は相互に密接に関係している[2]。そして，中小企業金融という「場」においては，信用供与者（貸し手）である地域金融機関，信用受供者（借り手）である中小企業，「決算書の信頼性」および「経営改善」に関連する外部専門家として認定経営革新等支援機関（税理士等）が存在している。
　このような「中小企業金融における会計の役割」の全体像を図示すれば，**図表 序-1**となる[3]。

図表 序-1　中小企業金融と会計の関係

地域金融機関

融資
（貸出）
[第Ⅱ部]

①「情報の非対称性」の解消・軽減

②信用格付・自己査定・経営力強化

会計
[第Ⅰ部]

認定経営革新等支援機関（税理士等）

決算書の信頼性
[第Ⅲ部]

経営改善
[第Ⅳ部]

③経営改善計画・モニタリング

中小企業

（注）　本書において「融資（貸出）」は第Ⅱ部，「決算書の信頼性」は第Ⅲ部，「経営改善」は第Ⅳ部において取り扱う。

2　本書のフレームワーク

2.1　中小企業金融における会計の位置づけ（第Ⅰ部）

第Ⅰ部「中小企業金融における会計の位置づけ」では，まず，大企業向けの金融市場におけるさまざまな制度設計が，中小企業を対象とした中小企業金融の場では，どのような課題があるのかを考察し，その課題を克服するための中小企業の作り出す会計情報の可能性を考察する。具体的には，金融取引開始時および契約後の「情報の非対称性」，そこから生じている問題（逆選択，モラルハ

ザード)を軽減するシグナリング(担保,保証,計算書類の信頼性,貸出審査など)をとり上げる(第1章)。

続いて,日本の中小企業金融における会計の位置づけの動向を歴史的に考察し,各時代ごとの特徴を描き出す。その1つの傾向は,中小企業憲章(2010年6月閣議決定)前までは,日本の中小企業金融における会計に関する取組みは一体性を欠くものであったが,同憲章制定後は,一体的な取組みが行われる傾向がみられることである。こうした結論にあわせて,現状はなお多くの課題があることも明らかにする(第2章)。

2.2 中小企業金融における融資(貸出)のしくみ(第Ⅱ部)

第Ⅰ部を受けて,第Ⅱ部「中小企業金融における融資(貸出)」では中小企業金融における融資(貸出)のしくみと,そこにおける会計の位置づけを検討する。まず,実際に金融機関で使用されている実物資料に基づいて,金融検査マニュアルの実務上の作用,信用格付と自己査定のしくみを明らかにする(第3章)。そのうえで,定量・定性・事業性評価に基づいた貸出審査の着眼ポイント,金融機関による経営改善計画の策定支援の取組みを解き明かす(第4章)。

かかる検討を前提として,「経営者保証に依存しない融資」を促進するために策定・公表された「経営者保証に関するガイドライン」の内容,同ガイドラインと会計のかかわりを明らかにする(第5章)。さらに,「日本再興戦略 改訂2014」(平成26年6月)以後,中小企業金融において重要性を増している「事業性評価」について,会計がどのように位置づけられているかについても考察を加える(第6章)。

2.3 中小企業金融における決算書の信頼性(第Ⅲ部)

第Ⅲ部では,中小企業金融における喫緊の課題である「決算書の信頼性」をとり上げる。

まず,財務経営力と資金調達力を高める会計の活用という中小企業政策の視点から,中小企業会計基準(中小会計要領および中小指針)の考察を行う(第7章)。続けて,大多数の中小企業が会計ソフトを導入している現状を踏まえ,「決算書の信頼性」と会計システム(とりわけクラウド型会計ソフト)のあり方を明ら

かにする（第8章）。さらに，税理士による月次巡回監査，法制度としての会計参与制度，税理士による申告書の作成証明業務である書面添付制度（税理士法33条の2），会計と税務との調和を図る確定決算主義という個々の観点から，「決算書の信頼性」を確保するしくみを明らかにする（第9章）。

最後に，第8章と第9章の検討を踏まえて，「中小企業金融における決算書の信頼性」について，日本における現状と課題の明確化を行う。ここでは，アメリカおよびドイツにおける制度の概要も示して比較参照しながら，日本における「中小企業の決算書の信頼性」を支える，総合的かつ体系的な枠組み（「日本型保証制度」）を提示する（第10章）。

2.4　中小企業金融における経営改善（第Ⅳ部）

第Ⅳ部では，中小企業金融における経営改善のあり方と，そこにおける会計の役割および機能を明らかにする。まず，「経営改善計画」では，中小企業経営者にとって経営改善計画の策定とその活用がどのような効果をもち，かつ，中小企業会計基準である中小会計要領に準拠した会計の実践との相乗効果によって，中小企業の業績管理にどのように貢献しているのかを考察する。あわせて，経営改善計画と会計・税理士のかかわりについても具体的に論考する（第11章）。続いて，中小企業金融におけるモニタリングについて，経営改善計画支援事業の実務，モニタリングにおける3つの視点（財務・事業・資金繰り），金融機関との信頼関係の再構築の観点から解説を加え，かつ，提案を行う（第12章）。

3　「融資（貸出）のしくみ」・「決算書の信頼性」・「経営改善」の関係

3.1　相互の関係

「中小企業金融における会計の役割」において，「融資（貸出）」，「決算書の信頼性」および「経営改善」という3つの個別要素は，それぞれに独立してその機能を果たすのみならず，相互に密接に関連している。

たとえば，「決算書の信頼性」が失われれば，「情報の非対称性」が解消され

ないために「融資（貸出）」に関して問題が生じる。さらに，「決算書の信頼性」は経営改善計画の策定やその後のモニタリングに関する前提条件であり，「決算書の信頼性」が失われればこれらの実施行為の有効性は大きく毀損される。また，融資先企業の「経営改善」は，金融機関の信用格付・自己査定に直接的に関連しており，経営改善の進展は「融資（貸出）」の推進に結びつく。さらに，地域金融機関によるコンサルティングや認定経営革新等支援機関（税理士等）による経営支援によって企業の「経営力」が「強化」されれば，これも「貸出（融資）」の推進に貢献することになる。

3.2 「融資（貸出）のしくみ」と「決算書の信頼性」との相互関係（図表 序-1の①）

「決算書の信頼性」が失われれば，「情報の非対称性」が解消されないために，「融資（貸出）」に関して問題（逆選択，モラルハザード）が生じる。また，「決算書の信頼性」は，金融庁が求める「担保・保証に過度に依存しない融資」，とりわけ「経営者保証に関するガイドライン」に沿った融資における重要なファクターとなっている。

3.3 「融資（貸出）のしくみ」と「経営改善」との相互関係（図表 序-1の②）

ここでは，信用格付・自己査定さらには事業性評価が重要である。金融機関による債務者区分判定の実務では，必要があれば債務者の計算書類を実態財務数値に修正したうえで財務評価を行い，さらに，経営改善計画等の策定およびその進捗状況等を検討したうえで，その判定を行っている。それゆえに，融資先企業の「経営改善」の進展は，金融機関の信用格付・自己査定に関連しており，「融資（貸出）」の推進に貢献する。

さらに，地域金融機関は，顧客企業に対してコンサルティング機能をより一層発揮し，顧客企業が経営課題を認識したうえで経営改善，企業再生等に向けて自助努力できるよう，最大限支援していくことが期待されている。地域金融機関からのこのようなコンサルティングや認定経営革新等支援機関（税理士等）による経営支援によって「経営力の強化」が図られる企業が輩出されれば，こ

れもまた「貸出（融資）」の推進に貢献することになる[4]。また，地域金融機関がそのコンサルティング機能を発揮する場合には，顧客企業の経営力の強化を図るために，顧問税理士等認定経営革新支援機関との連携が有効であるとされている。

3.4 「決算書の信頼性」と「経営改善支援」との相互関係（図表 序-1の③）

「決算書の信頼性」は経営改善計画の策定，業績管理やモニタリングの実施に関する前提条件となっており，「決算書の信頼性」が失われればこれらの実施行為の有効性は大きく毀損されることになる。また，税理士等の外部の会計専門家の月次の関与を基礎として，日々の会計データに一定の確からしさが付与されることで，年度決算書の利用価値のみならず，月次決算書，経営改善計画書および各種業務管理データの品質の確保と，これらに基づく各種モニタリングが可能となる。

4 機械論的アプローチ

4.1　2つのアプローチ

一般的に，思考方法には機械論（Mechanism）的思考（機械論的アプローチ）と機能論（Functionalism）的思考（機能論的アプローチ）の2つがあるとされる。「機械論的アプローチ」とは，思考対象（ここでは中小企業金融）を解析的に分析し，解析された部分（ここでは，融資（貸出）のしくみ・決算書の信頼性・経営改善）の性質を明らかにするとともに，その部分を全部集めて再び対象（中小企業金融）を再構成する思考方法を指す。精緻な技術理論を組み立てるのに適したアプローチである。機械論的思考においては部分ごとの精緻な理論を組み立てることはできるが，全一体の機能についての説明が不十分となる。

「機能論的アプローチ」は，生物などの有機的組織体を全体的・目的論的に扱う思考法として適しており，思考対象（ここでは，中小企業金融）が一定の目的

をもった全一体として機能しているとみて，その機能の面から対象の創造的発展を解明する立場である。機能論的思考はその目的のために「全一体として機能する対象」(中小企業金融)を「全一体」そのものとして把握する立場であるため，その全一体を構成する部分(ここでは，融資(貸出)，決算書の信頼性，経営改善，認定経営革新等支援機関など)についての技術的な説明には適していない。その意味で，機械論的思考ほどに分析的に精緻な理論の展開が期待されない難点がある[5]。

機械論的アプローチと機能論的アプローチを対比すれば**図表 序-2**となる。

たとえば，金融庁が公表する「金融行政方針」は，「金融行政が何を目指すかを明確にするとともに，その実現に向け，いかなる方針で金融行政を行っていくかについて」とりまとめたものである(平成28事務年度「金融行政方針」1頁参照)。この「金融行政方針」の目的から理解されるように，金融行政は「機能の面から対象の創造的発展を解明する」という機能論的アプローチに立っている。さらに，経済学の一領域である金融論も，マクロ的観点から中小企業金融を取り扱うという意味で，基本的には機能論的なアプローチに立脚していると考えられる。

図表 序-2　機械論的アプローチと機能論的アプローチ

アプローチの方法	内　容	利　点	欠　点
機械論的アプローチ	思考対象を解析的に分析し，解析された部分の性質を明らかにするとともに，その部分を全部集めて再び対象を再構成する思考方法	精緻な技術理論を組み立てるのに適している	全一体の機能についての説明が不十分となる
機能論的アプローチ	思考対象が一定の目的をもって全一体として機能しているとみて，その機能の面から対象の創造的発展を解明する立場	機能の面から対象の創造的発展を解明するのに適している	全一体を構成する部分についての技術的な説明には適しない

(出所)　坂本(2011)の12頁，図表P-5を一部省略のうえで引用

4.2　本書の立場

これまでの説明でも明らかなように，本書では機械論的アプローチを採用している。中小企業金融は，多様な独自の目的を持つ個別要素，すなわち，融資，決算書の信頼性，財務管理，経営改善，地域金融機関，中小企業，税理士等認定経営革新等支援機関などのもとで成立し機能している。それゆえに，本書では，これらの個別要素を解析し，それらを全部集めることによって「中小企業金融における会計の役割」に関する全体像を再構成することを企図している。

というのは，機能論的アプローチでは，その目的達成のために中小企業金融を「全一体」そのものとして把握する立場であるため，その限りで非常に有効なものであるが，他方，中小企業金融を構成する融資（貸出），決算書の信頼性，経営改善，認定経営革新等支援機関の役割など個々の部分の技術的な説明には適していないため，時として「顧客企業に対するコンサルティング機能」に関して地域金融機関から「具体的に何をしたらよいのかわからない」との声があがったり，個別要素である「経営改善」，「信頼性ある決算書」，「事業性評価」などの中身が具体化され難いなど，機械論的なアプローチほどに分析的に精緻な理論の展開がなされないという難点があるからである。

ただし，機械論的思考においては，全一体の機能についての説明が不十分になるという欠点を補うため，個々の部分の論究において，「中小企業金融における会計の役割」に関して整合性ある全体像を提示するように努めている。

【注】
1　財務会計，管理会計および財務管理のそれぞれの定義を確定しておく必要がある。
　　財務会計と管理会計との区分基準は，財務会計は，外部会計（External Accounting）であり投資家・株主等の企業外部の利害関係者に対して会計情報を提供することを目的とする会計であり，管理会計は内部会計（Internal Accounting）であり経営者等の企業内部の利害関係者に対してその経営管理に役立つ会計情報を提供することを目的とする会計であるとされている。ただし，大多数の中小企業は株式未公開の同族会社であり，投資家や同族関係者以外の外部株主はほとんど存在していない。中小企業にあっては，その決算書の主要な報告先は経営者であって（これを理論的には「商業帳簿の自己報告機能」という），「財務会計は外部報告会計である」というロジックは通用しない。正確には，中小企業における財

務会計は,「内部報告会計であり,かつ外部報告会計である」という定義が当てはまると考えられる(坂本 2015, 13-16参照)。

また,管理会計と財務管理は,それらの領域が相当部分重複しているが,財務管理において重要な領域である「資金調達管理(計画と統制)」が管理会計では取り扱われていない点が重要な差異である(坂本 2015, 16-17参照)。

2　これらの個別要素(第Ⅱ部・第Ⅲ部・第Ⅳ部)の重要性については,たとえば,金融庁の「平成28事務年度　金融行政方針」の以下の言及からも窺い知ることができる。
・Ⅳ.「(1)金融仲介機能の質の向上」・「①金融機関の取組みについての実態把握」(ア)
　　a) 与信判断における財務基準,担保・保証への依存の程度(事業性評価の結果に基づく融資ができているか)
　　b) 貸付条件変更先等の抜本的事業再生等を必要とする先に対する,コンサルティングや事業再生支援等による顧客の価値向上に向けた取組み
　　c) 公的金融機関の融資状況の実態把握(民間金融機関の融資と補完的か)
・Ⅳ.「(1)金融仲介機能の質の向上」・「③開示の促進等を通じた金融サービスの提供に向けた競争の実現」
　　(ウ) 「経営者保証に関するガイドライン」及びその活用状況をより広く周知するために,金融機関による開示をさらに促す。

3　日本と同様に税理士制度を持ち,間接金融が主流であるとされるドイツにおける「中小企業金融における会計および税理士の役割」については,坂本(2012, 9)の図表1-3を参照されたい。

4　たとえば,「日頃から企業と接触のある顧問税理士が異変を察知し,信用金庫と連携しながら早期に経営改善を働きかけるような態勢が整えば,多くの企業が『手遅れ』にならずに回復のきっかけをつかめるのではないだろうか」(家森 2016, 3)との有力な意見がある。

5　武田(2008, 106)を参照。

● 参考文献
坂本孝司.2011.『会計制度の解明－ドイツとの比較による日本のグランドデザイン』中央経済社.
坂本孝司.2012.『ドイツにおける中小企業金融と税理士の役割』中央経済社.
坂本孝司.2015.『中小企業の財務管理入門－財務で会社を強くする』中央経済社.
武田隆二.2008.『会計学一般教程』中央経済社.
家森信善.2016.「支援の効果を高めるために必要な専門家との協働」『信金中金月報』第15巻第9号.

(坂本　孝司)

第 I 部

中小企業金融における会計の位置づけ

　第Ⅰ部では，大企業向けの金融市場におけるさまざまな制度設計について，中小企業を対象とした中小企業金融の場では，どのような課題があるのかを考察し，その課題を克服するための中小企業の作り出す会計情報の可能性を考察する。

　第1章では，金融取引開始時および契約後の「情報の非対称性」，そこから生じている問題（逆選択，モラルハザード）を軽減するシグナリング（担保，保証，計算書類の信頼性，貸出審査など）をとり上げる。

　続いて，第2章では，日本の中小企業金融における会計の位置づけの動向を歴史的に考察し，各時代の特徴を描き出し，さらに課題を明らかにする。

会計情報の役割
― 会計で情報の非対称性を緩和する ―

1 はじめに

　2014年版中小企業白書によると，全国企業数386.4万者のうち，中小企業[1]は385.3万者（99.7%）であり，全国従業者数4,614万人のうち，中小企業が3,217万人（69.7%）を占めている（中小企業庁 2014）。日本経済における中小企業のプレゼンスの高さ[2]の証左であり，ここに研究対象として中小企業をとり上げる意味もある。このような中小企業における会計を俯瞰する際には，2つの制度的[3]な動きが指摘できる。2005年8月には，「中小企業の会計に関する指針」（以下「中小指針」という）が，日本税理士会連合会，日本公認会計士協会，日本商工会議所，企業会計基準委員会より公表された。また，2012年2月には，「中小企業の会計に関する基本要領」（以下「中小会計要領」という）が，中小企業庁，金融庁により公表された。「中小指針」や「中小会計要領」の公表により，中小企業会計への関心が高まってきているということもできる。これはある意味で，大企業向けの会計制度と中小企業向けの会計制度が並存する時代を迎えているということでもある。

　会計制度面だけでなく，金融市場における大企業と中小企業との違いに目を向けると，一般的に大企業は財務基盤[4]が強いのに対して中小企業は財務基盤が弱いといわれることが多い。このようなことから，中小企業金融[5]における金融機関の中小企業向けの貸し出しはリスクが高いといわれることもあった。ま

た，高リスクゆえに大企業向けに比べて高い金利でしか貸し出しができなかったり，あるいは貸し出し不能になったりするケースが多いともいわれることがあった。これは，やはり大企業向けの金融市場とは微妙に異なる中小企業向けの金融市場が存在していることの証左である。

　このような中小企業金融における会計情報の役割を明らかにし，可能ならば制度的な提言を行いたいというのが，本章の大きな意味での目標となる。そこで，研究手法として，隣接学問領域である金融市場論の整理を援用していく。大企業向けの金融市場におけるさまざまな制度設計が，中小企業を対象とした中小企業金融の場では，どのような課題として表出し，その課題を克服するための中小企業の作り出す会計情報の可能性に言及しようとするのが具体的な目標となる。

2　中小企業金融の特徴としての間接金融

　2005年の中小企業白書(中小企業庁 2005)によると，従業員規模が小さい企業ほど資金調達を借入れに依存しており，自己資本比率が低いことが指摘されていた。また，資本金別では，2016年に財務省より公表された「法人企業統計調

図表1-1　自己資本比率の推移

(単位：％)

区分 \ 年度	2011 (平成23)	2012 (平成24)	2013 (平成25)	2014 (平成26)	2015 (平成27)
全　産　業	34.9	37.4	37.6	38.9	39.9
製　造　業	43.2	43.9	45.1	45.3	46.4
非　製　造　業	31.6	34.7	34.7	36.4	37.5
資　本　金　別					
10　億　円　以　上	42.2	42.7	43.4	44.6	45.0
1 億円〜10億円	34.5	37.9	37.8	38.1	39.2
1,000万円〜1億円	30.7	33.7	34.6	35.0	37.9
1,000万円未満	7.6	12.2	14.8	17.0	13.9

(注)　1　自己資本比率＝{(純資産－新株予約権)/総資本}×100
　　　2　全産業には金融業，保険業は含まれていない。
(出所)　財務省 (2016)，10 第11表

査概要（平成27年度）」によると，**図表1-1**のようになる。

図表1-1からも明らかなように，中小企業の中でも特に零細企業ともいえる資本金1,000万円未満の企業では自己資本比率は低い[6]ことがわかる。一方，中小企業のうち，比較的自己資本比率が高い，資本金が1,000万円〜1億円の企業でも37.9％であり，依然間接金融に依存している体質がうかがえる。

そこで本章では，中小企業金融における間接金融に絞って議論を行うものとする。

3　金融市場における情報の非対称性

金融市場には，資金の貸し手と借り手が存在する。貸し手は金融機関であり，借り手は企業である。貸し手と借り手の情報がお互いに完全に入手できると想定すれば，適切な条件で資金融資が行われると考えられる。

たとえば，今，市場に健全な中小企業と不健全な中小企業が存在すると仮定する。この時，金融機関が入手する情報と企業側が提供する情報に関して，両者が同じ情報を共有できているケースを想定する。健全な中小企業は不健全な中小企業よりも有利な条件で取引を行えるであろうし，不健全な中小企業は健全な中小企業と比較すると，不利な条件でしか取引を行うことができない。このような状況を情報が対称的であると考える。たとえば，**図表1-2**のようなケースである。

しかし，金融市場において，必ずしも情報は対称的ではなく，情報優位者と情報劣位者が存在する状態がある。この場合，資金の貸し手となる金融機関が情報劣位者となり，資金の借り手となる中小企業が情報優位者となる。現実に

図表1-2　金融取引開始時に情報が対称的なケース

資金の貸し手	資金の借り手	資金需要額	状況	（適切な条件での）融資金利
A信用金庫	X企業	1,000万円	健全	年利1％
	Y企業	1,000万円	不健全	年利10％

はこれが常態である。このような状況を金融市場における情報の非対称性（information asymmetry）という。

金融市場における情報の非対称性を原因として，つぎのような問題が生じることが知られている。

3.1 逆選択

情報の非対称性が存在すると，すなわち，金融機関が健全な中小企業と不健全な中小企業の情報を区別して入手できなければ，平均的な一律の条件で資金融資の取引をせざるを得なくなる。たとえば，図表1-3のようなケースを想定してみる。

図表1-3　金融取引開始時に情報が非対称的なケース

資金の貸し手	資金の借り手	資金需要額	状況	（一律な条件での）融資金利
A信用金庫	（健全な）X企業	1,000万円	差別化できない	年利5.5%
	（不健全な）Y企業	1,000万円		

この時，健全なX企業にとっては，本来の有利な条件（年利1％）での資金調達ができなくなる。そこで健全なX企業はこの金融市場から退出し，別の資金調達方法を模索することになる。一方，不健全なY企業にとっては，本来の不利な条件（年利10％）に比べてより有利な条件（年利5.5％）で融資を受けられるということになっていく。その結果，金融市場には不健全な企業（群）しか存在しなくなる。

金融機関が本来，資金を融資したいと考える健全な中小企業が市場からいなくなり，選択したい対象ではなく，逆の不健全な中小企業を選択してしまうことから，逆選択（adverse selection）とよばれる。これは，もともとは，アカロフ（George Akerlof）が1970年に発表した論文により示されたレモン市場[7]を端緒としている。

逆選択が問題になるのは，金融取引の契約前の情報の非対称性が原因であるといえる。

> **Column ①「レモンはお好きですか？」**
>
> 　日本では，レモンのイメージには肯定的なものが多い。爽やかなイメージや健康的なイメージがレモンにはある。たとえば，清涼飲料水にはレモン風味のものも結構ある。また，ビタミンCを含んでいる表現として「レモン○個分」などと主に肯定的な表現として見かけることも多い。また，日本のアイドルで「レモンちゃん」とよばれている方もいるくらいである（是非，調べてみてください）。年配の方には，ラジオリスナーからよばれていたパーソナリティの「レモンちゃん」を想起される方も多いはずである。
> 　ところが，金融における情報の非対称性の文脈では様変わりである。アカロフの論文（中古車市場で購入した車が故障しやすいのは，なぜかということを明らかにした）にあるように，見かけは立派な車であるが，実は品質が悪い車を指してレモンといっている。この中古車市場がレモン市場とよばれる。すなわち，美味しそうな果実ではあるが，中身は酸っぱいということで，不良品や品質の悪い代名詞とされてしまう。英語の辞書を紐解いてみると，不良品，欠陥品などに加えて，もっと酷い意味もある。
> 　さて，皆さん，レモンはお好きですか。

3.2　モラルハザード

　上記のような金融取引契約時点での情報の非対称性を原因とする事象以外に，金融取引契約後の情報の非対称性が問題になるケース（**図表1-4**）がある。

図表1-4　金融取引開始後に情報が非対称的なケース

資金の貸し手	資金の借り手	資金需要額	融資後の状況回収可能性	非対称的情報
A信用金庫	Z企業	1,000万円	90%	信用金庫には不明

　企業側からすると，返済が滞りなく行えるかどうかは，それぞれの企業の頑張りに依存する面もある。すなわち，言い換えるといかに返済に向けて注意を払っていくかということである。しかし，この中小企業側が返済に向けて注意を払っているという行動は金融機関側には見えにくいものである。図表1-4のケースでは，Z企業は，融資後の現在の状況では，融資額の90％返済できることが見込まれる。しかし，Z企業では正常な注意を怠ると返済可能性が低下するし，一方で注意を今以上に払っていくことで返済可能性を維持・高めることが

できるケースを想定する。企業が注意を払うかどうかは，そのコストが相応しいものかどうかによって判断される。

以下の状況であれば，企業は注意を払うことになる。

返済不能による社会的損失 × 注意を払うことにより低下する返済不能確率 ＞ 注意を払うコスト

しかし，何らかの制度的設計により，企業(や経営者)が被る損害が制限されていたり損害補償制度があったりすれば，上記式の不等号が逆になり，当事者である企業が注意を払う努力を怠る状況が生まれる。その結果，実際の返済が滞る場合が生じたりして，市場の関係者に悪影響を与える。これをモラルハザードという。金融市場においては，借り手の返済努力に関する情報の非対称性によりモラルハザードが生じることになる。中小企業側に過度な保護施策を施せば，モラルハザードがより進展してしまうというジレンマがある。

以上概観してきたように，金融市場においては情報の非対称性により逆選択やモラルハザードの問題が生じる。また，それには金融取引開始時点における情報の非対称性を原因とするか，金融取引開始後に生じている情報の非対称性を原因とするのかという時期的な違いもあることが確認できた。

図表1-5に整理したように，金融市場における情報の非対称性は，金融取引が契約締結から決済まで時間をまたいで行われることに起因して生じていることがわかる。

また，これらの金融市場における情報の非対称性の問題は，大企業や中小企業の区別なく起こりうるものといえる。ただし，中小企業においては，大企業と比較して，より情報の非対称性の程度[8]が大きいことが考えられる。この点が中小企業金融の特徴であるといえる。

図表1-5 情報の非対称性により問題が生じる時期

	問題が生じる時期
逆　選　択	金融取引契約前
モラルハザード	金融取引契約後

4 情報の非対称性への対処

　金融市場のさまざまな工夫や対策は，前述した情報の非対称性から生じている問題を軽減するために実施されているといえる。大企業，特に金融商品取引法適用会社では，さまざまな制度設計がなされており，情報の非対称性を緩和，低減する試みがなされているのに対して，中小企業では，情報の非対称性を緩和する制度設計が大企業と比べると不十分である点が，中小企業金融における情報の非対称性の問題を顕在化させているとみることができる。

4.1　逆選択への対処

　逆選択は，金融取引契約締結前の情報の非対称性が原因であるから，取引開始前に情報の非対称性を軽減させればよいことになる。

　資金需要者である企業は，情報劣位者である金融機関に対して，決済の確実性を示唆するために，金融機関に対して合図を送ればよいことになる。これがシグナリングである。このシグナリングを参考にして金融機関は審査することで，情報の非対称性を緩和した融資を実行できる。

　たとえば，情報優位者である中小企業側が自ら担保や保証を情報劣位者である金融機関に差し出すことは，追加的な情報となり，中小企業側は，より低コストで資金調達を可能にするのも，1つのシグナリングである。また，中小企業会計基準（中小指針や中小会計要領）に準拠した計算書類を金融機関に提出することも，追加的な情報となり，中小企業自らの信用力を示そうとするシグナリングの1つである。このような中小企業会計基準に準拠した計算書類の作成という点で，中小企業金融における会計情報の役割があると指摘できる。

　しかし，このようなシグナリングとしての中小企業が作成する財務諸表には問題も多い点が，第Ⅱ部でも触れられている。また，一方で資金の貸し手である金融機関は，よりよいシグナリングを自ら求めることになる。たとえば第3章でとり上げている金融機関の「自己査定」や，第4章でとり上げている「金融機関の貸出審査」などである。これらの実務を知ることは，解決策の糸口を探ることにもなる。また，資金の借り手側である中小企業は，会計実務家の支

援を受け，計算書類に信頼性を付与していくことが求められる。たとえば実務家が税務申告時に行っている「書面添付制度」などの実務におけるさまざまな対応を解明することで示唆が得られることになる。

　また，何よりも中小企業側，特に経営者(層)の意識の高さが求められる。すなわち，経営者(層)に対する計算書類の信頼性付与に関する意識醸成のための教育面の支援が求められる。

4.2　モラルハザードへの対処

　モラルハザードは，金融取引契約締結後の情報の非対称性が原因であるから，取引開始後に情報の非対称性を軽減させればよいことになる。すなわち，金融機関や支援機関等による，資金融資後のモニタリングである。資金決済までの期間にわたり，常に相手をモニタリングしていくことにより，融資した資金が当初計画通りに利用されているかを把握し，確実な資金回収に繋げていくことができる。たとえば，コベナンツ（財務制限条項）等を導入することにより，財務制限条項等を守っているかどうかを把握することで資金回収の適切な時期も把握できる。ここにおいても，信頼できる会計情報が必要であることは指摘できる。このモニタリングは，中小企業側が会計専門家の「巡回監査」等を積極的に受け入れることで，自ら情報の非対称性を軽減することもできることを意味する（モニタリングの詳細は，第12章参照）。

　一方で，担保や保証人の存在がモラルハザードを制御するという場合もあるといわれている点には，注意が必要である。担保や保証人の存在により，経営者は相当の注意を払い自動的にモラルハザードを制御しているという意味である。担保・保証人に過度に依存しない中小企業金融については後の章で触れられるが（第5章・第6章参照），モラルハザードを制御する機能を事業性評価に担わせるしくみづくりが必要であろう。担保や保証人に代わる機能を事業性評価が発揮できるのかについては，実証的知見も必要となる。なお，モラルハザードには，中小企業を過度に守るような制度設計を行うと，かえってモラルハザードを助長してしまうというジレンマを抱えている。中小企業は，大企業に比してその人材面で劣るという指摘があるが，中小企業における人材教育の面を充実させモラルハザードを制御することにより，ジレンマの克服を心がける必要がある。

5 おわりに

　金融市場において情報の非対称性をなくす、あるいは軽減する取組みは、以前から行われてきている。特に大企業に対する金融市場では、半ば成功しているようにも見える。たとえば、監査された公表財務諸表を基礎とした金融機関による融資判断や、財務制限条項の設定などである。

　しかし、このような施策を中小企業金融に当てはめることについては、その効果の検証を含めて、まだ道半ばといえる。たとえば、「金融機関は会計実務において中小企業会計基準（財務諸表）に信頼性の保証があるのか問題視している」（岡部 2015, 16）のであれば、金融機関は、中小企業が提供する計算書類に対してよいシグナリングとは見ていないことになる。それゆえ、金融機関は独自の貸出審査を行っており、このような実務からは参考にすべき点が多い。金融機関の貸出審査では、決算書の分析という定量評価に加えて定性的な評価も行っている（たとえば浜松信用金庫の例について第3章・第4章参照）。しかし、定性的評価も必要であるとはいえ、中小指針や中小会計要領に基づいた計算書類に対しての信頼性の付与が喫緊の課題である点も指摘できる。すなわち、この点に会計情報の役割を指摘することができる。

　また、中小企業金融の特徴として、従来は経営者保証に依存してきたといわれているが、今後は担保・保証人に過度に依存せず「事業性評価」も重視する姿勢が強調される（第3章以降参照）。この点は、従来実質的に中小企業は無限責任化していた組織を有限責任化に切り替える動きと捉えることができるが、その分、次式の左辺の金額を小さくすることを意味するので、モラルハザードの可能性を高めることが指摘できる。

$$\text{返済不能による社会的損失} \times \text{注意を払うことにより低下する返済不能確率} > \text{注意を払うコスト}$$

　したがって今後は、経営相談・経営指導および経営改善計画の策定支援等の取組みとともに、貸出し後のモニタリングの充実も喫緊の課題であるといえる。たとえば、モニタリング時の指標として大企業でしばしば利用されている財務制限条項等に類するものを設けるとすると、やはり、中小企業金融において会

計情報の役割が高まってきていると指摘できる。

　中小企業金融における問題は，大企業と比較して情報の非対称性が大きいために生じているなら，その情報の非対称性を緩和させればよいことがわかる。大企業向けの施策が必ずしも中小企業向けの施策とはならない面もあるかもしれないが，中小企業金融を取り巻く，3者（金融機関，中小企業，支援機関・会計専門家）の密接な協力・相互理解のもと情報の非対称性の緩和に取り組んでいくことが，中小企業金融を円滑化することになるといえる。また，中小企業会計学会のような公的性格を有した中立的な団体からの積極的な発言や関係者の研究・教育機会の提供が中小企業（金融）の発展に寄与することも多いといえよう。

【注】
1　中小企業の定義は一様ではない。たとえば中小企業基本法で定義する中小企業者と法人税法での定義は異なる。本章で対象とする中小企業とは，中小企業基本法における中小企業者とする。中小企業基本法2条によると，次のように整理される。

業　種	中小企業者 (下記のいずれかの条件を満たすこと)	
	資本金の額または出資の総額	常時使用する従業員の数
一　製造業，建設業，運輸業その他の業種（二～四を除く）	3億円以下	300人以下
二　卸売業	1億円以下	100人以下
三　サービス業	5,000万円以下	100人以下
四　小売業	5,000万円以下	50人以下

　なお，本章で取り扱う中小企業とは，日本における中小企業であり，各国においては中小企業の定義はやや異なる。
2　2014年版中小企業白書によると，売上高（法人のみについて）では，全国1,374.5兆円のうち，中小企業は609.6兆円（44.4％）であり，大企業のほうが中小企業よりもウエイトが高い。
3　中小企業会計制度が確たるものとして存在していると考えているわけではない。しかし，中小企業を対象とする中小指針や中小会計要領は厳密な意味では会計基準ではないが，会計基準に類するものとして「会計制度」の一翼を担うものと本章では位置づけている。

4 本章では，財務基盤を自己資本の充実度，すなわち自己資本比率の程度という意味で用いている。大企業と比較して，中小企業では自己資本比率が低いと従来からいわれてきている点を意味する。しかし，自己資本比率は，全産業やほとんどの資本金別の区分において年々上昇してきている点は観察できる。したがって，徐々にではあるが直接金融の割合が高まってきていると理解できる。ただし，資本金1,000万円未満の法人では，2014年度に17.0％であったものが2015年に13.9％と下降している点には注意が必要である（図表1-1参照）。

5 中小企業を対象とした金融という意味で用いている。金融市場メカニズム自体の基本的原理は，大企業向けの金融市場となんら変わることがないものの，中小企業の特性により，より特徴のある金融市場メカニズムが存在するという想定も含む用語として用いている。

6 資本金別自己資本比率を比較すると，資本金1,000万円未満の企業で極端に低い点が指摘できるが，一方で2011年に7.6％だったものが，2014年には17.0％と急速に上がってきている点も指摘できる。

7 レモンとは，不良品を意味するアメリカ口語であり，外見は色鮮やかでも中身は酸っぱいレモンにちなんでよばれる。アカロフは，レモン市場の例として中古車販売市場をとり上げ，中古車の買い手がその品質を正確に知らない場合，劣悪な品質の不良品しか市場で取引されなくなってしまう可能性を指摘した。

8 情報の非対称性の程度を何に求めるのかは，慎重な検討が必要である。たとえば，資本金規模やリレーションシップ・バンキングの文脈からは，取引金融機関との取引年数等も考えられる。

● 参考文献 ────

Akerlof, G. 1970. The Market for Lemons : Quality Uncertainty and the Market Mechanism. *Quarterly Journal of Economics* 84 : 488-500.
岩田規久男．2010．『初歩から学ぶ金融の仕組み』左右社．
岡部勝成．2015．「中小企業会計と中小企業金融の関連性」『商経学会誌』第33巻第1・2・3・4合併号：15-29．
小藤康夫．2009．『中小企業金融の新展開』税務経理協会．
鹿野嘉昭．2008．『日本の中小企業 CRD データによる経営と財務の実像』東洋経済新報社．
財務省．2016．「法人企業統計調査結果（平成27年度）」財務省．
新田町尚人．2014．「中小企業金融の問題点：1963年～2013年の中小企業白書から」『生活経済研究』第39号：69-78．
中小企業庁．2005．『中小企業白書2005年版』中小企業庁．
中小企業庁．2014．『中小企業白書2014年版』中小企業庁．
中小企業庁．2015．『中小企業白書2015年版』中小企業庁．
益田安良．2006．『中小企業金融のマクロ経済分析－健全化へ向けた経済政策と金融システム』中央経済社．
家森信善．2016．『金融論』中央経済社．

（成川　正晃）

第2章

金融政策における会計の位置づけ
―その歴史的動向―

1 はじめに

　日本においては，全国の企業総数（個人事業者を含む）約386万企業の99.7％以上が中小企業であり[1]，従業者数の約70％が中小企業に勤務するなど，中小企業は日本の経済社会において大きな位置を占めている。中小企業憲章も，中小企業を「社会の主役として地域社会と住民生活に貢献し，伝統技能や文化の継承に重要な機能を果たす。小規模企業の多くは家族経営形態を採り，地域社会の安定をもたらす」，「国家の財産ともいうべき存在である」と位置づけている（同「基本理念」）。

　一般的に，中小企業は，大企業に比べて自己資本比率が低く[2]，間接金融に依存する割合が高いという特性がある。中小企業にとって金融機関との関係は格別に重要であり，また，金融機関にとっても中小企業は格別に重要な取引先となっている。このような中小企業金融において「会計」（ここで「会計」は，財務会計・管理会計・財務管理を含む領域をいう）が果たすべき役割の大きさはいうまでもない。中小企業憲章はその「行動指針」に「中小企業向けの金融を円滑化する」との表題を掲げ，「中小企業の実態に則した会計制度を整え，経営状況の明確化，経営者自身による事業の説明能力の向上，資金調達力の強化を促す」と謳っている。

　しかし，「中小企業金融における会計の役割」に関する基礎理論は未だに構築

されていない。中小企業金融の重要性，中小企業金融における「会計」の重要性に加え，中小企業金融の機能不全がしばしば指摘されていることに鑑みれば，かかる基礎理論の構築は，喫緊の課題であるといってよい[3]。

そこで本章では，「中小企業金融における会計の役割」に関する基礎理論を構築するため，「中小企業金融における会計」をめぐる各種施策を，①時系列的に，②金融行政・中小企業行政・その他の領域別に，かつ，③「会計」（ここで「会計」は，主に財務会計をいう）・「財務管理」・「決算書の信頼性」という視点から分類整理して，施策主体ごとおよび各時代ごとの政策の特性を明らかにする。

2　中小企業の金融政策における会計の位置づけ

図表2-1は，「中小企業金融と会計」をめぐる歴史的な動向を一覧にしたものである。ここでは，戦後から今日に至るまでの各時代を，（Ⅰ）戦後の復興期から早期是正措置導入（1998年）前まで，（Ⅱ）早期是正措置導入（1998年）からバーゼルⅡ導入（2007年）前まで，（Ⅲ）バーゼルⅡ導入（2007年）から改正『中小・地域金融機関向けの総合的な監督指針』（2011年）まで，（Ⅳ）中小会計要領の公表（2012年）から「日本再興戦略 改訂2014」（2014年）前まで，（Ⅴ）「日本再興戦略 改訂2014」（2014年）から現在まで，という5つに区分して整理している。

図表2-1　「中小企業金融における会計の位置づけ」をめぐる歴史的な動向

（Ⅰ）戦後の復興期から早期是正措置導入（1998年）前まで

金融行政（旧大蔵省，旧金融監督庁，金融庁）	中小企業行政（旧通産省，経済産業省，中小企業庁）	その他（中小企業団体，金融機関など）
		1949年　経済安定本部企業会計制度対策調査会「中小企業簿記要領」 【会計】
	1953年　中小企業庁「中小会社経営簿記要領」 【会計】	
		1985年　第三次商法改正において中小企業の計算書類

第2章 金融政策における会計の位置づけ 25

金融行政（旧大蔵省，旧金融監督庁，金融庁）	中小企業行政（旧通産省，経済産業省，中小企業庁）	その他（中小企業団体，金融機関など）
1988年 BIS規制（バーゼルⅠ）合意		の監査等が見送られる

（Ⅱ）早期是正措置導入（1998年）からバーゼルⅡ導入（2007年）前まで

金融行政（旧大蔵省，旧金融監督庁，金融庁）	中小企業行政（旧通産省，経済産業省，中小企業庁）	その他（中小企業団体，金融機関など）
1992年 BIS規制（バーゼルⅠ）適用		
1998年4月 早期是正措置導入 【会計】【財務管理】		
2002年4月 金融監督庁の誕生	2002年6月 「中小企業の会計に関する研究会報告書」公表 【会計】	
2003年6月 「リレーションシップバンキングの機能強化に関するアクションプログラム」 【会計】【決算書の信頼性】		
	2004年 経済産業省「地域金融人材育成システム開発事業」報告書 【財務管理】	
	2005年 中小企業庁「財務管理サービス人材育成システム開発事業」報告書 【財務管理】	
	2005年4月 中小企業政策審議会企業制度部会「中小企業の会計の質の向上に向けた推進計画」 【会計】【決算書の信頼性】	
		2005年6月 会社法に「会計参与制度」を創設 【会計】【決算書の信頼性】
2005年8月 「中小企業の会計に関する指針」（中小指針）公表 【会計】		
		2005年8月 日本税理士会連合会が中小指針チェックリストを公表 【会計】【決算書の信頼性】
	2006年4月 中小指針採用企業に対する信用保証協会の中小企業会計割引制度開始 【会計】【決算書の信頼性】	
		2006年4月 全国信用保証

(Ⅲ) バーゼルⅡ導入（2007年）から改正『中小・地域金融機関向けの総合的な監督指針』（2011年）まで

金融行政（旧大蔵省，旧金融監督庁，金融庁）	中小企業行政（旧通産省，経済産業省，中小企業庁）	その他（中小企業団体，金融機関など）
		協会連合会が中小指針チェックリストを制定【会計】【決算書の信頼性】
2007年3月　各金融機関がバーゼルⅡに基づく自己資本比率を算出開始【会計】【財務管理】		
2008年9月15日　リーマンショック		
	2008年10月　緊急保証制度開始	
2009年12月　中小企業金融円滑化法施行（2011年3月31日までの時限措置）【財務管理】		
2010年6月　中小企業憲章を閣議決定　中小企業政策について「地域経済団体，民間金融機関」等を含め「政府一体となって取り組む」。「中小企業の実態に則した会計制度を整え，…，資金調達力の強化を促す」【会計】		
2010年12月31日　中小企業金融円滑化法1年延長（2012年3月31日までの時限措置）【財務管理】		
2011年4月　金融監督指針公表		
2011年5月　「中小・地域金融機関向けの総合的な監督指針」を改正し，税理士等との連携を提示【財務管理】		
2011年7月14日　「監督指針」で「経営者以外の第三者の個人連帯保証を求めないことを原則とする融資慣行の確立」を明記		
2011年12月27日　中小企業金融円滑化法1年再延長（2013年3月31日までの時限措置）【財務管理】		

第2章　金融政策における会計の位置づけ　27

(Ⅳ)「中小会計要領」の公表(2012年)から「日本再興戦略 改訂2014」(2014年)前まで

金融行政（旧大蔵省，旧金融監督庁，金融庁）	中小企業行政（旧通産省，経済産業省，中小企業庁）	その他（中小企業団体，金融機関など）
2012年2月　「中小企業の会計に関する基本要領」（中小会計要領）公表 【会計】		
2012年3月　中小企業政策審議会企業力強化部会「中間取りまとめ」 【会計】【財務管理】【決算書の信頼性】		
		2012年3月　日税連が中小会計要領チェックリストを公表 【会計】【決算書の信頼性】
		2012年4月　信用保証料割引制度の変更 【会計】【決算書の信頼性】
2012年5月7日　監督指針等を改正し，中小会計要領等の活用を明記 【会計】		
	2012年6月16日　経済産業省「"ちいさな企業"未来会議」の「取りまとめ」公表 【会計】【財務管理】【決算書の信頼性】	
2012年6月21日　中小企業経営力強化支援法成立 【会計】【財務管理】【決算書の信頼性】		
	2012年8月30日　中小企業経営力強化支援法に関する告示で「信頼性のある計算書類等の作成及び活用の推奨」を明記 【会計】【決算書の信頼性】	
	2013年1月　補正予算閣議決定　経営改善計画策定支援事業 【会計】【財務管理】	
		2013年3月　全国信用保証協会連合会が中小会計要領チェックリストを制定 【会計】【決算書の信頼性】
2013年3月末　中小企業金融円滑化法終了	2013年3月末　中小指針採用企業に対する信用保証協会の中小企業会計割引制度終了	
	2013年4月　中小会計要領採用企業に対する信用保証協会の中小企業会計割引制度開始 【会計】【決算書の信頼性】	
2013年12月　「経営者保証に関するガイドライン」および同Q&A公表 【会計】【財務管理】【決算書の信頼性】		
		2014年4月　日本公認会計士協会 監査基準委員会報

(V)「日本再興戦略 改訂2014」から現在まで

金融行政（旧大蔵省，旧金融監督庁，金融庁）	中小企業行政（旧通産省，経済産業省，中小企業庁）	その他（中小企業団体，金融機関など）
		告800「特別目的の財務報告の枠組みに準拠して作成された財務諸表に対する監査」を公表 【会計】【決算書の信頼性】
2014年6月24日 「日本再興戦略 改訂2014」を閣議決定 「企業の財務面だけでなく，企業の持続可能性を含む事業性を重視した融資や，…に努めるよう，監督指針や金融モニタリング基本方針の適切な運用を図る」		
2014年9月 平成26年度「金融モニタリング基本方針」公表（事業性評価について「財務データや担保・保証に必要以上に依存することなく」とする）		
2015年6月30日 「日本再興戦略 改訂2015」を閣議決定 「活用実績の公表等を通じたガイドラインの各金融機関における活用促進等の必要な措置を講じる」「どういった事業者に積極的に経営支援の働きかけを強めることが有効か，判断の参考となる指標（ローカルベンチマーク）等を策定し共有する」 【会計】【財務管理】【決算書の信頼性】		
2015年9月 平成27事務年度「金融行政方針」公表（事業性評価について「取引先企業について，財務内容等の過去の実績や担保・保証に必要以上に依存することなく」とする）		
2016年3月4日 経済産業省「地域企業評価手法・評価指標検討会」が「ローカルベンチマーク」について中間報告を公表 【財務管理】		
2016年3月4日 安倍総理がローカルベンチマークを活用した一体的な制度設計を指示 【財務管理】		
	2016年5月24日 中小企業等経営強化法成立 【会計】【財務管理】【決算書の信頼性】	
2016年10月 平成28事務年度「金融行政方針」公表（「日本型金融排除」が生じていないかについて実態把握を行う）		

(注) 1　スクリーンでの表記は，現在時点で有効な法規等であることを意味する。
　　 2　【会計】は中小企業金融における会計の位置づけ，【財務管理】は中小企業金融における財務の位置づけ，【決算書の信頼性】は中小企業金融における決算書の信頼性に関連していることを示している。

3 「中小企業金融における会計の位置づけ」をめぐる日本の動向

3.1 戦後の経済復興期から早期是正措置導入（1998年）前まで

3.1.1 中小企業簿記要領と中小会社経営簿記要領

　中小企業金融における「会計」に関する問題意識は，1949年に経済安定本部企業会計制度対策調査会が公表した個人事業者向けの「中小企業簿記要領」および1953年に中小企業庁が公表した法人企業向けの「中小会社経営簿記要領」にその萌芽が見られる[4]。中小企業簿記要領は，その目的の１つに「融資に際し企業経理の内容を明らかにすることによって中小企業金融の円滑化に資すること」を（経済安定本部企業会計制度対策調査会 1949，1参照），中小会社経営簿記要領は，その目的の１つに「合理化や資金の借入に必要な体制の整備」を挙げている（藤巻 1953，1参照）。（【中小企業金融における会計】）

3.1.2 第３次商法改正：中小会社の計算の適正担保制度

　1984年５月に法務省から公表された「大小（公開・非公開）会社区分立法及び合併に関する問題点」において，中小会社の計算書類の適正担保制度が問題として提起されたが，結果として改正案から「会計調査人調査制度」は除かれた。これ以後，2005年の会社法創設に至るまで中小会社の計算書類の適正性を担保するしくみは制度化されなかった[5]。

3.2 早期是正措置導入（1998年）からバーゼルⅡ導入（2007年）前まで

3.2.1 バーゼルⅠと早期是正措置

　1988年に合意されたBIS規制（バーゼルⅠ）は，日本においても1992年から本格適用され，各金融機関は，自らの自己資本比率の向上に早急に取り組む必要が生じた[6]。監督当局側も1998年４月から「早期是正措置[7]」を導入した。これによって各金融機関が行う自己査定において，融資先企業の決算書やそれに基づく財務データが大きな位置を占めることになった[8]。（【中小企業金融における会計】【中小企業金融における財務管理】）

3.2.2 中小企業庁「中小企業の会計に関する研究会 報告書」公表

2002年6月に中小企業庁は，中小企業の会計基準である「中小企業の会計に関する研究会報告書」（以下『報告書』という）を公表した。『報告書』では，その「目的」を「<u>資金調達先の多様化や取引先の拡大を目指す中小企業が，商法上の計算書類を作成するに際して準拠することが望ましい会計のあり方を明らかにすることを検討の目的とする</u>」としている（下線は筆者）。そして「判断の枠組み」として5点を掲げ，その第1に「計算書類の利用者，特に<u>債権者</u>，取引先に<u>とって有用な情報を表すこと</u>」を挙げている（下線は筆者）。ここで，中小企業にとって最大の資金調達先である金融機関が「資金調達先」および「債権者」として位置づけられていることは明らかである。（【中小企業金融における会計】）

3.2.3 金融庁「リレバンの機能強化に関するアクションプログラム」

2003年6月に金融庁から地域金融機関に「リレバンの機能強化に関するアクションプログラムの記載要領」が示された[9]。この記載要領の「中小企業金融再生に向けた取組み」において，次のような「新しい中小企業金融への取組みの強化」が示されている。

> 財務諸表の精度が相対的に高い中小企業に対する融資プログラムの整備に向けて取組みを期待する。

さらに，この点に関する「記載事項および留意事項」には，以下のような記載がある[10]。

> 一例としては，いくつかの地域銀行において展開されているTKCのパソコン会計ソフトを導入している企業向け専用の無担保融資制度等が考えられる。

（【中小企業金融における会計】【中小企業金融における決算書の信頼性】）

3.2.4 地域金融人材・財務管理サービス人材の育成

2003年に経済産業省は「地域金融人材育成システム開発事業」を立ち上げた。本事業は，「地域の中堅・中小企業における財務・金融人材」のスキル向上のた

めの教育プログラムを開発するものである。本事業の報告書は2004年に公表された。続いて2004年には，中小企業庁が財務管理サービスを提供する人材（税理士等）を対象として「財務管理サービス人材育成システム開発事業」を展開した。本事業の報告書は2005年に公表されている。（【中小企業金融における財務管理】）

3.2.5　中小企業政策審議会企業制度部会「中小企業の会計の質の向上に向けた推進計画」

2005年4月に公表された中小企業政策審議会企業制度部会「中小企業の会計の質の向上に向けた推進計画」は，「固定的な融資関係は崩れつつあり，貸し手である金融機関においては，企業の経営状況・将来性に応じた融資の必要性が唱えられる中，各種の金融関連法制・手法が整備されつつある」（「1．中小企業をめぐる環境の変化」）とし，「こうした経済構造の変化の中で，中小企業が資金調達先や取引先の信頼を得ていくためには，質の高い計算書類を整備し，それを積極的に開示することが必要となってくる」（「2．中小企業の会計の質の向上の必要性」）として，「中小企業の会計の質の向上に向けた推進計画」を公表した。（【中小企業金融における会計】【中小企業金融における決算書の信頼性】）

3.2.6　会計参与制度

2005年6月に成立した会社法に会計参与制度が盛り込まれた。「計算関係書類の記載の正確さに対する信頼」・「債権者の保護及び利便」という制度の趣旨からすれば，会計参与制度が中小企業金融に果たす役割は格別に高いと考えられる[11]。（【中小企業金融における会計】【中小企業金融における決算書の信頼性】）

3.2.7　「中小企業の会計に関する指針」

2005年8月に「中小企業の会計に関する指針」（以下「中小指針」という）が公表された。中小指針の設定主体は民間（日本税理士会連合会，日本公認会計士協会，日本商工会議所および企業会計基準委員会）であるが，策定に当たって金融庁・中小企業庁・法務省も関係していることはいうまでもない。中小指針では「資金調達先の多様化」に伴う「会計情報」の役割を謳っている。（【中小企業金融に

おける会計】)

3.2.8 中小指針に関するチェックリスト

中小指針の公表に合わせて，2005年8月に日本税理士会連合会から「『中小企業の会計に関する指針』の適用に関するチェックリスト」が公表された。(【中小企業金融における会計】【中小企業金融における決算書の信頼性】)

3.2.9 信用保証協会の信用保証料の割引制度

2006年4月に中小企業会計割引制度が創設された[12]。これに合わせて，全国信用保証協会連合会から「『中小企業の会計に関する指針』チェック項目表」も公表された。この制度は，「中小企業の会計の質の向上」を通じた中小企業金融の円滑化を目的とし，税理士等が中小企業の計算書類が「中小指針」に準拠していることを確認することによって，信用保証協会の審査コストの低減を期待するものである。(【中小企業金融における会計】【中小企業金融における決算書の信頼性】)

3.3 バーゼルⅡ導入 (2007年) から改正「中小・地域金融機関向けの総合的な監督指針」(2011年) まで

3.3.1 バーゼルⅡ

日本の金融機関は2007年3月決算からバーゼルⅡに基づいて自己資本比率を算出している[13]。これに対応するため，各金融機関が行う自己査定および信用格付けにおいて，融資先企業の決算書や財務データ，経営計画書が大きな位置を占めることになった。(【中小企業金融における会計】【中小企業金融における財務管理】)

3.3.2 中小企業金融円滑化法施行

2008年9月にリーマンショックが日本を襲った。政府の「緊急保証制度」等の対策にもかかわらず，多くの中小・小規模企業は収益の減少により，資金繰りが悪化した。このような状況に対応するため，国は中小企業金融円滑化法を2009年12月に施行させた。金融庁は，同法の実効性を確保するため，検査マニュ

アルや監督指針を改正し，中小企業金融の円滑化のために，「実現可能性の高い抜本的な経営改善計画（実抜計画）の提出」を条件にして，貸出金を貸出条件緩和債権に該当しないとするしくみを案出した[14]。同法は2011年3月31日までの時限措置であったが，2012年3月末まで1年間延長された。さらに金融庁は2011年12月27日付けで同法の最終延長（2013年3月末まで）を発表し，その具体策として「実現可能性の高い抜本的な経営再建計画の策定・進捗状況の適切なフォローアップ」を掲げた。(【中小企業金融における財務管理】)

3.3.3　中小企業憲章

2010年6月18日に閣議決定された中小企業憲章では，「3　行動指針」の「その六　中小企業向けの金融を円滑化する」で「中小企業金融における会計の重要性」を次のように定めている（下線は筆者）。

> 不況，災害などから中小企業を守り，また，経営革新や技術開発などを促すための政策金融や，起業，転業，新事業展開などのための資金供給を充実する。<u>金融供与</u>に当たっては，中小企業の知的資産を始め事業力や経営者の資質を重視し，動産担保や保証人への依存を減らす。そのためにも，<u>中小企業の実態に即した会計制度を整え</u>，経営状況の明確化，経営者自身による事業の説明能力の向上，<u>資金調達力の強化</u>を促す。

中小企業憲章では，「中小企業政策」について，<u>地域経済団体，民間金融機関等を含め「政府一体となって取り組む」</u>（同「基本原則」）とした（下線は筆者）。これによって，以後の中小企業金融では，政策の「一体性」が強く意識されるようになった。(【中小企業金融における会計】)

3.3.4　改正「中小・地域金融機関向けの総合的な監督指針」

2011年5月16日付で改正された「中小・地域金融機関向けの総合的な監督指針」では，外部専門家である税理士等との連携を提示している[15]。これは中小企業金融に，税理士等の財務管理の知見を活用することを意味している。(【中小企業金融における財務管理】)

3.3.5 金融庁「中小・地域金融機関向けの監督指針」等

金融庁は，2011年7月14日付の「主要行等向けの総合的な監督指針」および「中小・地域金融機関向けの監督指針」で「経営者以外の第三者の個人連帯保証を求めないことを原則とする融資慣行の確立」を明記し，民間の金融機関に対し，経営者以外の第三者の個人連帯保証を求めないとする原則に沿った対応を求めた。

3.4 中小会計要領の公表(2012年)から「日本再興戦略 改訂2014」（2014年）前まで

3.4.1 「中小企業の会計に関する基本要領」の公表

2012年2月に「中小企業の会計に関する検討会」（中小企業庁と金融庁が共同して事務局を担当）から公表された「中小企業の会計に関する基本要領」（以下「中小会計要領」という）は4つの考えに立脚して作成されているが，その1つに「中小企業の利害関係者(金融機関，取引先，株主等)への情報提供に資する会計」を掲げている（下線は筆者）。（【中小企業金融における会計】）

3.4.2 中小企業政策審議会企業力強化部会「中間とりまとめ」

2012年3月に公表された中小企業政策審議会企業力強化部会の「中間とりまとめ」は，資金調達に関する「資金繰りの説明」・「会計の定着」・「決算書の信頼性」の必要性を説いている[16]。（【中小企業金融における会計】【中小企業金融における財務管理】【中小企業金融における決算書の信頼性】）

3.4.3 日本税理士会連合会が中小会計要領のチェックリストを公表

2012年3月に日本税理士会連合会は，「中小企業の会計に関する基本要領の適用に関するチェックリスト」を作成して公表した。これ以後，中小会計要領の適用に関するチェックリストを活用した貸出を取り扱う金融機関が順次増加している[17]。（【中小企業金融における会計】【中小企業金融における決算書の信頼性】）

3.4.4 「信用保証料割引制度の変更」

2012年4月に，中小企業の会計の質の向上を促す効果を高め，制度の適正化

を図るために，中小企業会計割引制度に関して2つの変更が行われた[18]。(【中小企業金融における会計】【中小企業金融における決算書の信頼性】)

3.4.5 監督指針等の改正

2012年5月7日に金融庁は，「中小・地域金融機関向けの総合的な監督指針」などに[19]，「顧客企業が自らの経営の目標や課題を正確かつ十分に認識できるよう助言するにあたっては，当該顧客企業に対し，『中小企業の会計に関する指針』や『中小企業の会計に関する基本要領』の活用を促していくことも有効である」との文言を追加し，金融検査マニュアルの（参考2）「中小企業に適した資金供給手法の徹底に係る具体的な手法例」にも「『中小企業の会計に関する基本要領』の普及」を追加した。(【中小企業金融における会計】)

3.4.6 経済産業省「"ちいさな企業"未来会議」

2012年6月16日に公表された経済産業省「"ちいさな企業"未来会議」の「取りまとめ」では，「中小会計要領の活用を通じ，中小・小規模企業の財務経営力，資金調達力の向上が期待される」，「今後，中小会計要領を更に普及していくため，決算書の信頼性確保の観点から，税理士，公認会計士等の会計専門家による確認の仕組みについて検討するとともに，主として，以下のような普及策を積極的に講じていくことが必要である」としている（下線は筆者）。(【中小企業金融における会計】【中小企業金融における財務管理】【中小企業金融における決算書の信頼性】)

3.4.7 中小企業経営力強化支援法

中小企業政策審議会企業力強化部会の「中間とりまとめ」を受けて，2012年6月21日に中小企業経営力強化支援法[20]が成立した。同法は，「中小企業の新たな事業活動の促進に関する法律」等の一部を改正する内容となっている。この改正によって，財務および会計等の専門的知識を有する者（既存の中小企業支援者，金融機関，税理士・税理士法人等）を経営革新等支援機関（以下「認定支援機関」という）として認定し，これらの支援機関による支援事業を通じて課題解決の鍵を握る事業計画の策定等を行い，中小企業の経営力強化を図るものである[21]。な

お，認定支援機関としての認定は，税理士等は各経済産業局，金融機関は各財務局によって行われることになっており，この点からも同法が経済産業省・中小企業庁と金融庁を横断する施策であることが理解される。同法では「資金調達力」を向上させるために，中小会計要領・中小指針の推奨，計算書類等の信頼性確保，財務経営力の強化を求めている。(【中小企業金融における会計】【中小企業金融における財務管理】【中小企業金融における決算書の信頼性】)

3.4.8 「中小企業の新たな事業活動の促進に関する基本方針」

中小企業経営力強化支援法の施行に伴い，2012年8月30日に告示された「中小企業の新たな事業活動の促進に関する基本方針」(総務省，厚生労働省，農林水産省，経済産業省，国土交通省)には次のような記載がある。さらに同告示には，国や地方公共団体に対しても「信頼性のある計算書類等の作成及び活用の推奨」として同様の記載がある(下線は筆者)。ただし同告示を公布した省庁に財務省・金融庁は含まれていない。

> 認定経営革新等支援機関は，中小企業に会計の定着を図り，会計の活用を通じた経営力の向上を図ることに加え，中小企業が作成する計算書類等の信頼性を確保して，資金調達力の向上を促進させることが，中小企業の財務経営力の強化に資すると判断する場合には，「中小企業の会計に関する基本要領」又は「中小企業の会計に関する指針」に拠った信頼性ある計算書類等の作成及び活用を推奨すること

(【中小企業金融における会計】【中小企業金融における決算書の信頼性】)

3.4.9 経営改善計画策定支援事業

2013年1月に閣議決定された2012年度補正予算に経営改善計画策定支援事業が盛り込まれた。本事業は，2013年3月末の中小企業金融円滑化法終了を前提として，中小企業経営力強化支援法に基づく認定支援機関が，金融支援を必要とする一定の中小企業・小規模企業者の依頼を受けて，経営改善計画などの策定支援を行うことにより，これらの事業者の経営改善を促進することを目的としている。さらに，多くの信用保証協会が，この「認定支援機関による経営改

善計画策定支援事業」に基づき，経営改善計画を策定しようとする中小企業に対して計画策定のための補助事業を開始している。(【中小企業金融における会計】【中小企業金融における財務管理】)

3.4.10 中小会計要領に対応した信用保証料割引制度創設

2013年3月に全国信用保証協会連合会が中小会計要領チェックリストを制定した。そして2013年4月から，中小会計要領を採用する中小企業に対して，信用保証料率を割り引く制度が開始された[22]。なお，本割引制度の開始に合わせて，従来実施されていた中小指針採用企業に対する保証料率の割引は，2013年3月末の申し込みをもって終了された。(【中小企業金融における会計】【中小企業金融における決算書の信頼性】)

3.4.11 「経営者保証に関するガイドライン」の概要

2013年12月5日に「経営者保証に関するガイドライン研究会[23]」から「経営者保証に関するガイドライン」（以下「ガイドライン」という）が公表された。借入れのある中小企業のうち，8割超が個人保証を提供している（金融庁 2016，4）。「ガイドライン」は，決算書の信頼性，財務情報の適時適切な開示および財務内容等を条件として，経営者保証を求めない中小企業金融制度を目指すものである。(【中小企業金融における会計】【中小企業金融における財務管理】【中小企業金融における決算書の信頼性】)

3.4.12 日本公認会計士協会の対応

2014年4月4日に日本公認会計士協会監査基準委員会は，「特別目的の財務報告の枠組みに準拠して作成された財務諸表に対する監査」(監査基準委員会報告書800) を公表した。これは，保証業務の専門家集団である公認会計士協会が，「経営者保証に関するガイドライン」に積極的に対応したものと認められる。(【中小企業金融における会計】【中小企業金融における決算書の信頼性】)

3.5 「日本再興戦略 改訂2014」（2014年）から現在まで

3.5.1 「日本再興戦略 改訂2014」

2014年6月24日に閣議決定された「日本再興戦略 改訂2014」は，「企業の財務面だけでなく，企業の持続可能性を含む事業性を重視した融資（中略，筆者）に努めるよう，(中略，筆者)監督方針や金融モニタリング基本方針の適切な運用を図る」として，「事業性評価」を掲げている。

3.5.2 平成26事務年度「金融モニタリング基本方針」

平成26事務年度「金融モニタリング基本方針」（2014年9月）は，「事業性評価に基づく融資」として「銀行等が財務データや担保・保証に必要以上に依存することなく，事業の内容，成長可能性を適切に評価し，融資や助言を行うための取組みを検証」を示している。

3.5.3 「日本再興戦略 改訂2015」

2015年6月30日に閣議決定された「日本再興戦略 改訂2015」では，「経営者保証に関するガイドライン」の活用について，「活用実績の公表等を通じたガイドラインの各金融機関における活用促進等の必要な措置を講じること」とされた。これに伴い，中小企業庁と金融庁から「ガイドラインの活用実績」が公表されている[24]。さらに「日本再興戦略 改訂2015」では，「どういった事業者に経営支援の働きかけを強めることが有効か，判断の参考となる指標（ローカルベンチマーク）等を策定し共有する」としている。（【中小企業金融における会計】【中小企業金融における財務管理】【中小企業金融における決算書の信頼性】）

3.5.4 平成27事務年度「金融行政方針」

2015年9月に公表された金融庁の平成27事務年度「金融行政方針」では，平成26事務年度の「金融モニタリング基本方針」を受けて，具体的重点施策である「③事業性評価及びそれに基づく解決策の提案・実行支援」において，「取引先企業について，財務内容等の過去の実績や担保・保証に必要以上に依存することなく」（同13頁）としている（傍点は筆者）。

3.5.5 ローカルベンチマークの策定

2016年3月4日に経済産業省は，地域企業の経営支援等の参考となる評価手法・評価指標である「ローカルベンチマーク」を公表した。安倍総理大臣は「地域企業の経営診断の指標として『ローカルベンチマーク』を策定しました。これを活用し，地域の金融機関や支援機関[25]が企業と対話を深め，担保や個人保証に頼らず，生産性向上に努める企業に対し，成長資金を供給するよう促してまいります」（第4回「未来投資に向けた官民対話」，2016年3月4日）として，ローカルベンチマークを活用した一体的な制度設計を指示している。

ローカルベンチマークは，企業の経営者や金融機関・支援機関等が，企業の状態を把握し，双方が同じ目線で対話を行うための基本的な枠組みであり，事業性評価の「入口」として活用されることが期待されるものであり，「財務情報」（6つの指標）と「非財務情報」（4つの視点）から構成されている。「財務情報」は，①売上高増加率（売上持続性），②営業利益率（収益性），③労働生産性（生産性），④EBITDA有利子負債倍率（健全性），⑤営業運転資本回転期間（効率性），⑥自己資本比率（安全性）であり，「非財務情報」は，①経営者への着目，②関係者への着目，③事業への着目，④内部管理体制への着目，から構成されている。（【中小企業金融における財務管理】）

3.5.6 中小企業等経営強化法

2012年の中小企業経営力強化支援法を引き継ぐかたちで，2016年5月24日に中小企業等経営強化法（中小企業の新たな事業活動の促進に関する法律の一部を改正する法律）が成立した。同法は，①各事業所管大臣が事業分野ごとに生産性向上（経営力向上）の方法などを示した指針を策定する，②中小企業等は，自社の生産性を向上させるための「経営力向上計画」を経営革新等支援機関の支援を得て作成し，各事業所管大臣の認定を受けた事業者は金融支援などの措置が得られる，③経営革新等支援機関に対してローカルベンチマークの活用を求める，ものである。

中小企業等経営強化法は，経営力強化計画とローカルベンチマークという財務管理の知見を採り入れている。なお，同法成立後も，2012年に改正された「中小企業の新たな事業活動の促進に関する法律」の基本部分である「中小企業金

融における会計」・「中小企業金融における決算書の信頼性」という要請は引き継がれている。ただし，同法は金融庁との直接的なかかわりはない。(【中小企業金融における会計】【中小企業金融における財務管理】【中小企業金融における決算書の信頼性】)。

3.5.7　平成28事務年度「金融行政方針」

2016年10月に公表された平成28事務年度「金融行政方針」では，「取引先企業について，財務内容等の過去の実績や担保・保証に必要以上に依存することなく」という文言がなくなっている。そして，「十分な担保・保証のある先や高い信用力のある先以外に対する金融機関の取組みが十分でないために，企業価値の向上が実現できず，金融機関自身もビジネスチャンスを逃している状況(「日本型金融排除」)が生じていないかについて，実態把握を行う」，「事業性評価の結果に基づく融資ができているか」等について企業や金融機関からヒアリング等をするとしている(同20頁)。

4　おわりに

以上の歴史的な推移から，「中小企業金融における会計の役割」について以下の事実が明らかになる。

4.1　各時代区分における特徴

各時代における施策は，それぞれ次のように特徴づけられる。

「戦後の復興期から早期是正措置導入(1998年)前まで」は，戦後復興期の一時期を除き「中小企業金融における会計」に関する動きはほとんどなかった。

「早期是正措置導入(1998年)からバーゼルⅡ導入(2007年)前まで」は，主に経済産業省および中小企業庁が「会計」および「財務管理」を中小企業金融に活用する施策を実施している。

「バーゼルⅡ導入(2007年)から改正『中小・地域金融機関向けの総合的な監督指針』(2011年)まで」は，金融庁が主体となって，「財務管理」の手法を中小

企業金融に活用する施策を実施している。

「中小会計要領の公表（2012年）から「日本再興戦略 改訂2014」（2014年）前まで」は，中小企業庁・経済産業省および金融庁が一体となって，「会計」・「財務管理」・「決算書の信頼性」を中小企業金融に活用・導入する施策を実施している。

「『日本再興戦略 改訂2014』（2014年）から現在まで」は，中小企業庁・経済産業省および金融庁間の「一体的取組み」が後退している。金融行政は「財務内容等の過去の実績」に過度に依存しない「事業性評価」を金融機関に求め，政府は「経営者保証に関するガイドライン」や「ローカルベンチマーク」の活用を広く金融機関に要請している。他方，中小企業等経営強化法（2016年）は，経営力強化計画とローカルベンチマークという財務管理の知見を活用している。

4.2 金融行政の取組み

バーゼル規制導入以後，各金融機関が行う自己査定や信用格付において，融資先企業の決算書や財務データが大きな位置を占めることになった。さらに金融行政は，リーマンショック以後，融資先企業の経営改善支援などに財務管理領域の知見を活用する施策を講じている。しかし金融行政は，「中小企業の会計ルール」の策定や「決算書の信頼性」に関しては受け身の姿勢を保ち続けている。さらに2014年以後，「財務データや担保・保証に必要以上に依存しない」という立場から「事業性評価」を推進している。

4.3 中小企業政策の取組み

中小企業行政は，中小企業の財務経営力および資金調達力の強化という視点から，「中小企業向けの会計ルール」の策定や「財務管理手法」の活用を積極的に行い，「決算書の信頼性」についても既存の制度（税理士法による書面添付制度，会計参与制度，中小会計要領等のチェックリストなど）を積極的に活用している。中小企業行政は，金融庁や各種団体（中小企業団体や日本税理士会連合会など）を取り込む形で「積極的に」政策の実現を図っている。

4.4 中小企業庁・経済産業省および金融庁による「一体的取組み」

中小企業金融の領域においては、「中小企業憲章」制定（2010年）前までは、「会計」に関して、歴史的にさまざまな取組みが展開されてきた。しかし、これらの取組みは、2012年に「中小会計要領」が公表されるまでは、その目的・趣旨・立場などの相違により、かつ、担当する省庁間の壁（縦割り行政）もあって、一体性を欠くものであった。

「中小企業政策」について「政府一体となって取り組む」（同「基本原則」）とする中小企業憲章の制定（2010年6月閣議決定）以後、金融行政および中小企業行政は、中小企業金融における「会計」に関する取組みを「一体的」に行うようになった。その具体的な例が、「中小会計要領」（2012年2月）、「中小企業経営力強化支援法」（2012年6月）、「経営者保証に関するガイドライン」（2013年12月）である。

しかし、2014年に金融庁が「財務データや担保・保証に必要以上に依存しない」という立場から「事業性評価」を推進して以後、中小企業金融における「会計」に関する「一体的」取組みが後退している。

4.5 今後の課題

中小企業憲章の制定（2010年6月）以後、中小企業庁・経済産業省および金融庁が「一体」となって、「会計」・「財務管理」・「決算書の信頼性」を中小企業金融に活用・導入する施策を実施してきた。しかしながら、2014年に金融庁が事業性評価を推進して以後、中小企業金融における「会計」に関する「一体的な取組み」が後退している状況にある。具体的には、中小企業等経営強化法（2016年5月）は金融行政との直接的なかかわりがなく、また、事業性評価におけるローカルベンチマークの位置づけやその効果も明確になっているとはいえない。ローカルベンチマークを活用した「一体的な制度設計」を指示した安倍総理の意向（2016年3月4日）を受けて、中小企業金融における「会計」に関する「一体的取組み」が維持され、かつ強化されるか否かが問われている。

加えて、中小企業金融における「会計」の役割に関して、「事業性評価」における「財務評価」および「決算書の信頼性」の位置づけ、「事業性評価」におけ

るローカルベンチマークの位置づけやその効果，中小企業金融における「中小会計要領」および「経営者保証に関するガイドライン」の具体的な推進策，中小企業金融における「決算書の信頼性」確保のしくみなど，個々のテーマにおいても未だに多くの研究課題・政策課題が存在している。

> **Column ② 中小企業金融における会計の役割と『中小企業憲章』**
>
> 『中小企業憲章』は2010年6月18日に閣議決定された。憲章は中小企業を「国家の財産ともいうべき存在である」と位置づけ，中小企業政策を実施するに当たっては「政府一体となって取り組む」(「基本理念」)としている。そして，「行動指針」の6つ目に「中小企業金融の円滑化」を掲げ，「金融供与に当たっては，中小企業の知的資産を始め事業力や経営者の資質を重視し，不動産担保や保証人への依存を減らす。そのためにも，中小企業の実態に則した会計制度を整え，経営状況の明確化，経営者自身による事業の説明能力の向上，資金調達力の強化を促す」と定めている。
>
> 当初の原案には「会計」に関する項目がまったくなかった。これに気がついたTKC全国政経研究会が各方面に「会計」に関する項目を設けるように働きかけた経緯がある。近年の，①中小会計要領の策定とその普及，②中小企業金融および中小企業政策への会計の活用，③金融行政と中小企業行政の一体的取組みなどの一連の政策の背景に『中小企業憲章』の存在があることは疑いない。『中小企業憲章』が中小企業政策に果たした役割は限りなく大きい。

【注】
1 「中小企業」の定義は，中小企業基本法2条で規定されている (p.21参照)。
2 日本における法人企業の資本金別自己資本比率は，第1章2の図表1-1 (p.13) 参照。
3 「中小企業金融における会計の役割」に関する研究を欠いたために，多くの識者に，①金融機関は，担保や保証人に依存する融資をしているため，実態的には決算書(会社法上の計算書類)を必要としていないのではないか，②一部の中小企業は，決算書を作成していないのではないか，③たとえ決算書を作成していたとしても，その信頼性は著しく低いのではないか，という誤解を植えつけてしまった。
4 これら2つの中小企業向けの会計基準は，1949年から導入された青色申告制度(記帳を前提とした申告納税制度)の推進が主たる目的であったともいわれる。
5 ドイツでは，1985年の商法改正によって中規模以上の資本会社に外部監査が義務づけられている。さらに，信用制度法18条を根拠にして，融資に際して金融機関に提出される年度決算書には，少なくとも「蓋然性評価を伴う年度決算書の作成証明書」が添付されていなけ

ればならないとされている（坂本（2012）の第15章第5節および坂本（2016）のⅠ「ドイツ税理士による年度決算書の作成証明業務の背景－その歴史的経緯と証明の構造－」参照）。
6　BIS規制は，国際業務を行う銀行の自己資本比率に関する国際統一基準のことであり，バーゼル合意ともいう。BISは国際決済銀行（BIS：Bank for International Settlements）のことである。
7　早期是正措置は，金融機関の経営の健全性を確保するため，監督当局が客観的な基準である自己資本比率を用いて，必要な是正措置命令を迅速かつ適切に発動していくことで，金融機関の経営の早期の是正を促すものである。
8　自己査定とは，金融機関が自らの決算に際し，資産に対する貸倒引当金を算定するために債権の状況を検討することである。具体的には，融資先企業の返済能力を判定して債務者区分を行う。
9　これは，2003年3月に金融庁が「リレバンの機能強化に関するアクションプログラム」を発表して，地域金融機関に同年8月末を期限として「リレバンの機能強化計画」の報告を求めたことによる。
10　TKCのパソコン会計ソフトは，「一度入力した会計データについて，後から遡って修正・訂正・削除・追加等の処理がされた場合には，それら一連の処理の痕跡がすべて記録される」ことが保証されており，これを評価した多くの金融機関がTKCのパソコン会計ソフトを導入した企業向けの融資商品を開発・提供している。
11　実際に多くの金融機関において，会計参与設置会社に対する融資商品が開発されている。その内容は日本税理士会連合会ホームページ（http://www.nichizeiren.or.jp/taxaccount/sme_support/accounts/）参照。
12　この制度は，中小指針に準拠して作成される中小企業の計算書類について，税理士等（税理士，税理士法人および公認会計士）により中小指針への準拠が確認されたチェックリストが提出された場合において，信用保証協会の保証料率が0.1％の割引が認められるというものである。
13　バーゼルⅡとは，国際決済銀行（BIS）が国際業務を営む銀行に対して要求する新しい自己資本規制であり，銀行が抱えるリスク額に対して最低8％（国内基準は4％）の自己資本を確保するよう義務づけている。
14　具体的には監督指針の貸出条件緩和債権を次のように改正している。

> 債務者が実現可能性の高い抜本的な経営改善計画を策定していない場合であっても，債務者が中小企業であって，かつ，貸出条件の変更を行った日から最長一年以内に当該経営改善計画を策定する見込みがあるときには，当該債務者に対する貸出金は当該貸出条件の変更を行った日から最長一年間は貸出条件緩和債権には該当しないものと判断して差し支えない。

15　企業のライフステージを5区分し，「経営改善が必要な企業」・「事業の持続可能性が見込まれない企業」・「事業承継」に関して，外部専門家である税理士等との連携を掲げている。
16　「中間とりまとめ」は，以下のような提言をしている。

◆中小企業に対する経営支援

> 戦略的経営力の強化でとりわけ必要なのが，財務基盤の強化であり，そのための資金調達である。その際，金融と経営支援の一体的取組みを推進していくことが重要であるが，その前提として，中小企業が自らの経営状況を把握し，金融機関への資金繰り等の説明を的確に行っていくことが不可欠である。

◆中小企業の財務経営力の強化

> 中小企業に会計の定着を図り，会計の活用を通じた経営力の向上を図ることに加え，決算書の信頼性を確保して，資金調達力の向上を促進させることが重要である。

17 中小企業庁ホームページで「中小会計要領の適用に関するチェックリストを利用した金融商品を取り扱う金融機関を紹介しています」が公表されている（http://www.chusho.meti.go.jp/zaimu/youryou/sien/kinyukikan.htm）。

18 それは，①チェックリストの全15項目すべてが中小指針に準拠していることをもって会計割引制度が適用されること，②中小指針に準拠している旨の記載があるにもかかわらず，故意・過失を問わず事実と異なる記載が認められると信用保証協会が判断する場合は，会計割引制度の利用を認めないことである。

19 その他，「中小企業者等に対する金融の円滑化を図るための臨時措置に関する法律に基づく金融監督に関する指針（コンサルティング機能の発揮にあたり金融機関が果たすべき具体的な役割）」および「金融検査マニュアル」。

20 同法は，中小企業の経営力の強化を図るため，「中小企業の支援事業を行う者を認定し，その活動を後押しするための措置」および「中小企業の海外展開を促進するため，中小企業の海外子会社の資金調達を円滑化するための措置」を講じている。

21 日本と同様に税理士制度を持ち，間接金融が主流であるドイツでは，税理士が中小企業金融における格付コンサルタント（Ratingberter）としても認知されている（坂本 2012，149-174参照）。

22 中小会計要領に従って計算書類を作成している旨の税理士等による確認書類を信用保証協会に提出すると，保証料率が0.1％割り引かれる。

23 同「研究会」は，中小企業団体および金融機関等からなり，金融庁，財務省，農林水産省，法務省，経済産業省，中小企業庁がオブザーバーとして参画している。

24 中小企業庁は，「政府系金融機関におけるガイドラインの活用実績」をとりまとめて公表している。同資料（2016年12月28日公表）によれば，平成26年2月から平成28年9月末までの実績新規融資件数589,910件のうち，経営者保証に依存しない融資の割合は23％となっている（http://www.chusho.meti.go.jp/kinyu/keieihosyou/2016/161227keiei.pdf）。金融庁も，「民間金融機関におけるガイドラインの活用実績」をとりまとめて公表している。同資料（2017年1月20日公表）によれば，平成28年4月から9月までの実績新規融資件数1,766,036件のうち，経営者保証に依存しない融資の割合は14％となっている（http://www.fsa.go.jp/news/28/ginkou/20170120-6/01.pdf）。

25 ここでいう「支援機関」とは，中小企業経営力強化支援法（2012年）によって設けられた認定経営革新等支援機関を指している。具体的には，同法によって認定された税理士事務所，税理士法人，公認会計士事務所などである。

● 参考文献 ─────
河﨑照行．2009．「中小企業における簿記の意義と役割」『會計』第176巻第3号．
金融庁．2016．「円滑な資金供給の促進に向けて」．
経済安定本部 企業会計制度対策調査会．1949．「中小企業簿記要領」．
坂本孝司．2012．『ドイツにおける中小企業金融と税理士の役割』中央経済社．
坂本孝司．2015．『中小企業の財務管理入門－財務で会社を強くする』中央経済社．
坂本孝司編著．2016．『ドイツ税理士による決算書の作成証明業務』TKC出版．
藤巻治吉．1953．『中小会社経営簿記要領』税務経理協会．

（坂本　孝司）

第 II 部

中小企業金融における融資（貸出）

　第II部では，中小企業金融における融資（貸出）のしくみと，会計の位置づけを検討する。

　第3章では，実物資料に基づいて，金融検査マニュアルの実務上の作用，信用格付と自己査定のしくみを明らかにする。そのうえで，第4章で定量・定性・事業性評価に基づいた貸出審査の着眼ポイント，金融機関による経営改善計画の策定支援の取組みを解き明かす。

　この検討を前提として，第5章で「経営者保証に依存しない融資」を促進するために策定された「経営者保証に関するガイドライン」の内容と会計のかかわりを明らかにする。さらに，第6章で近時，重要性を増している「事業性評価」において，会計がどのように位置づけられているかについても考察する。

第3章

金融検査マニュアルと金融機関の自己査定
―金融機関の信用格付と自己査定の実務―

1 はじめに

　バブル崩壊後，多くの金融機関が多額の不良債権を抱え苦しんでいた1998年6月に，大蔵省（当時）から民間金融機関の検査・監督部門が切り離され（金融と財政の分離）「金融監督庁（当時）」が誕生した。

　翌1999年7月に公表された「金融検査マニュアル」の特徴は，「金融当局指導型から自己管理型への転換」と「資産査定中心の検査から，リスク管理重視の検査への転換」の2つであり，旧大蔵省時代の護送船団方式からの訣別と金融機関が不良債権を自己管理する経営への転換を求めたものであった。

　公表された「金融検査マニュアル」には，自己査定基準の適切性の検証ポイントが記載されており，ほぼすべての金融機関がこの「金融検査マニュアル」を参考として内部規定等を作成し，自己査定を実施している。

　本章では，この金融機関の自己査定に関する実務を解説する。

2 「金融検査マニュアル別冊（中小企業融資編）」の公表

　1999年7月に公表された「金融検査マニュアル」において，「中小零細企業等の債務者区分の記述が抽象的でわかりにくい」あるいは，「検査において金融検

査マニュアルが機械的・画一的に適用されているのではないか」との意見を受け，2002年6月に「金融検査マニュアル別冊（中小企業融資編）」が公表された。同別冊は，債務者の経営実態の把握の向上に資することを目的としており，中小・零細企業等の債務者区分の判断に係る検証ポイントおよび検証ポイントに係る運用例が記載されている（金融庁 2015b，1）。

その後，当該別冊の内容が中小企業の実態により即したものとなるよう改訂されているが，「中小・零細企業等の債務者区分の判断に当たっては，何よりも金融機関自らが，日頃の債務者との間の密度の高いコミュニケーションを通じて，その経営実態の適切な把握に努めることが重要」とされている。

また，2009年12月に施行された中小企業金融円滑化法はすでに終了したが，その精神は現在も「金融円滑化編」として存続している。

中小企業金融専門機関である浜松信用金庫（以下，当金庫と記述）においても自己査定の実務において，日頃の債務者との間の密度の高いコミュニケーションを通じて，その経営実態を適切に把握し，より正確な債務者区分判断を実施している。

3 自己査定基準の適切性と自己査定結果の正確性の検証（別冊中小企業融資編）

3.1 自己査定とは

自己査定を実施する目的は，金融機関の健全性の確保であり，金融機関自らが貸出金等の資産内容を正しく評価したうえで適正な償却・引当を実施し，自金融機関の正確な財務諸表を作成することにある。

金融機関は貸出金の自己査定において，まず個々の債務者を原則として「信用格付」の結果に基づき，「正常先」「要注意先」「破綻懸念先」「実質破綻先」「破綻先」の5区分のいずれかに区分する（債務者区分）（「要注意先」となる債務者は「要管理先」である債務者とそれ以外の債務者とを分けて分類することが望ましいとされている）。そのうえで個別の債権毎に債権の回収の危険性または価値の毀損の危険性の度合いに応じてⅠ～Ⅳ分類のいずれかに分類する（金融庁 2015

a，69-103)。

　ただし，全債務者に対して精緻な「信用格付」を実施することは膨大な労力を必要とすることから現実的に不可能であり，ほとんどの金融機関において一定金額以上の債権を有する債務者をその対象としている。それ以外の債務者は提出された財務諸表（実態修正せず）や約定返済の状況（延滞の有無）等で債務者区分を判断している。

　参考までに，当金庫における自己査定において「信用格付」を実施している割合は，全債務者数のおおよそ1割強，債権金額では6割強となっている。

3.2　信用格付とは

　中小・零細企業等の債務者区分においては，実態的な財務内容や業種的な事業特性を踏まえた事業の継続性と収益性の見通し，債務償還能力等に加え，技術，販売力や成長性，代表者等の収入状況や資産内容等を総合的に判断するものとされている（金融庁 2015a，83）。

　当金庫では，財務諸表をより実態を表すものに修正し，さらに「業界動向」や「経営者」，「経営基盤」といった定性情報を総合的に判断し信用格付を行っている。

3.3　信用格付の正確性

　金融機関の信用リスクを的確に評価・計測するためには，適切な信用格付制度の整備が重要であり，個別債務者毎の信用格付の見直しが，決算期毎等あるいは必要に応じて行われる態勢整備が必要である。

　債務者の実態的な業績推移のほか，延滞の発生，資金繰りの悪化，業況の変化等の情報を適時適切に信用格付に反映する態勢となっていることが求められている。

3.3.1　実態財務への修正（不良資産等の有無）（図表3-1，図表3-2参照）

　中小・零細事業者の財務諸表の資産および負債科目を精査し，必要な場合には実態財務に修正したうえで定量的なスコアリング評価を実施する。

第3章 金融検査マニュアルと金融機関の自己査定

図表3-1 信用格付表（法人）

店　番	
取引先名	(0000010)　サンプルA社
業　種	

財務評価項目	配点	平成27年03月期 比率	平成27年03月期 評点	平成28年03月期 比率	平成28年03月期 評点	修正後 比率	修正後 評点	業種平均 比率
流動比率（％）	10	136.5	3.7	143.2	3.9	120.5	3.3	201.2
固定長期適合率（％）	5	68.5	2.6	69.6	2.5	82.7	2.1	53.2
自己資本比率（％）	15	22.6	8.2	33.7	10.2	26.6	8.9	17.0
経常収支比率（％）	10	131.2	8.6	100.0	3.4	100.0	3.4	103.2
インタレストカバレッジ（倍）	10	−0.1	3.1	2.2	4.1	−1.6	2.3	3.6
キャッシュフロー（千円）	15	−20,413.9	2.2	14,963.4	7.4	14,963.4	7.4	14,024.5
債務償還可能年数（年）	10	999.0	0.0	21.2	2.2	21.2	2.2	15.8
総資本経常利益率（％）	5	−0.9	1.1	1.1	1.5	−2.1	0.8	4.0
売上経常利益率（％）	10	−0.9	2.7	0.9	3.4	−1.6	2.3	2.1
自己資本（百万円）	10	162.7	9.8	217.8	10.0	155.7	9.6	33.0
合計	100		42.0		48.6		42.2	

定性評価項目	配点	評点
業界動向	30	15
経営者	40	36
経営基盤	30	18
合計	100	69

（注）　財務評価が25点未満の場合は定性評価の上限を15点とする

格付基準と債務者区分					
格付	スコア	債務者区分	格付	スコア	債務者区分
AA	80〜100	正常先	BB	25〜34	要注意先
AB	70〜79	正常先	BC	20〜24	要注意先
AC	60〜69	正常先	CC	0〜19	破綻懸念先
AD	45〜59	正常先	DD	0〜19	実質破綻先
BA	35〜44	要注意先	EE	0〜19	破綻先
＊ネガティブチェック	2期連続赤字	・		・	

＊ネガティブチェック該当先は修正格付基準に基づき修正する

決算期	財務70%	定性30%	定性上限	合計	格付	*修正格付	本部修正格付	事後格付	自己査定
26-03	32	20		52	AD				
27-03	29	21		50	AD				
28-03	30	21		51	AD	BB	AD		

(本部修正格付の理由)

2期連続赤字のネガティブチェックでBBに修正となったが、27年3月期は特別損失による赤字であること、役員報酬支払状況も加味し本部修正格付はADと判断する。

(事後格付の理由)	事後格付判定	
	確定評価	
	確定日付	

業績の概要

決算期	売上高	営業利益	経常利益	当期利益	減価償却費	総資産	自己資本	SDB階級	SDB PD
26-03	664,142	14,581	18,278	1,828	3,086	929,633	228,227	S5	0.7449
27-03	735,611	7,208	4,296	−23,014	2,600	763,095	205,212	S6	0.8975
28-03	759,930	11,091	7,172	12,599	2,363	647,043	217,812	S6	1.0817

修正財務の概要

決算期	借入総額	役員借入金	不良資産	償却不足累計	実質自己資本	営業利益	経常利益	当期利益	個人合算
26-03	610,742	0	30,123	0	198,104	14,581	18,278	1,828	
27-03	435,215	0	42,503	0	162,709	−3,671	−6,583	−35,394	
28-03	317,612	0	62,143	0	155,669	−8,448	−12,367	−7,040	

(出所) 浜松信用金庫　信用格付フォーマット（著作権は㈱情報企画に帰属，無断転載を禁じます）

第3章　金融検査マニュアルと金融機関の自己査定　　53

図表3-2　修正財務確認表

店　番	
取引先名	(0000010)　サンプルA社
業　種	

(単位：千円)

【不良資産等】

勘定科目	平成26年03月期	平成27年03月期	平成28年03月期	増減	コメント
棚卸資産	23,931	34,187	36,095	1,908	
受取手形	0	624	0	−624	
売掛金	0	0	18,256	18,256	
有価証券	0	0	0	0	
前渡金	0	0	0	0	
未収入金	6,192	6,192	6,192	0	
前払費用	0	0	0	0	
仮払金	0	0	0	0	
短期貸付金	0	0	0	0	
その他流動資産	0	0	0	0	
土地	0	0	0	0	
投資有価証券	0	1,500	1,600	100	
長期貸付金	0	0	0	0	
その他投資	0	0	0	0	
繰延資産	0	0	0	0	
不良資産合計	30,123	42,503	62,143	19,640	
減価償却不足累計額	0	0	0		

【個人資産負債合算】

定期性預金	0	借入金	0
有価証券	0		
建物・構築物	0		
土地	0	(差引)評価差額金	0

【修正比較損益計算書】

勘定科目	平成26年03月期	平成27年03月期	平成28年03月期
売上高	664,143	735,611	759,931
売上原価	496,154	577,891	590,327
売上総利益	167,988	157,721	169,603
一般管理費	153,407	161,392	178,051
営業利益	14,581	−3,671	−8,448
営業外収益	11,557	6,041	2,635
営業外費用	7,860	8,953	6,555
経常利益	18,278	−6,583	−12,368
特別利益	3,503	0	5,610
特別損失	19,771	28,629	100
税引前当期利益	2,011	−35,212	−6,858
法人税等	183	183	183
当期利益	1,828	−35,395	−7,040

【借入金修正】

長期借入金→短期借入金	0
短期借入金→長期借入金	0

【役員等からの借入金修正】

代表者および代表者と生計を共にする親族からの借入金は，劣後ローンと見做し借入金から控除し，自己資本に組み入れする。

B／S借入金	317,612
短期借入金→任意積立金(役員借入金)	0
長期借入金→任意積立金(役員借入金)	0
その他固定→任意積立金(役員借入金)	0
自己資本組み入れ額	0
実質借入金	317,612

(その他科目修正)

→	0
→	0
→	0

【利益修正】

役員報酬等削減可能額	0

【修正比較貸借対照表】

勘定科目	平成26年03月期	平成27年03月期	平成28年03月期	勘定科目	平成26年03月期	平成27年03月期	平成28年03月期
現金・預金	170,277	141,108	28,587	支払手形	36,743	40,378	39,573
受取手形	40,006	23,536	13,016	買掛金	35,855	45,932	54,053
売掛金	123,923	151,733	134,531	短期借入金	305,800	210,678	155,450
有価証券	0	0	0	その他流動負債	18,066	36,359	17,992
棚卸資産	135,607	136,749	144,381	流動負債合計	396,464	333,346	267,068
短期貸付金	0	0	0	長期借入金	304,942	224,537	162,163
その他流動資産	160,157	2,027	1,410	その他固定負債	0	0	0
流動資産合計	629,970	455,153	321,925	固定負債合計	304,942	224,537	162,163
建物・構築物	38,363	35,955	33,707	引当金合計	0	0	0
土地	196,224	196,224	196,224	負債合計	701,406	557,883	429,231
その他有形固定資産	482	289	173	資本金	100,000	100,000	100,000
無形固定資産	640	640	640	資本剰余金	0	0	0
長期貸付金	0	0	0	その他剰余金	98,104	62,709	55,669
投資有価証券	24,298	22,798	22,698	(役員借入金)	0	0	0
その他投資	9,534	9,534	9,534	(繰越利益剰余金)	−79,105	−114,500	−121,540
固定資産合計	269,540	265,439	262,976	純資産合計	198,104	162,709	155,669
繰延資産	0	0	0				
資産合計	899,510	720,593	584,900	負債・純資産合計	899,510	720,593	584,900

(出所) 浜松信用金庫 信用格付フォーマット (著作権は㈱情報企画に帰属, 無断転載を禁じます)

> ◆営業店が，債務者より決算書一式（法人税申告書別表・決算書・科目内訳書）を徴求し，システムにデータ入力を行い財務分析帳票一式（貸借対照表，損益計算書，キャッシュフロー計算書，各種分析指標）を作成する。資産性に懸念のある資産科目については不良資産の認定による修正財務評価を行う。また，負債科目のうち，代表者等からの借入金等実質的に返済を求められず，他の債務に対して劣後性を有する債務を擬似資本金として修正する。
> ◆売上債権，仕入債務，棚卸資産等の金額や回転率が異常値としてチェックされた場合，その要因を十分に検証する。また付属明細書を2期以上比較し，固定化し回収に懸念のある売掛金や貸付金等がないか確認する。
> ◆法人税別表16，固定資産台帳兼減価償却計算，過年度の減価償却不足累計額の確認書等から減価償却不足を確認する。
> ◆金融機関に求められている「適正な貸倒引当金計上」の観点から，債務者区分のボーダーライン上の債務者は，特に注意して実態財務への修正を行う。

（注）　法人税申告書のサンプルは資料 pp.277-292, 決算書のサンプルは資料 pp.255-267, 科目内訳書のサンプルは資料 pp.269-274を参照。

3.3.2　定性情報による調整（図表3-3参照）

債務者の外部環境および内部環境を分析し，下記の項目についてスコアリング評価を実施する。

> ◆業界動向…景気動向，取扱製品・商品の需給動向，同業者との競争力，業界内のマーケットシェア，主力製品・商品・サービスの採算性等
> ◆経　営　者…計数観念，経営管理能力，経営者としての資質（以上の3項目は，経営者自身が，決算・事業計画を自ら説明できることが重要な判断要素），事業専念度，企画力・実行力，後継者，組織・経営陣，正味個人資産，従業員教育等
> ◆経営基盤…業歴，販売基盤，仕入基盤，技術力・サービス力，資金調達余力

図表3-3 定性情報一覧表

店　番		
取引先名	(0000010)	サンプルA社
業　種		

	チェック項目	平成27年03月期 回答	(回答率)評点(配点)小計	平成28年03月期 回答	(回答率)評点(配点)小計
業界動向	景気動向 取扱製品・商品の需給動向 同業者との競争力 業界内のマーケットシェア 主力製品・商品・サービスの採算性	薄曇り・曇り 需要普通 競争力は普通 普通 普通	(100%) 50 (30) 15	薄曇り・曇り 需要普通 競争力は普通 普通 普通	(100%) 50 (30) 15
経営者	経営者の計数概念 経営管理能力 経営者としての資質 経営者の公私混同・異性関係の有無・各種団体への参加 企画力・実行力 後継者 組織・経営陣 経営者の正味個人資産 従業員教育 当金庫とのコミュニケーションの評価	計数概念は強い 経営管理能力は高い 資質は高い なし 優れている 後継者あり 標準的 資産余力は多い 標準的 十分に行われている	(100%) 90 (40) 36	計数概念は強い 経営管理能力は高い 資質は高い なし 優れている 後継者あり 標準的 資産余力は多い 標準的 十分に行われている	(100%) 90 (40) 36
経営基盤	業歴 販売基盤 仕入基盤 技術力・サービス力 資金調達余力	20年以上 普通 普通 普通 若干あり	(100%) 60 (30) 18	20年以上 普通 普通 普通 若干あり	(100%) 60 (30) 18
		合　計	69	合　計	69

[変更理由欄]

	チェック項目（変更理由）	平成27年03月期	平成28年03月期
コメント			

(出所)　浜松信用金庫　信用格付フォーマット（著作権は㈱情報企画に帰属、無断転載を禁じます）

3.3.3 取引方針策定（図表3-4参照）

定量評価によるスコアリングおよび定性評価によるスコアリングにより算出された信用格付に基づき，債務者の現況や経営上の課題および問題点の解決の見通し，資金繰りの見通し等を検証し，今後1年間の基本的な取引方針を策定する。

◆債務者の現況と問題点…事業内容・特性・資金繰り等
　過去の財務データの分析において，売上・利益・キャッシュフロー・不良資産等の増減（トレンド）とその要因を検証する。一過性の要因なのか，構造的な要因なのか。また資金繰りの状況はどうか，経営者が1年間どのような努力を行った結果として今回の決算となったのか，それらの要因を掘り下げていくことにより事業価値と経営課題を認識することにつながる。

◆今後の業況等の見通し…赤字解消・経営改善計画・業況好転の見通し等
　上記財務面および事業面の把握に加え，経営者が上記課題の解決に努力している施策の実現可能性および将来キャッシュフローの増減見通しを判断する。

◆今後1年間の取引方針および他行動向
　上記債務者の実態把握および成長性や再生可能性，さらに過去の取引実績や他行動向，メイン・非メイン等を勘案し，今後1年間の与信取引方針を決定する。

◆貸出金利・保全強化策
　上記で決定した基本的な今後1年間の与信取引方針に加えて，貸出金利の適用方針を決定する。さらに，基本的な与信取引方針を「慎重な対応」とした債務者については，必要に応じて保全強化策への取組方針も決定する。

図表3-4 取引方針策定書

店　番	
取引先名	(0000010)　サンプルA社
業　種	

債務者の現況と問題点（事業内容・特性・資金繰等）

当社は業歴の長い和装品卸売業者だが，近年は当地有力リネンサプライ業者宛の旅館・病院等のリネンサプライ品（浴衣・ガウン・病衣等）の販売が主業となっている。
和装品の卸売においては，市場の縮小と海外製品との競合により，厳しい経営環境が続いている。リネンサプライ品については，一定の売上確保は見込まれるものの収益性は低い。借入金に比してCFは不十分であり，折返し融資が必要。

今後の業況等の見直し（赤字解消・改善計画・好転の見通し等）

現在，主業となっているリネンサプライ品は，利幅は小さく収益性は低いものの，安定した売上は見込まれる。
経営者は，収益改善には新規商品の開発やネット販売等の販売チャネル開拓等による，付加価値の高い和装品および関連商品の販売強化が必要と認識しているが，取組みは不十分であり業績の急激な改善は見込めない。

部店長所見（今後1年間の取引方針および他行動向）

当面の事業維持には問題はないが，長期安定した経営継続には現在のビジネスモデルからの脱皮が必要。
経営者の取組み姿勢が弱いことから，経営者の意識改革からの支援に取組む方針。

☐1. 積極　☐2. やや積極　☑3. 現状維持　☐4. 縮小　☐5. 撤退　☐6. 回収

貸出金利・保全強化策

一般当貸　1.300%
証書貸付　1.000%（プロパー）

現在の金利を下限とする。
業績推移に応じた金利対応の方針。

本部特記事項

（出所）浜松信用金庫　信用格付フォーマット（著作権は㈱情報企画に帰属，無断転載を禁じます）

3.4 中小・零細企業等の債務者区分

債務者区分は，信用格付に基づいた区分を原則とするが，債務者の実態を把握し，正確に区分しなければならない。また，債務者の実態財務評価に加えて，債務者に対する貸出条件およびその履行状況や業種等の特性を踏まえた事業の継続性と収益性の見通し，さらにキャッシュフローによる債務償還能力や経営改善計画等の妥当性，金融機関等の支援状況等を総合的に勘案し判断する必要がある（金融庁 2015a，83）。

特に，中小・零細企業等については，当該企業の財務内容のみならず，当該企業の技術力，販売力や成長性，代表者等の役員に対する報酬の支払状況，代表者等の収入状況や資産内容，保証状況と保証能力等を総合的に勘案し，当該企業の経営実態を踏まえて判断することとし，機械的，画一的な判断に陥らないよう求められている。

検証ポイントとしては，以下の7項目が挙げられている（金融庁 2015b，3-19）。

①　代表者等，法人個人一体での実態的な財務内容
②　企業の技術力，販売力，経営者の資質やこれらを踏まえた成長性
③　経営改善計画等の策定及び進捗状況
④　貸出条件及びその履行状況
⑤　貸出条件緩和債権の検証及び卒業基準
⑥　企業・事業再生の取組み
⑦　資本的劣後ローンの取扱い

当金庫における債務者区分判定の実務(**図表3-5**参照)では，債務者から提出された財務諸表を実態財務に修正したうえで財務評価を行い，さらに，経営改善計画等の策定および進捗状況等のセーフハーバールールによる検討を加え，営業店としての判断根拠の要点を債務者区分判断根拠（1次）に簡潔に記載する。

本部経営サポート部では，2次査定部署として営業店の債務者区分判断の検証を実施する。経営サポート部において債務者区分を検証し営業店にヒアリングを実施した結果，営業店の債務者区分と異なる判断となった場合は，その要

図表3-5 債務者区分判定チェック表

基準日	査定	店名	債務者名	(0000010)	サンプルA社

単位：千円

主要財務の推移（公表財務）

決算期	売上高	営業利益	経常利益	当期利益	減価償却	自己資本
H26年03月	533,194	14,116	21,460	−70,861	3,055	235,158
H27年03月	664,142	14,581	18,278	1,828	3,086	228,227
H28年03月	735,611	7,208	4,296	−23,015	2,600	205,212
年月	759,930	11,091	7,172	12,599	2,363	217,812

修正財務の概況

借入金総額	役員等借入金	不良資産	償却不足累計	実質自己資本
668,939	0	30,123	0	205,035
610,742	0	30,123	0	198,104
435,215	0	42,503	0	162,709
317,612	0	62,143	0	155,669

債務償還年数
0.0
124.3
999.0
21.2

参考数値

直近期自己資本比率	26.61%
前期自己資本比率	22.58%
直近期繰越損益	−121,540
銀行借入総額	317,612
C/F1	−2,726
C/F10	−27,253
収益弁済可能額対実質長期借入金	0.00%
役員報酬	100.00%
	30,000

セーフハーバー・ルール

「今期業績大幅改善」
「創業計画との乖離30%以内」「一過性要因による特損」
「代表者等の役員に対する報酬の支払状況、総合的判断により返済能力問題なし」

「経営改善計画の実効性あり」「実態判断チェック表による特損」
「今後の業況の改善可能性あり」「一過性要因による特損」
「技術力・販売力、役員報酬等の総合的な実態判断」
「資産内容等による総合的な代表者等の収入状況」
「実質C/Fかつ事業の継続性な実態等が見込める」
「連結財務による自己資本比率の状況（連結判定表による）」

形式区分マトリックス

	正常	要注	破綻
	○		
		○	
	○		
			○

最終判定：正常先

債務者区分判断根拠（1次）

現在主業としている旅館、病院等向けのリネンサプライ品の販売先は、当地有カソリンサプライ業者が主力としており、今後も相応の売上が見込まれる。実質自己資本も厚く、正常先と判断するが、債務償還年数も長く、収益性もやや低く、債務償還年数までは収益改善は容易ではなく、今後も注視している。包し、現在のビジネスモデルのまま収益改善は容易ではなく、今後も注視していく方針。

債務者区分変更理由（2次）

債務者区分変更理由（3次）

（出所）浜松信用金庫　信用格付フォーマット（著作権は㈱帆報企画に帰属、無断転載を禁じます）

点を債務者区分変更理由（2次）に記載する。また，一定金額以上の債務者については，3次査定部署としてリスク統括部においても自己査定の検証を実施しており，債務者区分を変更する必要があるとの判断に至った場合は，その要点を債務者区分変更理由（3次）に記載することとしている。

3.5 信用格付と債務者区分の概念との整合性（図表3-6, 図表3-7参照）

金融検査マニュアルにおいて，信用格付と債務者区分の概念は整合性がとられなければならないとされており，自己査定結果の信用格付と債務者区分も一部の例外を除き整合性がとられていなければならない。

図表3-6の欄外にも記載されているが，セーフハーバールール等の適用により，自己査定において信用格付と一致しない債務者区分と判断するケースもあるが，これは当金庫において検討したうえの結論である。一方で，当金庫の実態把握が不十分で正確な実態財務に修正できていないもの（不良資産等の検証に限界）も散見されることが課題となっている。

図表3-6 信用格付区分と債務者区分との関係

格付区分	債務者区分	債務者区分の基本的定義
AA	正常先	業況が良好であり，かつ，財務内容にも問題がない債務者
AB		
AC		
AD		
BA	要注意先	貸出条件・履行状況に問題がある先のほか，業況・財務内容に問題がある債務者
BB		
BC	要管理先	貸出条件緩和債権または3カ月以上延滞債権を有する債務者
CC	破綻懸念先	現状，経営破綻の状況にはないが，今後経営破綻に陥る可能性が大きい債務者
DD	実質破綻先	法的・形式的な経営破綻の事実は発生していないものの，深刻な経営難の状況にあり再建の見通しがない状況にあるなど実質的に経営破綻に陥っている債務者
EE	破綻先	破産，清算，会社更生，民事再生，手形交換所の取引停止処分等の事由により経営破綻に陥っている債務者

（注）債務者の状況によりセーフハーバールール（一過性の赤字，代表者との一体性，経営改善計画の実効性他）等を適用している先については，信用格付区分と債務者区分が一致しないケースがある。

図表3-7 破綻先法人の直近格付区分分析表

格付区分	22年度	23年度	24年度	25年度	26年度	27年度	計	比率		AA〜BA付与事由	
										粉飾・粉飾疑い	その他
AA	0	0	0	0	0	0	0	0.0%			
AB	0	0	0	0	0	0	0	0.0%	4.3%		
AC	0	0	0	0	0	0	0	0.0%			
AD	0	3	0	0	0	0	3	2.2%		2	1
BA	2	0	0	1	0	0	3	2.2%		3	
BB	0	2	3	1	0	1	7	5.0%			
BC	3	1	2	3	1	1	10	7.2%	95.7%		
CC	17	11	13	25	16	29	111	79.9%			
DD	0	1	1	1	2	0	5	3.6%			
計	22	18	19	31	18	31	139				

相対的に上位格付とされる格付AD，BA先から6先が破綻したが，破産管財人の財務調査結果により検証した結果，6先中5先において財務データの信憑性に大いに懸念があったことが判明。
<具体的な事例>
・現金預金を水増　・売上債権を水増　・棚卸資産を水増　・負債勘定を簿外

4 今後の課題

4.1　金融機関から見た「信頼性ある決算書（財務諸表）」とは

　投資家向けのIRが求められ，専門人材を配置した財務部門を有する上場企業の決算書と同じレベルの決算書作成を中小企業に求めることは合理的ではない。しかしながら，中小企業金融の現場において，貸し手である金融機関にとって決算書の信頼性は重要な問題である。
　ここで，金融機関の立場から見た「信頼性ある決算書（財務諸表）」とはどのような決算書なのかを確認しておきたい。

4.1.1　中小・地域金融機関向けの総合的な監督指針

　金融庁の「中小・地域金融機関向けの総合的な監督指針」における「II-5-2

-1 顧客企業に対するコンサルティング機能の発揮」では「中小企業である顧客企業が自らの経営の目標や課題を正確かつ十分に認識できるよう助言するにあたっては，当該企業に対し，『中小企業の会計に関する指針』や『中小企業の会計に関する基本要領』の活用を促していくことも有効である」としている。他方，認定経営革新等支援機関である税理士または公認会計士が拠るべき会計基準は，「中小企業の会計に関する基本要領」（以下，「中小会計要領」という）ないし「中小企業の会計に関する指針」（以下，「中小指針」という）とされている（参照：「中小企業の新たな事業活動の促進に関する基本方針」の一部改正，平成24年8月30日，総務省・厚生労働省・農林水産省・経済産業省・国土交通省）。

このように，われわれ金融機関が求める「信頼性ある決算書」とは，第一義的には中小会計要領ないし中小指針に準拠して作成された決算書である。加えて，税理士による月次巡回監査の実施，信頼性の高い会計システムの使用，税理士法による書面添付などにより，決算書の信頼性が格段に高まることはいうまでもない（「決算書の信頼性」の詳細は，第8章～第10章を，書面添付のサンプルは資料 pp.293-308参照）。

4.1.2 中小会計要領に準拠した決算書

ところで，中小会計要領に準拠して作成された決算書に，棚卸資産や土地等の含み損，ゴルフ会員権の含み損などが存在していることがあり，これらの会計処理をもって「粉飾決算である」と誤解してしまう傾向が一部に存在しているようである。これが「信頼性ある決算書」をめぐって，一部に存在する「税理士と金融機関との間の避けがたい相互不信」を生み出す要因であろう。

これらの会計処理は，基本的には中小会計要領に従った「適正な会計処理」である。というのも，中小会計要領は，企業会計原則と同じように企業のゴーイング・コンサーンを前提とする会計基準であり，①取得原価主義に立脚し（換言すれば，時価主義に立脚しておらず），②税法との調和が図られた，会計基準であるからである。それゆえに，法人税法上「損金」と認められない未実現の損失（たとえば，所有する土地の含み損）は，中小会計要領においても「損失」として決算書に計上されないこととなる。従って，「資産に含み損があるから粉飾決算だ」というのは短絡的な誤った解釈といえよう。

金融機関が実態財務を把握する場合には，「信頼性ある決算書」が是非とも必要である。そのうえで，金融機関は，各種資産に関する付属資料である「科目内訳書」等を参照して，必要な場合には実態財務への修正を実施することになる（科目内訳書のサンプルは pp.269-274を参照）。

今後，より多くの決算書が中小会計要領等に準拠して作成されることを期待している（中小会計要領をはじめとする中小企業会計基準の詳細は，第7章参照）。

4.2 正確な実態財務の把握（図表3-6，図表3-7参照）

当金庫における過去6年間（平成22年度～27年度）の破綻先法人の破綻時の信用格付区分を分析したところ，破綻法人139先のうち，6先(4.3%)が相対的に上位格付と位置づけられている信用格付 AD, BA での破綻であったが，その後の破産管財人の財務調査等による資料を検証した結果，6先中5先において当金庫に提出された財務諸表の信憑性に大いに疑念があったことが判明した。

当金庫のシステムでは，各種回転期間の変動，売上債権・棚卸資産の業種平均との比較，経常損益比率と経常収支比率の対比等がシステムチェックされ，異常値が検知された項目にはチェックマークがつくしくみとなっている。異常値検知先は，決算書に添付された科目内訳書の再検証や顧客へのヒアリングを実施し，その結果で必要に応じて財務諸表を修正することとしている。実態財務への修正により信用格付区分が下がるケースがあるが，上記5先については不良資産の修正が行われず AD, BA 格付であった。当金庫が，債務者から提出された決算書の操作を見抜けなかったということであり，金融機関として財務調査能力の向上に取り組まなければならないと自覚している。しかしながら，債務者から提出される決算書の中には，悪意を持って相当手の込んだ操作が行われている決算書も散見されるのが現実であり，金融機関としては企業の実態と大きく乖離した，悪意のある決算書が姿を消すことを願っている。

4.3 非財務情報の把握と評価

地方経済においては，若年層人口の減少や産業の空洞化による収縮が大きな課題となっているが，金融庁監督局が公表している「中小・地域金融機関向けの総合的な監督指針」によれば，地域経済の活性化や健全な発展のためには，

地域の中小企業等が事業拡大や経営改善等を通じて経済活動を活性化していくとともに，地域金融機関を含めた地域の関係者が連携・協力しながら中小企業等の経営努力を積極的に支援していくことが重要とされている。地域金融機関においては，資金供給者としての役割にとどまらず，地域の中小企業等に対する経営支援や地域経済の活性化に積極的に貢献していくことが求められている（金融庁 2016, 133）。

地域金融機関は，顧客企業に対してコンサルティング機能をより一層発揮し，顧客企業が経営課題を認識したうえで経営改善，事業再生等に向けて自助努力できるよう，最大限支援していくことが期待されており，日常的・継続的な関係の強化と顧客企業のライフステージ等を適切かつ慎重に見極めたうえで，適時に最適なソリューションを提案することが求められている。なお，ソリューションの提案にあたっては，認定経営革新等支援機関との連携を図ることも有効であるとされている（金融庁 2016, 134-140）。

また，各金融機関において，金融機関職員の「目利き力」を養い，企業活動の結果である財務諸表のみでなく，財務諸表に表れない事業性を評価した融資に取り組み始めているが，中小・地域金融機関向けの総合的な監督指針においても企業の技術力・販売力・成長性等，事業そのものの採算性・将来性または事業分野の将来見通しといった「企業の成長性等」を重視した融資態勢の整備が図られていることが期待されている（金融庁 2016, 146-147）（「事業性評価」の詳細は，第5章参照）。

当金庫も貸借対照表に表れない非財務情報の把握と評価に取り組んでいるが，これまでの財務諸表を重視した伝統的な融資判断とは異なった基準であり，残念ながら十分な態勢の構築には至っていない。

職員の「目利き力」養成が金庫として優先的に取り組むべき重要な課題との位置づけで，試行錯誤を繰り返しつつ取り組んでいる最中である。

5 おわりに

近年は，財務諸表のみにとらわれない事業性評価に基づく融資への取組みが

着目されているが、これは財務諸表を全く無視して融資判断をするということではない。顧客企業のこれまでの財務諸表のトレンドと財務諸表に表れない知的資産等(特許等の知的財産のほか、ノウハウや販売力、組織力等も含む)を総合的に判断して、将来の財務諸表を予想し、融資判断を行うという趣旨である。

政府は、2016年5月に成立した「中小企業等経営強化法」に基づく経営力向上計画策定の際の経営分析にローカルベンチマークの財務指標等を活用することを促しているが、ローカルベンチマークでは、以下の「財務情報」に基づく分析と「非財務情報」に基づく分析が示されている。

◆「財務情報」(6つの指標)
① 売上高増加率(成長ステージ判断)
② 営業利益率(本業の収益性)
③ 労働生産性(成長力、競争力等)
④ EBITDA有利子負債倍率(返済能力、健全性)
⑤ 営業運転資本回転期間(必要運転資金の増減、効率性)
⑥ 自己資本比率(安全性)
◆「非財務情報」(4つの視点)
① 経営者への着目~経営理念、後継者有無
② 事業への着目~商流、ビジネスモデル、技術力・販売力の強み弱み
③ 関係者への着目~主力取引先の推移、従業員定着率、金融機関推移
④ 内部管理体制への着目~組織体制、社内会議、経営目標、人材育成

つまり、地域金融機関は日頃の密度の高いコミュニケーションを通じて、顧客企業の正確な財務情報と非財務情報の両方を把握し、真の企業の実力を評価することが求められている。

当金庫においても顧客企業の正確な実態把握を実現する「目利き力」向上に金庫全体で取り組んでいるが、さらに、顧客企業の実態を把握したうえで、顧客企業の再生や成長につながるソリューションや事業性を評価し、担保や保証に過度に依存しない融資の実行で顧客企業を支援することに取り組んでいる。

われわれ地域金融機関は、「地域社会や地域経済と運命共同体である」ことを強く意識し、認定経営革新等支援機関等や公的機関等とも連携しつつ、顧客企

業への支援等を通じて地域経済の成長や地域での雇用の維持・拡大に貢献し続けることを使命としている。

そして，その使命を果たしてこそ本当の意味で「地域になくてはならない金融機関」であり続けることができると考えている。

> **Column ③ 地域金融機関における「事業性評価」の意義**
>
> このところ，地域金融機関には「取引先企業の事業性を評価する」ことや「事業性評価に基づいた融資の実行」が求められている。そもそも「事業性評価」の目的とは何なのだろうか。
>
> 取引先企業の貸借対照表に記載されていない資産，技術力，特許，ノウハウや販売力，さらに人や組織等の定性的な判断が求められる資産も評価し，その企業の秘められた成長力や経営改善の可能性も把握したうえで企業の実力や将来性を判断して，担保や保証に頼らずに融資を実行することが目的だとすれば，相変わらず金融機関の自己本位目線による発想から脱皮できていないこととなろう。
>
> 「金融機関が企業の実力や将来性を評価し，融資の可否を判断する」といった「上から目線」「自己本位目線」の「事業性評価」が求められているのではない。金融機関には，取引先企業の事業性評価を通じて把握した経営上の課題や問題点について，経営者と対話し，経営者と一緒にその課題や問題点の解決策を考え，実行を支援すること，企業の成長を真剣に支援することが求められているのである。
>
> 目の前の中小企業1社ごとの成長を支援する。その地道な活動の繰り返しが地方経済の維持や発展に繋がる。それが地域金融機関の地方創生への取組みの1つであり，そこに「事業性評価」への取組みの意義があると考える。

● 参考文献
金融庁．2015a．「金融検査マニュアル（資産査定管理態勢）」．
金融庁．2015b．「金融検査マニュアル（中小企業融資編）」．
金融庁．2016．「中小・地域金融機関向けの総合的な監督指針」．

（平井　正大）

金融機関の貸出審査
－定量・定性・事業性評価に基づいた貸出審査－

1 はじめに

　貸出審査とは，顧客からの融資申し込みに対して，その内容についてさまざまな角度から調査・検討を行い，採りあげの可否の判断を出すまでの過程のことをいう。現在，われわれ地域金融機関は，中小企業の事業実態について十分な把握に基づいた融資対応を求められているが(事業性評価)，そのためには，事実を反映させた正確な財務諸表（定量）の理解と分析が前提となる。
　ここでは，中小企業専門金融機関である浜松信用金庫の事例を用い，定量と定性の両面から，貸出審査での着眼ポイントについて述べる。

2 貸出審査フロー

　貸出審査は，図表4-1に示したとおり大きく4つの過程を経て貸出の可否判断を行う。

2.1 融資相談受付（ヒアリング）

　融資相談受付の際は，誠意ある対応の中で申し込み内容を把握し，その融資を必要とする事情を理解しなければならない。そのためには，まず顧客の意向

第 4 章　金融機関の貸出審査

図表4-1　貸出審査フロー

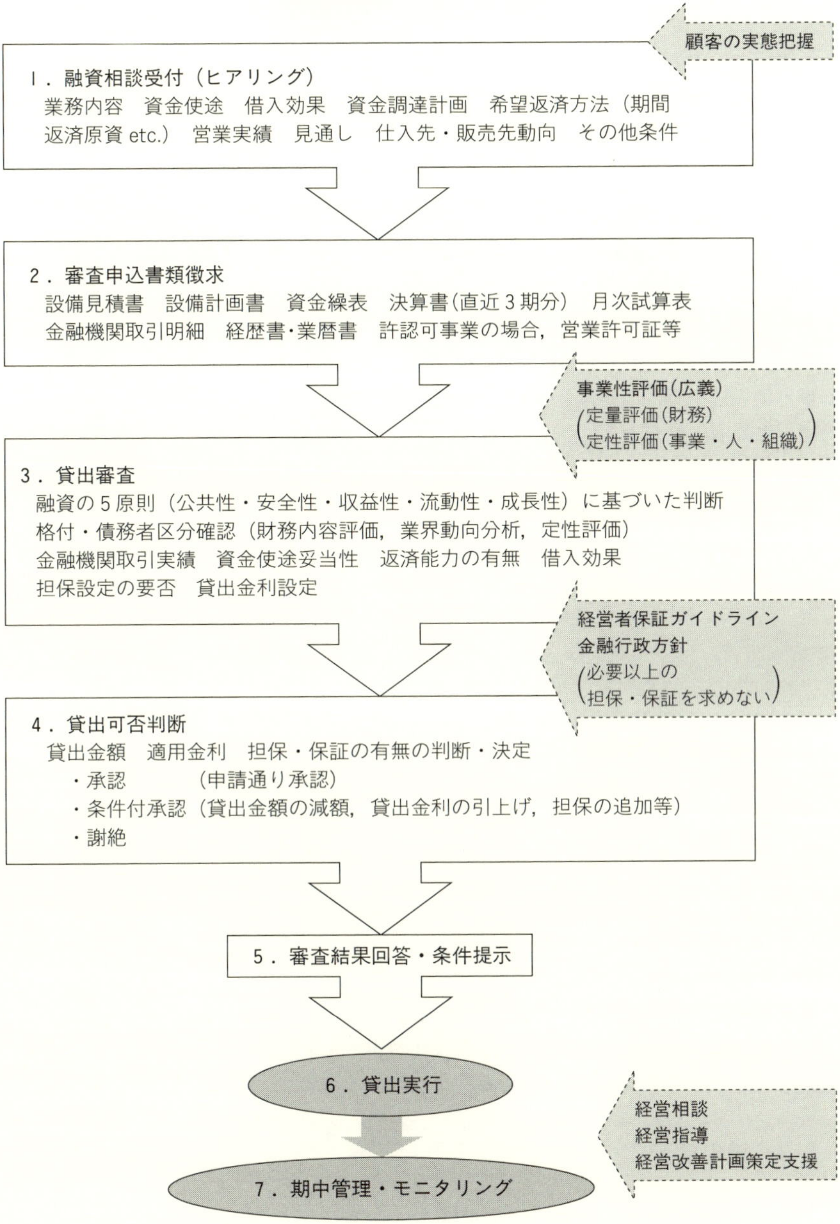

1．融資相談受付（ヒアリング）
　業務内容　資金使途　借入効果　資金調達計画　希望返済方法（期間　返済原資 etc.）　営業実績　見通し　仕入先・販売先動向　その他条件

→ 顧客の実態把握

2．審査申込書類徴求
　設備見積書　設備計画書　資金繰表　決算書(直近3期分)　月次試算表　金融機関取引明細　経歴書・業暦書　許認可事業の場合，営業許可証等

→ 事業性評価（広義）
（定量評価（財務）
　定性評価（事業・人・組織））

3．貸出審査
　融資の5原則（公共性・安全性・収益性・流動性・成長性）に基づいた判断
　格付・債務者区分確認（財務内容評価，業界動向分析，定性評価）
　金融機関取引実績　資金使途妥当性　返済能力の有無　借入効果
　担保設定の要否　貸出金利設定

→ 経営者保証ガイドライン
　金融行政方針
（必要以上の
　担保・保証を求めない）

4．貸出可否判断
　貸出金額　適用金利　担保・保証の有無の判断・決定
　・承認　　　（申請通り承認）
　・条件付承認（貸出金額の減額，貸出金利の引上げ，担保の追加等）
　・謝絶

5．審査結果回答・条件提示

6．貸出実行

7．期中管理・モニタリング

→ 経営相談
　経営指導
　経営改善計画策定支援

すべてを聞き出し，そこから得た情報や財務内容，その他の定性情報を基にして自らの意見や考えを持ち，顧客に対しては，融資の申込みから返済に至るまでの申込み内容について十分説明理解してもらうことが必要となる。

> ＜ヒアリングの具体的内容＞
> ◆借入資格…信用金庫の会員資格の有無とネガティブ情報の収集
> ◆資金使途…なぜ資金が必要か。真の借入目的は何か
> ◆借入希望金額…運転資金，設備資金についてそれぞれの金額の妥当性の把握
> ◆借入効果…何を目的としてどんな効果が得られるのか
> ◆資金調達計画…総所要資金，自己資金，他行借入等
> ◆資金調達方法…短期資金(手形割引・手形貸付・当座貸越)，長期資金(証書貸付)
> ◆返済方法…期間（短期・長期），一括返済か分割返済か
> ◆返済原資…紐付き[*1]，キャッシュフロー[*2]の確認
> ◆業況確認…現況および今期以降の業況見通しを財務面と事業面より確認
> ◆その他条件…金利，担保，保証
> ＊1 紐付きとは，特定された返済原資のことをいう。
> ＊2 キャッシュフローとは営業活動や財務活動，投資活動によって生じる現金の流れのことをいう。貸出審査においては，貸出の返済原資となりうる資金のことを指す。

2.2 審査申込書類徴求

書類提出依頼の際は，その目的や必要とする理由をわかりやすく説明し，必要以上の負担感を与えないよう，必要最小限度にする。

> ＜申込時徴求書類＞
> ◆運転資金…資金繰り表，返済原資（エビデンス）
> ◆設備資金…設備見積書，設備計画書（所要資金，資金調達，返済計画，返済原資）
> ◆共通書類…決算書（直近3期分），月次決算書，業況見通し，金融機関取引明細等

2.3 貸出審査

貸出審査の判断は，業界特性を把握し，決算書等の財務データに基づいた定

量分析・定量評価とあわせて、事業全般の実態把握による定性評価を行ったうえで、その貸出が企業の成長・発展に寄与することが前提となる。具体的には、以下のポイントを中心に審査に臨む。

2.3.1 融資の基本原則

金融機関、特に信用金庫においては、地域内の中小企業の発展と地域住民の生活向上に寄与することが使命であり、一般的に信用力の低い中小企業を相手に安全性を確保しながら融資を実践するため、5つの基本原則に配慮している。

＜融資の5原則＞
◆公共性の原則…公共的な立場から貸出を実行すること。
◆安全性の原則…融資が期日回収されること。回収懸念があれば担保・保証は必要。
◆収益性の原則…信用リスク（融資先の財務状態が悪化して資金の回収不能または遅延する危険性のこと）に見合った適正金利を確保すること。
◆流動性の原則…融資が反復・継続して行われ、資金が流動的に回転すること。
◆成長性の原則…企業の健全な成長に寄与する融資であること。

2.3.2 資格要件の確認

融資の相手方として適格かどうかを確認する（法律面からの資格チェック）。
信用金庫は会員融資を原則としているので、融資取引の相手方として会員資格の条件を有していることが前提となる。

2.3.3 信用状態の調査－格付・債務者区分の確認（財務評価・定性評価）

顧客から徴求した決算書データに基づいて、金庫内格付と自己査定による債務者区分の確認を行う。この作業は、財務評価に定性評価を加味したものであり、各経営指標や収益力の分析、資産内容の検証から、業界の経営環境、企業の組織力、代表者の経営管理能力、後継者の有無まで網羅したもので、与信判断の根本となる。また、審査の入り口においては、社会的事件への関与や反社会的勢力のチェック、税金滞納等のネガティブ情報の有無の確認も重要である。

この調査結果が、申込された融資の与信判断、信用力に応じた金利の設定、連帯保証人や保証協会、担保等の保全の判断に繋がっていく。

2.3.4 資金使途の確認（借入効果との整合性）

顧客の申し出を鵜呑みにするのではなく、業界特性、財務データ、企業体質、経営者の考え方を理解し、真の資金使途を把握することが重要である。

決算書に基づいて格付・自己査定を行い把握した経常運転資金、設備資金等の需要と資金調達の現況を照らし合わせるなどして、実態を把握し、資金需要の発生原因を（再）確認する。

融資は資金使途に応じて、まず、事業資金と消費資金に大別され、事業資金は運転資金と設備資金に分類、消費資金は大枠として消費者ローンに分類される（図表4-2）。

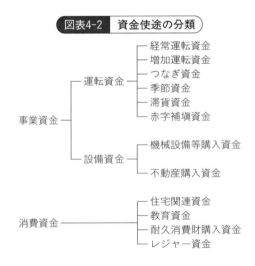

2.3.5 借入申込金額の妥当性

融資金額が、企業規模・企業体力と比較して過大でないか見極める。経常運転資金や返済能力からみて妥当な金額かどうか、また、設備資金の場合、設備規模自体が妥当かどうかをチェックする。業界内同規模企業との比較も有効である。

2.3.6 返済能力の有無

短期資金は主に運転資金として手形貸付や当座貸越の短期反復利用の利用が多いが，資金繰り表にて返済時期と返済原資を確認する。また，業種や資金使途によっては，単発の紐付き返済原資に基づいた利用もある。一方，長期資金については，証書貸付にて分割返済となるため，過去から現時点までの財務データと将来の予想収支シミュレーション等の計画達成見込みを検証，将来のキャッシュフローを予測，返済能力の有無を判断する。

2.3.7 借入効果

運転資金の申込みであれば，経常運転資金，増加運転資金等，事業継続に繋がるものか確認する。単なる赤字補填資金の申込みであれば，返済猶予や経営改善も視野に入れて対応する必要がある。

また，設備資金であれば，その設備導入の妥当性とあわせて投資効果を確認し，事業の成長に繋がるものでなくてはならない。

2.3.8 金融機関の取引実績

新規の融資申込の場合は，既存のメインバンクをはじめとした取引金融機関との取引内容，貸出姿勢，条件，返済の延滞や返済リスケ（返済額の軽減見直し。リスケジューリング）の有無等の確認も，顧客の実態把握のために必要である。

2.3.9 貸出条件の検討

融資審査の中では，与信判断と並行して貸出条件の検討も行う。貸出に係る条件については，以下の項目がある。

＜貸出種類＞…資金使途により選択
◆手形割引
　手形割引とは，約束手形や為替手形を，手形金額から手形期日までの割引料を差し引いて，買い取る融資の形式をいう。
　通常手形は，期日が到来するまで現金に換えることができないが，資金繰り

に余裕があり，期日まで待てる顧客ばかりではない。そこで当金庫に手形の割引を依頼することによって，期日前に現金化する。

近年は，商業手形に代わって「でんさいネット」が取り扱う電子記録債権（「でんさい」）の活用が広がり，「でんさい」の譲渡を受けて割り引く「でんさい割引」や「でんさい」を担保として譲渡を受け貸出する「でんさい担保貸付」の利用も増加している。

◆手形貸付

手形貸付とは，借用証書の代わりに当金庫宛に融資先が振り出した約束手形を交付してもらう融資の形式をいう。

短期資金（1年以内）を融資する場合に多く利用され，手続が簡単であり，証書貸付に比較して印紙税額が低いという利便性もある。

◆証書貸付

証書貸付とは，融資金額，利息，返済方法，返済期日などの条件を記載した借用証書を提出してもらう融資の形式をいう。

手形貸付が短期間の融資に利用されるのに対し，証書貸付は長期にわたる融資や，不動産に（根）抵当権を設定する融資に利用される。

◆当座貸越

当座貸越とは，貸越極度額を設定し，その極度額の範囲内で反復継続して利用することのできる融資の形式をいう。

貸越極度内で必要最小限の借入を行い，毎月一定の元金と利息を支払うだけで済み，手形貸付と違って資金が必要なときに必要な金額だけ利用できるというメリットがある。

◆債務保証

債務保証とは，当金庫が顧客から保証の委託を受けて，顧客が第三者に負担する債務を保証するものである。

◆代理貸付

代理貸付とは，当金庫が他の金融機関，たとえば信金中央金庫の代理人となって，その金融機関の資金の貸付を行うものである。

長期かつ低金利な商品が多いことが特徴で，貸付形態の中心は証書貸付である。

＜貸出金利＞

金融機関には，独自に収益を管理するシステムがあり，調達コスト，経費率，貸出期間，貸出種類，信用度合(格付)，取引内容，保全等から，採算金利を算出している。前述した「収益性の原則」により，採算金利の確保が原則とされ

るが，他行競合により困難な場合もある。

＜貸出期間＞
　資金使途，返済原資，返済能力に応じて決定する。運転資金は短期資金，設備資金や資本補塡資金は長期資金での対応が多い。

＜返済方法＞
　一括返済または分割返済。短期資金は一括返済，長期資金は分割返済が多い。

＜担保・保証＞
　取引先の信用度合，融資金の性格や融資期間から担保・保証を求める。

　人的担保においては，経営者以外の第三者の個人連帯保証人を求めないことを原則とする「中小・地域金融機関向けの総合的な監督指針」や「経営者保証に関するガイドライン」の中で，中小企業の経営者による個人保証（経営者保証）に依存しない融資の促進が求められており，企業のより正確な実態把握（事業性評価）を行い，これらを踏まえた適切な対応を行う必要がある。

図表4-3　金融機関が利用する担保・保証

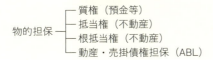

2.4　貸出可否判断

　前述の貸出審査を経て，適切な融資申込として判断した案件は，貸出稟議書により融資決裁権限者（支店長専決または審査部）に貸出可否判断を求める。貸出可否判断には，稟議書通りの「承認」と稟議書内容に対して金額の減額や担保の追加等の条件を加えた「条件付承認」，稟議自体を否決する「謝絶」となる場合がある。

3 貸出審査ポイント－今金融機関に求められているもの

　金融庁は，「金融行政方針」[1]の中で，金融機関に対し，取引先企業の「事業の内容」や「成長可能性」などを適切に評価し（事業性評価），融資や本業支援等を通じて，地域産業・企業の生産性向上や円滑な新陳代謝の促進を図り，地方創生に貢献していくことを求めている。
　われわれ金融機関は，その実現のために，正確な財務諸表の理解・分析と十分なコミュニケーションにより，顧客の実態把握，事業性評価への取り組み，顧客の将来の成長・発展につながる貸出に努めていかなければならない。貸出審査においても，以下の3点について十分な理解と認識を持って取り組む必要がある。

3.1 実態把握の高度化

　実態把握は，与信判断，実行後の期中管理，経営改善支援のすべてに共通する基本となる。実態把握においては，融資案件発生時に比べ，常日頃の顧客とのリレーションからの実態把握（非財務情報を含む）はレベルが高い（深度が深い）。この実態把握が十分にできていれば，担保や保証に過度に依存する必要はなくなるはずである。
　実態把握の基本となるのが財務分析で，過去の財務データの分析（売上・利益・キャッシュ・不良資産・借入金・純資産の増減・推移，部門・取引先別等推移，同業他社比較）の中から，事業面を見る。そして現在の課題，将来に向けて取り組むべきものを経営者とともに認識し，事業面から将来（持続可能性や成長可能性）を見ることが必要となる。
　財務面，事業面の把握において，それらを確認する経営者との対話の中から経営者自身の説明力（財務・事業面）や立案力（具体的改善策）を見ることができ，いわば経営者そのものの定性評価にもつながり，時には経営者への助言・指導が必要となる。
　2012年8月施行の中小企業経営力強化支援法は，中小企業経営者の「財務経営力の強化」と「資金調達力の強化」を求めている。「財務経営力」は，自社の

経営状態を把握し，経営計画を立案する能力であると同時に，税理士事務所から決算説明や経営助言を受けながら，社長自らが金融機関に財務状況や資金繰りの状況に関する説明ができる，あるいは経営を数字で語れる能力である。

3.2 事業性評価に基づく融資とコンサルティング機能発揮

金融行政方針は，金融機関に対し，取引先企業の「事業の内容」や「成長可能性」「事業継続性」を適切に評価し（事業性評価），融資や本業支援等を通じて，企業の生産性向上や円滑な新陳代謝の促進を図り，地方創生に貢献することを求めている。

金融機関は，取引先企業のライフステージを見極めたうえで，目利き力の発揮による事業性評価に基づく融資と企業本業支援等のコンサルティング機能を発揮していかなくてならない。特に，成熟期から成長鈍化局面にある取引先企業に対しては，早期の経営改善支援あるいは第 2 の成長に向けた取組み（融資を含む）を強化していく必要がある（「事業性評価」の詳細は，第 6 章参照）。

3.3 経営者保証ガイドライン（2014 年 2 月施行）の活用

経営者保証ガイドラインにおいては，「経営者保証に依存しない融資の一層の促進」を金融機関に求めており，中小企業金融の方向転換がなされた。

当ガイドラインにおいては，法人と経営者との関係の明確な区分・分離，財務基盤の強化，財務状況の正確な把握と適時適切な情報開示等による経営の透明性確保が要件となる（「経営者保証ガイドライン」の詳細は，第 5 章参照）。

ガイドライン適用以前の中小企業の評価は，格付・自己査定時の評価において，法人・個人を一体（中小企業の強み）として見ていたが，経営者保証に依存しない融資を促進するには，資産超過であり，法人単体でキャッシュフローを有し，資金調達ができることが将来の経営のあるべき姿であり，そのためには財務基盤強化が必要である。

4　経営改善計画の策定支援等の取組み

　融資審査の過程の中で，赤字，債務超過であっても，将来の成長を掲げて策定された経営改善計画に対し，計画の実現可能性を評価し，実抜計画(実現可能性の高い抜本的な経営改善計画) として判断した場合，自己査定区分を破綻懸念先から要注意先へのラックアップが可能となり，積極的に支援していくことが重要である。

　経営改善計画の策定支援等については，以下のような施策が打出されている。

4.1　金融検査マニュアル金融円滑化編

　「金融検査マニュアル金融円滑化編」では，中小・零細企業等である債務者については，その特色を踏まえてきめ細かな与信管理等を行い，経営相談，経営指導，経営改善計画の策定支援等を通じて積極的に企業・事業再生に取り組むことを求めている（きめ細かい支援等具体的な手法例から抜粋）。

　地域経済活性化支援機構（REVIC），中小企業再生支援協議会の活用や認定経営革新等支援機関との連携は，有効な手段となる。

4.2　中小企業庁の「経営改善計画策定支援事業」（2013年3月事業開始）

　「経営改善計画策定支援事業」とは，自ら経営改善計画書を策定することが難しい中小企業・小規模事業者を対象として，中小企業経営力強化支援法（2012年8月施行）に基づき認定された認定支援機関（税理士，金融機関他）が経営改善計画書などの策定支援を行うことにより，経営改善を促進する事業のことをいう。

　経営改善改革の策定とモニタリングにおいて，金融機関と税理士が連携していく過程の中で，経営者自身の意識が変わり能力も向上するはずである。また計画策定後も月次決算書により，計画と実績の乖離要因を分析していく必要があるが，その際，実績を月次で把握しないと次に打つべき施策が打てなくなる。

　与信判断はいうまでもなく，融資実行後の期中管理や経営改善においても，信頼性の高い正確な決算書(月次決算書)の作成が求められ，経営者と一緒になって考えることで，経営者と税理士，金融機関相互の信頼関係が構築され，とも

に成長することが可能となる。

5 おわりに

以上，当金庫における貸出審査の概要について述べてきたが，貸出審査の際は，われわれ信用金庫の主要取引先である中小企業の成長・発展のために，十分な実態把握と深い理解をもって取り組まなければならない。そのためには，正確な決算書を読み解いた財務評価に，技術力，商品力等の事業価値や人・組織力等の定性評価を加えた事業性評価が重要なポイントとなる。

また，事業性評価に基づいて把握した企業のライフステージの中で，特に成熟期から成長鈍化局面にある取引先企業に対しては，単にニューマネーの融資を実行するだけでなく，早期の経営改善支援や第2の成長に向けた取組み強化も図っていかなければならない。

今後は，バランスシートに含まれない企業の財産である「知的資産」[2]の評価・活用や「ローカルベンチマーク」[3]の活用を高度化し，より深度ある審査態勢の構築が必要とされる。

> **Column ④ 今後の地域金融機関の融資審査のポイント**
>
> 現在，地域金融機関は，日銀による長短金利操作付き量的・質的金融緩和政策による貸出金利の低下や地域における人口減少等さまざまな要因により厳しい経営環境に置かれ，ビジネスモデルの変革が大きな課題となっている。特に融資業務においては，短期的な利益確保のための特定のセクターへの与信集中や，財務の健全性や担保，保証の有無を重視した従来の審査体制から，事業性評価に基づいた融資・本業支援への転換が求められている。
>
> 事業性評価とは，従来の財務分析に加え，事業を取り巻く市場・競争環境・事業特性や経営資源・強み，企業風土等について分析・評価することで，事業内容や成長可能性を適切に評価することである。したがって，融資審査においては，地元の取引先企業と向き合い，深度ある対話に基づいてその事業を評価し，事業再生や成長支援に繋げていくことが重要で，企業の事業実態や経営者の資質はもとより，当該企業の地域における存在意義（雇用や地域商流等）も融資審査の際の重要な判断要因と考える。

【注】
1 「金融行政方針」とは，2015年9月，金融庁より金融行政の目的・目指す姿・重点施策が公表されたもの。
2 「知的資産」とは，人材，技術，組織力，顧客とのネットワーク，ブランド等の目に見えない資産のことで，企業の競争力の源泉となるものである。
3 「ローカルベンチマーク」とは，2016年3月に経済産業省が掲げたローカル経済圏を担う企業に対する経営判断や経営支援等の参考になる評価指標である。企業の経営者等や金融機関・支援機関等が企業の状態を把握し，双方が同じ目線で対話を行うための基本的枠組みである。事業性評価の入り口として活用が期待される。6つの財務指標（売上高増加率・営業利益率・労働生産性・EBITDA有利子負債倍率・営業運転資本回転率・自己資本比率）と4つの非財務情報（経営者への着目・関係者への着目・事業への着目・内部管理体制への着目）がツールとなる。

● 参考文献 ─────
金融庁．2015a．「金融検査マニュアル（信用リスク管理態勢）」．
金融庁．2015b．「金融検査マニュアル（資産査定管理態勢）」．
金融庁．2015c．「金融検査マニュアル別冊（中小企業融資編）」．
金融庁．2015d．「金融検査マニュアル（金融円滑化編）」．
金融庁．2015e．「金融行政方針」．
経営者保証に関するガイドライン研究会．2013．「経営者保証ガイドライン」．
平井正大．2016．「提言「事業性評価」の高度化に向けて」『TKC』第521号．

（平井　正大）

第5章 経営者保証に関するガイドライン
－いわゆる「入口段階」での経営者保証に
過度に依存しない融資に関して－

1 はじめに

　経営者保証に関するガイドライン（以下，「ガイドライン」という）は，2013（平成25）年1月に金融庁と中小企業庁が「中小企業における個人保証等の在り方研究会」を設置し，同年5月に「中小企業における個人保証等の在り方研究会報告書」が公表され，中小企業の経営者保証に関する課題解決のために，経営者の個人保証について，(1)法人と個人が明確に分離されている場合などに，経営者の個人保証を求めないこと，(2)多額の個人保証を行っていても，早期に事業再生や廃業を決断した際に一定の生活費等(従来の自由財産99万円に加え，年齢等に応じて100万円～360万円)を残すことや，「華美でない」自宅に住み続けられることなどを検討すること，(3)保証債務の履行時に返済しきれない債務残額は原則として免除すること，などを定めることにより，経営者保証の弊害を解消し，経営者による思い切った事業展開や，早期事業再生等可能にすることを目的に，2014（平成26）年2月1日から適用が開始された。

　本章は，ガイドラインのうち，主として相対的に財務内容が良好で，中小企業の財務諸表の信頼性が高い中小企業に対して適用される，いわゆる「入口対応」とよばれる，「経営者保証に依存しない融資の一層の促進」の内容を対象としている。ガイドラインの作成に携わった金融庁および中小企業庁は，具体的には，以下のような考え，およびスタンスで，ガイドラインと中小企業金融と

会計を結びつけている。

2 「経営者保証に関するガイドライン」における中小企業金融と会計のかかわり

2.1 金融庁と「経営者保証に関するガイドライン」のかかわり

　金融庁は，日本経済の中核を担う中小企業が今後の経営環境の変化に対応した事業インフラを構築していくためには，その事業展開に関する環境整備とともに，中小企業金融における担保・保証，特に個人保証の現状を見直し，担保・保証に過度に依存しない新たな中小企業金融のあり方について検討するため，2003（平成15）年に「新しい中小企業金融の法務に関する研究会報告書」を公表し，この中で，以下のように中小企業の財務諸表の信頼性の確保および情報開示の必要性を明示している。ガイドラインにおける趣旨は，ほぼ本研究会報告書の内容に即したものとなっている。

> (2) 財務諸表の信頼性の確保及び情報開示の必要性
> 　……以上のような関係者のニーズが適切に調整され，円滑な中小企業金融が行われるための基盤としては，<u>中小企業の財務諸表について信頼性が確保されており，金融機関及び投資家それぞれのニーズに対応した適切な情報開示が行われることが必要である。</u>
> 　その結果，中小企業において財務諸表の信頼性が確保され，その情報が適切に金融機関に対して開示された場合には，<u>金融機関は当該企業に対する融資に際し，迅速な審査，適切なリスク管理が可能となり，さらには担保・保証に依存しない融資の前提条件が整うこととなる。</u>これを企業の側から見れば，円滑な資金供給，金利の低減というメリットにつながりうるものであり，信頼できる企業情報を企業，金融機関の双方で共有することは，当事者双方にとって有用である。
> （中略）
> 　このように，<u>財務諸表の信頼性確保及び情報開示については，円滑な中小企業金融のインフラとなるものである。</u>

（出所）　新しい中小企業金融の法務に関する研究会（2003），11（下線は筆者）

また，金融庁は，財務諸表の信頼性確保および情報開示は，円滑な中小企業金融のインフラとして不可欠であると考えている一方で，以下のように課題を指摘している。

2．中小企業金融における個人保証
(1) 個人保証の機能
　中小企業は，その規模等にもよるが，<u>経営者と企業の資産・資本が十分に分離されておらず，経営者と企業の一体性が強い場合が多い</u>といわれている。また，株主や債権者等の利害関係者が少なく，かつ固定的である場合が多いことから，その財務諸表について，<u>会計監査を受けずに，ディスクロージャー目的ではなく課税所得算出の目的で作成していることが多いとの指摘もある。</u>
　このように，<u>家計と経営が未分離であることや，財務諸表の信頼性に問題があること</u>は，資金供給者がそうした中小企業の経営や財務の実態を把握することを困難にしている面がある。

(出所)　新しい中小企業金融の法務に関する研究会（2003），4（下線は筆者）

さらに，この課題解決のための環境整備としては，以下の提言がなされている。

---

(2) 環境整備
　当事者による私的自治を有効に機能させるという観点からは，行政庁においても環境整備を行うことが適当である。具体的には以下のように考えられる。
① 中小企業の資金調達の円滑化に向けた環境整備
　<u>中小企業の財務諸表の信頼性に問題がみられること</u>が，中小企業金融の円滑化の障害となっている場合があるとの指摘を踏まえ，<u>平成14年6月に，中小企業庁から，中小企業の会計に関する研究会報告書「中小企業の会計のあり方」</u>が公表された。これを受け，<u>日本税理士会連合会及び日本公認会計士協会から，より実務的な基準やあり方が策定・公表され，併せて中小企業が自発的に計算書類のディスクロージャーをより充実する場合の参考となるよう，各種開示関係書類の雛型が提示されている。</u>中小企業金融の円滑化のためには，情報開示の充実に向けて，今後とも，より一層実務的な努力が進められることが重要である。

(出所)　新しい中小企業金融の法務に関する研究会（2003），19（下線は筆者）

本研究会報告書によれば，中小企業では，経営者と企業の資産・資本が十分に分離されておらず，経営者と企業の一体性が強い場合が多く，また財務諸表について，会計監査を受けずに，ディスクロージャー目的ではなく課税所得算出の目的で作成していることが多い，としている。金融庁はこれらの問題点が，2002（平成14）年6月に中小企業庁から公表された，中小企業の会計に関する研究会報告書「中小企業の会計のあり方」に則った適切な中小企業向けの会計基準が整備され，日本税理士会連合会および日本公認会計士協会から，より実務的な基準やあり方が策定・公表され，あわせて中小企業が自発的に計算書類のディスクロージャーをより充実させることで解決でき，その情報が適切に金融機関に対して開示された場合には，金融機関は当該企業に対する融資に際し，迅速な審査，適切なリスク管理が可能となり，さらには担保・保証に依存しない融資の前提条件が整うと考えていたということになる。

2.2 中小企業庁と「経営者保証に関するガイドライン」のかかわり

金融庁とともにガイドラインの作成に携わった中小企業庁は，金融庁と異なり，中小企業の金融を直接に管轄する立場にはないものの，その設立時点から，一貫して中小企業の金融に関係してきたという歴史的な経緯がある。

初代中小企業庁長官蜷川虎三は，「もし金融で中小企業のすべての所要資金を賄うとするなら，普通の金融機関でなく中小企業のための特別の金融機関でこれを扱うのでなければその目的を達することはできないであろう。また問題をいわゆる金融の範囲に限って見ても，中小企業においては，長期資金調達のためにひろく株式や社債を発行することは不可能であるから，これを金融に求めねばならぬ。ところが中小企業の長期運轉賛金や設備資金を普通の金融機関に求めることは極めて困難というよりむしろ不可能に近い。したがってこの意味においても，中小企業のための特別の金融機関を設置する必要が認められる。」（蜷川 1950，11）とし，中小企業には大企業と異なり，直接金融ではなく間接金融により資金調達を行う他なく，中小企業経営と金融は切っても切り離せない関係にあるとし，特別の金融機関の設置を提唱している。

中小企業庁は，以下に示す1948（昭和23）年の中小企業庁設置法（以下，設置法という）を根拠法として設立され，金融については同庁の金融課がこれを所管

している。

> **中小企業庁設置法**（昭和23年法律第83号）（抄）
> （法律の目的）
> 第1条　この法律は，健全な独立の中小企業が，国民経済を健全にし，及び発達させ，経済力の集中を防止し，且つ，企業を営もうとする者に対し，公平な活動の機会を確保するものであるのに鑑み，中小企業を育成し，及び発展させ，且つその経営を向上させるに足る諸条件を確立することを目的とする。
> （中略）
> （職員）
> 第5条　中小企業庁の事務を行うため，中小企業庁に所要の職員を置く。
> 2　前項の職員の一部は，中小企業に関し学識経験ある者の中から，これを命ずる。
> 3　この法律に定めるものの外，中小企業庁の職員に関して必要な事項は，政令でこれを定める。

　設置法によれば，法律の目的である，第1条において金融という文字は見当たらず，「中小企業の育成及び発展並びに経営の向上に必要な事項についての情報を収集し，分析し，及び供給すること」の例示の1つとして「資金」という文字にとどまって」おり，法の趣旨からすれば，同庁は「診断指導政策の実施に大きな比重を置いた組織」であったものの，職員に関する事項である，第5条2項「中小企業に関し学識経験ある者の中から，これを命ずる」という条文の詳細を明文化した対策要綱の中で，「中小企業総局（仮称）には中小企業に関する経営，技術，<u>金融</u>，調査統計等諸般の事項についての専門家を包含する」とあることから，「設置法上のわずかな文言を手がかりにして，「中小企業に関する健全な<u>金融</u>及び適当な<u>経理方法</u>に関する一般的事務」を所掌する課として金融課は設置されていた。」のであり（尾高・松島 2013, 230-233：下線は筆者），同庁においては，中小企業の金融および適当な経理方法，すなわち中小企業の会計の整備・活用は，設立時から金融課における業務とされていたのである。現在では，金融課は，中小企業に対する円滑な資金の供給，中小企業信用保険に関する事務の総括を所掌事務とし，日本政策金融公庫㈱（中小企業事業）や信

用保証協会を通じて，中小企業の金融の政策実現に大きな役割を果たしている。

3 ガイドライン制定の背景と経緯

3.1 経営者の個人保証による中小企業経営者の実質無限責任化

　中小企業と経営者の個人保証の見直しは，2004年の民法改正（包括根保証の禁止）を契機とし，法的な視点を中心として，ガイドラインの制定がなされてきた。ガイドラインは民法と密接な関係を有しているが，法的な拘束力こそないものの，民法改正を待つことなく，金融庁，中小企業庁および法務省によって作成された報告書等により，実務上の効力を有している点に特徴がある。

　包括根保証が禁じられることになった2004年当時は，いわゆるバブル崩壊後の，中小企業の倒産増加により，「債務の肩代わりのため過大な返済責任を負った経営者や保証人が破産や自殺に追い込まれる事態が起きた」（鶴田 2005, 198）といった時代背景があり，中小企業にとっていったん事業再生のステージに入ってしまうと，経営者の再起可能性は著しく低いものにならざるを得ないという実情があった。

　2004年の民法改正（包括根保証の禁止）以降，経営者以外の第三者の個人保証を要しない融資慣行が，金融機関および保証協会において確立したものの，それでもなお，経営者自身の個人保証の問題は解決されないままで来ており，「日本の会社形態をとっている多くの中小企業においては，所有者である経営者が，個人的に会社の債務の保証を行い，個人資産を会社の借り入れの際の担保として利用している。そこに見えるのは，会社形態を採用することによる表面的な中小企業の所有者である経営者の有限責任制と，会社債務に対する所有経営者の実質的な無限責任である。まさに，個人企業としての特徴である，個人が自らの資産を自己の責任で運用するという点を，現代の会社形態の中小企業の多くは共有しているのである。」（吉野・渡辺 2006, 3）という現実がある。この実質的に無限責任となっている点を会計の観点から解決するにしても，「実務界においては，この有限責任制のもつ債権者保護に係る問題に対して，例えば，銀

行は，融資するに当たって役員個人に連帯保証人になることを求めるとか，役員の個人財産に抵当権を設定することによって，事実上の無限責任化を図っている。(中略)中小企業の会計について，有限責任制度のメリットを享受することへの代償として監査制度を設けるという説明は，実際問題としては，経営者に対しても，債権者に対しても，説得力が弱いようにも思われる。有限責任の下での債権者保護を担保するために新たな監査制度を設けたところで，現に債権者が行っている自己防衛の現実が変わることはないと推測されるからである。」(神森 2013，477-478)との指摘もなされている。すなわち，融資慣行として確立している経営者保証そのものをなくさない限り，会社法が想定する会社の有限責任形態は，中小企業では実質的には機能せず，その結果，中小企業経営者に課される責任は過大なものとなり，中小企業の経営面で大きな足枷となっているのである。

3.2　経営者の個人保証問題とガイドラインのかかわり

　中小企業庁事業環境部金融課は，先に述べた経営者保証の課題を解決するため，2011 (平成23) 年4月に「中小企業の再生を促す個人保証等の在り方研究会報告書」(中小企業の再生を促す個人保証等の在り方研究会 2011) (以下，「本報告書」という)を公表した。本報告書の審議過程においては，先に述べた，個人保証の問題により，中小企業が実質的に無限責任化しているという，具体的な事例が示されている (図表5-1)。

　事例①は，個人保証により個人の財産をすべて失うという恐れから，事業が赤字に陥ってもやめることができず，安値受注に陥り，業界全体が赤字体質となるという事例であり，事例②，③は協同組合と商店街組合という相違はあるものの，いずれも代表者や組合員，役員の個人保証が多額であることから，この個人保証を引き受けられる後継者を見つけることが困難であり，事業の継続が将来的に厳しくなる可能性が高いという事例である。いずれの事例も，中小企業においては実務的によく見受けられる事例であり，こういった問題を解決すべく，本報告書において，経営者の保証を外すことを目的としたガイドラインの骨子が完成したものといえるであろう。

図表5-1 個人保証により中小企業が実質的に無限責任化している具体的事例

事例①〜金型業界全体に影響
● 事業をやめたいと思っても、個人保証があることによって個人資産の全てを失ってしまうことからやめるタイミングを逸してしまい、結果的に手遅れとなり再生の機会を失ってしまう。無理に商売を続けていくために安値でなんとか受注を取りにいく現象が起こり赤字がますます拡大。結果的に倒産に追い込まれる。このことは業界全体にも影響し、一つの企業が安値で受注をしたことによりその価格が業界の基準単価となってしまい同業者まで厳しい状況に追い込まれてしまう。

事例②〜組合員全員を保証人にしたため共同店舗の新陳代謝に支障
● 協同組合が共同店舗事業を実施する際、県から高度化事業資金を借りた。債権者の県としては理事長等の組合役員1名以上の保証があれば融資が可能となるとしているが、理事長1人がすべての借り入れの保証を背負うのは不公平でありかつ負担も大きいという理由から、組合としては組合員全員が個人保証することにした。結果として、新規に組合員になり出店する際は必ず保証人とならなくてはならず、そのことがネックで共同店舗の新陳代謝に支障をきたしている。(組合内部の問題)

事例③〜役員個人の保証が必要なため今後の設備投資計画に支障
● アーケードを所有している商店街組合。設置から20年余りが経過し大規模なリニューアルを計画しているが、資金調達の一つの手段として金融機関からの借入を検討している。しかし、この20年で商店街の役員も大きく代替わりをしていること等から、今後の借入に伴う個人保証には否定的な意見も散見される状況であり、このまま計画を進めた場合、役員の引き受け手がいなくなってしまう。(特にアーケードに関しては組合の所有物である一方、地域全体の公共的財産であるという意味合いも大きい。)

(出所) 全国中小企業団体中央会 (2012), 4

4 中小企業に対するガイドライン適用の具体的内容

4.1 経営者保証に依存しない融資(入口対応)とは

中小企業の個人保証に関する課題を解決するため、金融庁が2003(平成15)年に公表した「新しい中小企業金融の法務に関する研究会報告書」、および中小企業庁が2011(平成23)年4月に公表した「中小企業の再生を促す個人保証等の在り方研究会報告書」の内容に基づき、事業再生における保証人への保証履行の予見可能性を高めるようなルールとして、2013(平成25)年12月に「経営者保証

に関するガイドライン研究会」によって公表されたのが,「経営者保証に関するガイドライン」である。前述のとおり,ガイドラインの骨子については,金融庁と中小企業庁金融課によりすでに作成されていたことから,2011(平成23)年から2年という比較的短期間での公表となっている。

また,わが国の政策面でも,日本再興戦略(2013年6月14日閣議決定)において,ガイドラインが重要な施策として位置づけられていることから,近時においては,経営者の個人保証という問題に関し,より深い国民的理解が得られてきているといえよう(**図表5-2**)。

図表5-2　日本再興戦略における個人保証制度の見直し

5．個人保証制度の見直し

○また,日本再興戦略(2013年6月14日閣議決定)においても,新事業を創出し,開・廃業率10%台を目指すための施策として,当該ガイドラインが位置付けられている。

日本再興戦略－JAPAN is BACK－(抜粋)
第Ⅰ．総論
5．「成長への道筋」に沿った主要施策例
(1) 民間の力を最大限引き出す
②新事業を創出する
＜成果目標＞
◆開業率が廃業率を上回る状態にし,米国・英国レベルの開・廃業率10%台(現状約5%)を目指す。
◆ビジネス環境ランキングで先進国3位以内を目指す
(ⅲ)<u>一度の失敗で全てを失い,経験やノウハウが活かされない可能性のある個人保証の現状を改める。</u>(略)
第Ⅱ．3つのアクションプラン
一．日本産業再興プラン～ヒト,モノ,カネを活性化する～
1．緊急構造改革プログラム(産業の新陳代謝の促進)
(略)あらゆる政策資源を集中的に投入するとともに,企業経営者には改革の断行への判断と強い指導力の発揮を求め,民間投資と所得の増大による自律的・持続的な経済成長を実現する。
③内外の資源を最大限に活用したベンチャー投資・再チャレンジ投資の促進
○個人保証制度の見直し
・経営者本人による保証について,法人の事業資産と経営者個人の資産が明確に分離されている場合等,一定の条件を満たす場合には,保証を求めないことや,履行時において一定の資産が残るなど早期事業再生着手のインセンティブを与えること等のガイドラインを,本年のできるだけ早期に策定する。

(出所)　中小企業庁　金融課(2014),14

なお，具体的なガイドラインの内容は，大きく分けて「保証を契約する時（入口対応）」と「債務整理をする時（出口対応）」に分かれているが，いわゆる入口対応とは「経営者保証に依存しない融資の一層の促進」であり，下記の下線部分が該当する。

経営者保証に関するガイドライン

はじめに
1．目的
2．経営者保証の準則
3．ガイドラインの適用対象となり得る保証契約
4．<u>経営者保証に依存しない融資の一層の促進</u>
　(1)　<u>主たる債務者及び保証人における対応</u>
　　①　<u>法人と経営者との関係の明確な区分・分離</u>
　　②　<u>財務基盤の強化</u>
　　③　<u>財務状況の正確な把握，適時適切な情報開示等による経営の透明性確保</u>
　(2)　対象債権者における対応
5．経営者保証の契約時の対象債権者の対応
　(1)　主たる債務者や保証人に対する保証契約の必要性等に関する丁寧かつ具体的な説明
　(2)　適切な保証金額の設定
6．既存の保証契約の適切な見直し
　(1)　保証契約の見直しの申入れ時の対応
　　①　主たる債務者及び保証人における対応
　　②　対象債権者における対応
　(2)　事業承継時の対応
　　①　主たる債務者及び後継者における対応
　　②　対象債権者における対応
7．保証債務の整理
　(1)　ガイドラインに基づく保証債務の整理の対象となり得る保証人
　(2)　保証債務の整理の手続
　(3)　保証債務の整理を図る場合の対応
　　①　一時停止等の要請への対応
　　②　経営者の経営責任の在り方

③ 保証債務の履行基準（残存資産の範囲）
④ 保証債務の弁済計画
⑤ 保証債務の一部履行後に残存する保証債務の取扱い
8．その他

（出所）経営者保証に関するガイドライン研究会（2013）（下線は筆者）

より具体的にガイドラインに示された「入口対応」を図示したものが，**図表5-3**である。

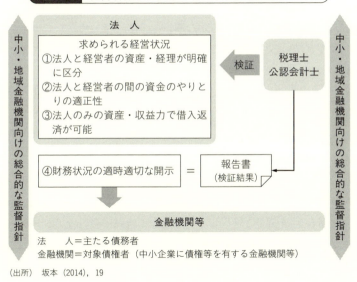

（出所）坂本（2014），19

このように，中小企業金融と会計とのかかわりは，①法人と経営者の資産・経理が明確に区分，②法人と経営者の間の資金のやりとりの適正性，③法人のみの資産・収益力で返済が可能，④財務状況の適時適切な開示，といった点に関し，外部専門家（公認会計士，税理士等をいう。以下同じ）による検証の実施と，検証結果の報告が求められている点に集約される。すなわち，ガイドラインの運用が開始されたことにより，日本の中小企業においても，外部専門家による財務情報等の保証業務の活用[1]が本格的に求められるようになったのである（詳細は，第9章，第10章参照）。

4.2 入口対応におけるガイドラインの活用事例

金融庁は，「経営者保証に関するガイドライン」の活用に係る参考事例集（金融庁 2015）を公表し，この中で有用な事例を公表している。いわゆる入口対応として公表されている主な事例と会計とのかかわりおよび専門家の検証手続は，**図表5-4**のとおりである。

図表5-4の事例を分析すれば，公認会計士の監査（事例1）や，中小会計要領のチェックリストの提出（事例2，4）[2]といった，決算書に外部専門家による信頼性が付与されている場合に加え，すべての事例において，いわゆる月次試算表の提出による適時適切な開示が評価されている点に留意が必要であろう。

すなわち，金融機関にとっては，経営者保証に依存しない融資を実行するに際し，決算書の信頼性もさることながら，タイムリーで正確な月次試算表を提示し，経営者が金融機関に対して誠実な対応を行い，良好なリレーションシップを構築することが，必須の条件の1つであることが，本事例集からは読み取れるのである。月次試算表は正式な決算書ではないが，期中管理による中小企業会計ルールの活用（外部専門家によるモニタリングの活用）が，金融庁が指向する事業性評価とも相まって，金融機関との良好なリレーション構築のために，今後ますます必須の条件となっていくであろう（第7章3.3の図表7-4も参照）。

第 5 章 経営者保証に関するガイドライン

図表5-4 ガイドライン事例集に記載されている会計とのかかわりと専門家の検証手続

事　例	会計とのかかわりと専門家の検証手続
事例１． 事業計画の実現可能性等を考慮して経営者保証を求めなかった事例（地域銀行）	●計算書類の作成に当たっては公認会計士による監査を受け，取締役会の適切な牽制機能発揮のため，親族以外の第三者から選任された取締役が取締役会に出席するなど，法人と経営者の関係の明確な区分・分離がなされていること ●毎月月初に自発的に前月の営業実績，資金繰り表，銀行取引状況表等を持参して経営状況の報告を行うとともに，公認会計士による適切な決算資料の作成を行うなど，情報開示に積極的であり，従来から良好なリレーションシップが構築されていること
事例２． 経営管理の強化に取り組んでいる取引先に対して経営者保証を求めなかった事例（地域銀行）	●決算書類について「中小企業の会計に関する基本要領」に則った計算書類を作成し，地元の大手会計事務所が検証等を行っているなど，法人と経営者の関係の明確な区分・分離がなされていること ●四半期毎に試算表等の提出を行うなど，当社の業況等が継続的に確認可能なこと
事例４． 牽制機能の発揮に課題が残っているが，経営者保証を求めなかった事例（地域銀行）	●当社は，以前から「中小企業の会計に関する基本要領」に拠った計算書類を作成しており，法人と経営者の間に資金の貸借はなく，役員報酬も適正な金額となっているなど，法人と経営者の資産・経理が明確に区分・分離されていること ●情報開示の必要性にも十分な理解を示し，適時適切に試算表や資金繰り表により財務情報等を提供しており，長年の取引の中で良好なリレーションシップが構築されていること
事例５． 保全不足ではあるが，経営者保証を求めなかった事例（地域銀行）	●本社等の資産の一部は経営者名義であるが，当社より適正な賃料が支払われているなど，法人と経営者の資産は明確に区分されていること ●年度決算時や中間決算時等に定期的な経営状況の報告があるほか，当行の求めに応じて，営業の状況が把握できる各種資料の提出を行うなど情報開示には協力的であり，従来から良好なリレーションシップが構築されていること
事例６． 債務超過ではあるが，経営者保証を求めなかった事例（地域銀行）	●当社からは定期的に試算表および銀行取引状況表の提出があり，当行からの資料提出の求めにも速やかに対応するなど，適時適切な財務情報の開示が行われていること
事例７． ABL等の代替手法も検討したが，結果として経営者保証を求めなかった事例（地域銀行）	●今回の融資において適時適切な情報開示がなされ，今後も良好なリレーションシップの下での情報開示が期待されること
事例９．	●事業用の資産は法人の所有としており，法人と経営者の間の貸

海外進出企業に対して経営者保証を求めなかった事例(信用金庫)	借や不明瞭な資金のやりとりもないなど，法人と経営者の関係が区分・分離されていること ●決算時等に定期的な経営状況の報告があるほか，当金庫の求めに応じて，営業状況が把握できる資料の提出を行うなど情報開示にも協力的であり，従来から良好なリレーションシップが構築されていること
事例16. 経営者保証の機能の代替として解除条件付保証契約を活用した事例（主要行）	●試算表等の定期的な提出があり，情報開示の姿勢が良好であること
事例18. 経営者保証の機能の代替として停止条件付保証契約を活用した事例（地域銀行）	※保証契約における特約条項の主な内容 財務状況等の報告：毎月の試算表ならびに毎月の金融機関別残高一覧表の提出

(出所) 金融庁（2015）をもとに筆者作成

5 おわりに

　中小企業の金融と会計は密接に関係しているものの，「他方，中小企業は経営基盤や財務基盤が概して強固ではないため，その活力を引き出すには，中小企業自らが経営の透明性を高め，適時適切に情報開示を行い，金融機関に経営状況を相談しながらアドバイスを受けることで，自らの経営課題に気づき解決していくといった取組みを通し，経営の高度化を図っていくことが重要である。」（中小企業における個人保証等の在り方研究会 2013，6）との指摘がなされているように，最終的には経営者自身が会計を活用し，自社の財務基盤を強くし，会計で会社を強くする，という発想がなければ，会社資金が必要な際に，経営者の個人保証に頼らずとも資金調達ができる，という趣旨の達成は不可能であろう。なぜなら，中小企業の経営というのは，「本質的にキャッシュフロー経営」であり，「経営者としては金融機関の借入に依存」し，「資金繰りがつかなければ取引が困難になり，事業の信用を失って，立ちいかなく」なるため，「中小企業・小規模事業者にとって，金融機関との良好な関係は，企業の存在にも関わる極めて大事」（北川 2015，48）だからである。

ガイドラインは，経営者の個人保証を必要としない融資慣行の確立が目的であるが，金融庁が公表した民間金融機関における2015(平成27)年度累計実績(金融庁 2016)によれば，新規融資のうちガイドラインの「入口対応」により，①新規に無担保で融資した件数（ABL（動産・債権等担保融資）を活用し，無保証で融資したものは除く），②経営者保証の代替的な融資手法を活用した件数が新規融資件数に占める件数の割合は12％と必ずしも高くなく，民間金融機関において新規融資の1割程度までしか普及していないという点は，今後の大きな課題といえよう。

この新規融資における経営者の個人保証を必要としない融資については，2015年3月31日付で国会に提出された「民法の一部を改正する法律案」が成立することで，法的側面から促進されるのではないかと期待する声もあるが，「民法改正論議では，当初「保証人の原則禁止」という方向もあったようだが，改正案では個人保証は一部制限という内容になった。一部制限とは，①公正証書に保証人となる意思を残せば，例外として第三者保証を認める，②法人の取締役，過半数の議決権を持つ株主，は保証制限の対象外，③経営者の配偶者(事業に従事)，となっている（2015年3月31日国会提出「民法の一部を改正する法律案」465条等）。個人保証については，その負担の減少が進んできたが，第三者でも，公証人役場で保証意思確認の証明書をとれば，保証人になれること，保証制限の対象外の人物が特定された(経営者，経営者の配偶者(事業に従事)，取締役，過半数の株主)から，<u>従来から金融機関が採用してきた保証人徴求の方法と個人保証重視方針が，あまり変化しない可能性もある。</u>第三者保証の場合，公証人役場で証明をとる事務負担が増えるという課題もある。<u>先の「経営者保証に関するガイドライン」は，経営者保証の負担軽減を謳っているが，民法改正は，むしろ個人保証に拠り処を与えているような印象もある。</u>第三者保証については保証徴求の要件を定めているほか，<u>経営者本人保証については特段の規定がなく，禁止とはなっていないのである。今後，実務上の混乱が懸念される。</u>」(村本 2015，35-36，下線は筆者) との指摘がすでになされているところである（なお，「民法の一部を改正する法律案」は可決・成立し，2017年6月2日法律第44号として公布されている）。民法改正が，当事者の属性に着目して説明の有無などにかかわらず当事者の合意の効力を否定するという強力な規制ではなく，保証人が自律的

な判断をするために必要な基盤を整備するものである以上，経営者の個人保証を必要としない融資慣行の確立は，相当数の中小企業において個人保証を必要としない融資が当たり前に実行されるようになって，初めてその趣旨を達成できるものであるといえよう。ガイドラインの普及・確立には，中小企業に数多く関与している税理士がその主体的役割を果たすことが期待され，また，金融機関は，正しい中小企業の財務諸表の入手を大前提としたうえで，これに加え，月次試算表等，決算書以外の資料の適時・正確な開示を重視している。これをふまえ，中小企業経営者と金融機関，そしてガイドラインの適用を支援する外部専門家（税理士・公認会計士等）が，中小企業の財務データの適時・正確な開示に加えて，継続的なモニタリングを行うことを条件とした無担保・無保証の融資慣行の定着といった，更なる連携こそが，ガイドライン普及のために今後極めて重要であるといえよう。

Column ⑤ 経営者保証ガイドラインが中小企業経営者の家族を守る

　経営者保証ガイドライン制定の背景にはさまざまなものがあるが，わかりやすいメリットの1つとして，「中小企業経営者とその家族を守る」という点があるように思われる。個人保証が当たり前となっていた今までは，会社が倒産等の憂き目にあった場合，中小企業経営者は自宅や個人の預金を金融機関に差し出さなければならなかった。このような場合，中小企業経営者の家族，特に幼い子供たちが住み慣れた家を追われることになれば，子供たちにとって一生を左右するほどの重大な出来事になりかねない。

　経営者保証ガイドラインでは，正しい会計を実践し，金融機関に対して誠実な対応を行えば，個人保証が免除される道が開かれた。中小企業経営者であれば，経営を行う自由と引き換えに家族を守る責務として，積極的な活用が望まれるところである。

第5章　経営者保証に関するガイドライン

【注】

1　たとえば、東京都信用保証協会の「経営者保証ガイドライン対応保証」資格要件確認シート（東京都信用保証協会 2014）では、ガイドラインの充足のため、外部専門家（弁護士、公認会計士、税理士等）による検証が必要とされており、(1)法人と経営者個人の資産・経理が明確に分離されていること、(2)法人と経営者の間の資金のやりとりが、社会通念上適切な範囲を超えていないこと、については、その具体的例示として、外部専門家（弁護士、公認会計士、税理士等）の検証を受けたことを示す報告書（写）が、(3)適時適切に財務情報等が提供されているという要件を充足するものとして、日本税理士会連合会制定の「中小企業の会計に関する指針」の適用に関するチェックリスト、全国信用保証協会連合会または日本税理士会連合会制定の「中小企業の会計に関する基本要領」の適用に関するチェックリストおよび会計割引制度の利用に関する確認・同意書、会計参与を設置している登記を行った事項を示す書類、公認会計士または監査法人の監査を受けたことを示す監査報告書（写）、税理士法33条の2に規定する計算事項等を記載した書面（写）といった書類を用いて信頼性を付与する旨が示されている。

2　これに対する担保措置として、保証料割引制度の適用に当たっては「『中小企業の会計に関する基本要領』に基づく保証料割引制度の利用に関する確認・同意書」（東京都信用保証協会 2015）の提出が要請され、チェックリストに事実と異なる記載があると信用保証協会が判断する場合は、保証料割引を行わないこととしている。また、事実と異なる記載があると信用保証協会が判断するチェックリストが、複数回にわたり同一の税理士・税理士法人、公認会計士・監査法人（以下、「税理士等」という）から提出された場合において、当該税理士等から提出されるチェックリストの添付をもって、計算書類の信頼性向上に寄与することが認められないと信用保証協会が判断するときは、当該税理士等が確認したチェックリストについては、本割引制度の利用を1年間認めないこととする措置がとられている。

● 参考文献

新しい中小企業金融の法務に関する研究会．2003．「新しい中小企業金融の法務に関する研究会報告書」．

尾高煌之助・松島茂．2013．『幻の産業政策機振法　実証分析とオーラル・ヒストリーによる解明』日本経済新聞出版社．

神森智．2013．「中小企業会計と中小企業会計監査－その史的考察のうえに－」『松山大学創立90周年記念論文集』：463-488．

北川慎介．2015．『中小企業政策の考え方』同友館．

金融庁．2015．「「経営者保証に関するガイドライン」の活用に係る参考事例集」平成27年12月改訂版．

金融庁．2016．「民間金融機関における「経営者保証に関するガイドライン」の活用実績（平成27年10月～28年3月実績）」．

経営者保証に関するガイドライン研究会．2013．「経営者保証に関するガイドライン」．

坂本孝司．2014．「KFS実践と「経営者保証に関するガイドライン」」『TKC会報』第496号．

"ちいさな企業"未来会議．2012．"ちいさな企業"未来会議（"日本の企業"応援会議～小さ

な企業が日本を変える～）取りまとめ．
全国中小企業団体中央会．2012．「第 4 回中小企業における個人保証等の在り方研究会　資料 1 - ①　事業者（債務者）からみた個人保証制度について」．
中小企業の再生を促す個人保証等の在り方研究会．2011．「中小企業の再生を促す個人保証等の在り方研究会報告書」．
中小企業における個人保証等の在り方研究会．2013．「中小企業における個人保証等の在り方研究会報告書」．
中小企業庁金融課．2014．「個人保証制度見直しの背景」．
鶴田彦夫．2005．『中小企業の税務と融資』税務研究会出版局．
東京都信用保証協会．2014．「「経営者保証ガイドライン対応保証」資格要件確認シート」．
東京都信用保証協会．2015．「中小企業の会計に関する基本要領」に基づく保証料割引制度の利用に関する確認・同意書」．
蜷川虎三．1950．『中小企業と日本經濟』弘文堂．
村本孜．2015．「民法改正と個人保証　－議論の整理：中小企業金融との関連において－」『成城大学経済研究所研究報告』No. 71．
吉野直行・渡辺幸男．2006．『信金中央金庫寄付講座　中小企業金融論　第 2 巻　中小企業の現状と中小企業金融』慶應義塾大学出版会．

（松﨑　堅太朗）

事業性評価
－担保・保証人に過度に依存しない中小企業金融とは－

1 はじめに

　金融庁の事業者向けパンフレット「事業者の皆様へ　円滑な資金供給の促進に向けて」(金融庁 2014c, 3)によれば,「事業性評価とは,金融機関が,現時点での財務データや,担保・保証にとらわれず,企業訪問や経営相談等を通じて情報を収集し,事業の内容や成長可能性などを適切に評価することを言います。金融機関が目利き能力を発揮して,融資や助言を行い,企業や産業の成長を支援することは,金融機関の果たすべき基本的な役割です。金融庁では,金融機関がこうした役割をしっかりと果たすよう,事業性評価に基づく融資等を促しています。」との記載がなされている。事業性評価は,金融機関の目利き能力を発揮すべく,金融庁の「平成26事務年度　金融モニタリング基本方針(監督・検査基本方針)」(以下,「平成26年度基本方針」という)において,初めて事業性評価という表現が用いられたものである。金融庁は,金融機関が従来から取り組んできた融資,すなわち,財務データや担保・保証に依存した融資との決別を求め,中小企業金融において一大政策転換が行われようとしていることがわかる。同パンフレットには,事業性評価融資を受けた企業の事例として,「弊社はアパレルのオンライン＆オフラインショップを運営している会社です。みずほ銀行には,創業間もない当社に対して,財務諸表のみならず,ビジネスモデルの特長や経営陣の事業に対する取組姿勢など定性面も評価いただき,融資を受

けることが出来ました。」との記載があり、創業間もない会社に対し、定量面ではなく、定性面を高く評価し、融資実行したという点を評価していることが読み取れる。しかし、事業性評価自体の具体的取組みとは何かという点に関しては、各金融機関が今後、自主的な取組みを行うなかで具体的な事例が明らかになるところである。たとえば、「知的財産という切り口から取引先企業の事業性を評価することの有用性が示唆され、評価結果を融資判断や経営支援のツールとして活用することが多くの金融機関において検討され始めているところであり、今後の動向に注目していきたい。」(肥塚 2015, 4)といった、中小企業が有する知的財産という無形資産に着目することを、事業性評価とするアプローチもあれば、「要諦は、企業の事業内容を徹底的に把握すること、具体的には、事業部門別、製品別の売上・原価・粗利情報で現実を直視し、成長可能性のあるアクションプランを掘り出し、盛り込まれた数期間の将来性を描く事業計画によって、きちっと融資判断することにある。」(小笠原 2015, 75)とし、中小企業が作成する事業計画に基づく融資を事業性評価とするアプローチもあるなど、さまざまなアプローチが見られるところである。

そこで、本章では新たな概念である事業性評価の内容を、金融庁が指向する事業性評価の内容と、具体的な金融機関の取組みの実例をもとに、明らかにしていきたい。

2 事業性評価融資の促進へ向けた政策

2.1 事業性評価融資の政策的位置づけ

事業性評価という言葉が政策として初めて現れたのは、「日本再興戦略 改訂2014」(2014年6月24日閣議決定)において、「第二 3つのアクションプラン 一．日本産業再興プラン 6．地域活性化・地域構造改革の実現／中堅企業・中小企業・小規模事業者の革新、(3)新たに講ずべき具体的施策」として、「④地域金融機関等による事業性を評価する融資の促進等」が掲げられており、日本の重要な政策の1つと位置づけられたところからである(図表6-1)。

図表6-1　「日本再興戦略 改訂2014」（2014年6月24日閣議決定）

一．日本産業再興プラン
　6．地域活性化・地域構造改革の実現／中堅企業・中小企業・小規模事業者の革新
　　(3)新たに講ずべき具体的施策
　　　④地域金融機関等による事業性を評価する融資の促進等

> 一　企業の経営改善や事業再生を促進する観点から，金融機関が保証や担保等に必要以上に依存することなく，企業の財務面だけでなく，企業の持続可能性を含む事業性を重視した融資や，関係者の連携による融資先の経営改善・生産性向上・体質強化支援等の取組が十分なされるよう，また，保証や担保を付した融資についても融資先の経営改善支援等に努めるよう，<u>監督方針や金融モニタリング基本方針等の適切な運用を図る。</u>

(出所)　金融庁（2014c），1

図表6-2　平成26事務年度 金融モニタリング基本方針（2014年9月11日公表）

Ⅱ　重点施策

2．事業性評価に基づく融資等
　金融取引・企業活動の国際化や，国内では高齢化や人口減少が進展する中において，日本の企業や産業が活力を保ち，経済を牽引することが重要である。地域経済においては，人手不足も見られる中，企業・産業の生産性向上を図ることが重要である。
　このため，グローバルな競争環境の下で事業を展開する企業や産業が国際競争力を維持・強化するとともに，地域経済圏をベースとした企業や産業が，必要に応じ穏やかな集約化を図りつつ効率性や生産性を向上させ，地域における雇用や賃金の改善につながることが期待される。
　こうした中，<u>金融機関は，財務データや担保・保証に必要以上に依存することなく，借り手企業の事業の内容や成長可能性などを適切に評価し（「事業性評価」），融資や助言を行い，企業や産業の成長を支援していくことが求められる。</u>また，中小企業に対しては，引き続き，きめ細かく対応し，円滑な資金供給等に努めることが求められている。
　<u>金融庁としては，この面での金融機関の経営姿勢，企業の事業性評価への取組み，企業に対し現実にいかなる対応を行っているか等につき，検証を行っていく。</u>

(出所)　金融庁（2014c），4

　この「日本再興戦略 改訂2014」を受けて，金融庁が発表したのが「平成26事務年度 金融モニタリング基本方針」であり，「金融機関が保証や担保等に必要以上に依存することなく，企業の財務面だけでなく，企業の持続可能性を含む事業性を評価した融資」という内容が「事業性評価」という文言で明示されることとなった（**図表6-2**）。

2.2 事業性評価融資の具体的内容

金融庁公表の「平成26事務年度 金融モニタリング基本方針」(金融庁 2014b) では,「事業性評価」とは,財務データや担保・保証に必要以上に依存することなく,借り手企業の事業の内容や成長可能性などを適切に評価し,融資や助言を行い,企業や産業の成長を支援していくことであるとされる。より具体的には,取引先企業や産業全体の課題・ニーズの的確な把握・分析を踏まえ,個別の借り手企業の事業の内容のみならず,産業全体の状況や成長可能性などを適切に評価し,さまざまなライフステージにある企業の事業の内容や成長可能性などを適切に評価し,金融機関の目利き能力を発揮することといえる。

さらに,金融庁は翌年に「平成27事務年度 金融行政方針」(金融庁 2015a) を公表し,この中でも「事業性評価」に関して触れている。なお,平成27事務年度においては,「財務データ」という用語が消え,また「担保・保証に必要以上に依存することなく」から,「担保・保証に依存する融資姿勢を改め,」とされていることから,「財務データ」の重要性について再認識がなされ,担保・保証については,これに依存する融資姿勢を改めるべきであるという,一歩進んだ監督姿勢が見てとれる。平成27事務年度においては,「事業性評価」の中身が,監督事項という形を通じて,以下のように前年(平成26事務年度)に比べ,より具体的に示されている。

具体的重点施策
(1) 企業の価値向上,経済の持続的成長と地方創生に貢献する金融業の実現
 ③ 事業性評価及びそれに基づく解決策の提案・実行支援
  (ア) 各金融機関における取引先企業の事業性評価及びそれに基づく融資や本業支援等の取組状況について,以下の点を含め,確認する。
   a) 主要な営業地域について,地域ごとの経済・産業(主要な産業セクターを含む)の現状・中長期的な見通しや課題等をどのように把握・分析しているか。また,こうした分析結果を,取引先企業の成長可能性や持続可能性の評価に具体的にどのように役立てているか。
   b) 取引先企業について,<u>財務内容等の過去の実績や担保・保証に必要以上に依存することなく</u>,事業の内容,強み・弱み及びその業界の状況等

を踏まえた融資やコンサルティング機能の発揮に当たり，例えば以下のような点も含めて，具体的にどのような取組みを行っているか。
  i．取引先企業との深度ある対話を行うための関係構築（例えば，金融機関のビジネス上重要な取引企業や主たる相談相手としての役割が期待されている取引先企業について，経営状況や課題，ニーズを具体的に把握するための定期的な訪問や短期継続融資のモニタリング等を通じた関係構築）
  ii．取引先企業に対し，財務面だけでなく，売上げ増加や事業承継等の様々な経営課題の解決に資する融資やコンサルティングのタイムリーな提供（外部専門家の活用や外部機関との連携によるものを含む）
  iii．DDS・債権放棄等の金融支援等，真に実効性のある抜本的な事業再生支援（他の金融機関が主導する事業再生支援への積極的な協力を含む）
  iv．「地域企業応援パッケージ」の活用，地域の創業支援事業等に係る産学官金の連携，政府系金融機関やファンド等との連携等，取引先企業の支援を行うための関係者との有効な連携
 c）融資，既存保証の見直し及び保証債務の整理に当たって，必要に応じて外部機関や外部専門家とも連携しつつ，経営者保証に関するガイドラインの積極的な活用に努めているか。
 d）事業性評価及びそれに基づく融資・本業支援等について，職員の能力向上，専門人材の育成・確保，実績評価・人事評価における明確な位置付け等，組織全体として取り組むための態勢整備（経営計画等における明確化を含む）を行っているか。

（出所）　金融庁（2015a），13-14（下線は筆者）

　これによれば，平成26事務年度において示された「財務データ」とは，具体的には「財務内容の過去実績」であったことがわかる。すなわち，金融機関は融資にあたり，財務内容を無視してよいというわけではなく，「財務内容の過去実績に必要以上に依存しない」ということが，金融庁の示す真意であることがわかる。つまり，中小企業の事業の内容，強み・弱みおよびその業界の状況等を踏まえて，その将来性を評価する，という点を重視して融資を実行していく体制を構築することが，事業性評価の具体的な内容といえるであろう。

図表6-3　中小・金融機関向け金融モニタリング基本方針における事業性評価の位置づけ

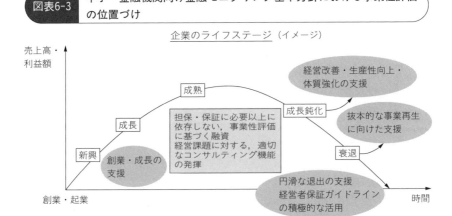

（出所）　金融庁（2014c），8

　なお，項目の中には，創業支援に関するもの，DDS・債権放棄等の金融支援等，真に実効性のある抜本的な事業再生支援や，保証債務の整理にあたって，必要に応じて外部機関や外部専門家とも連携しつつ，経営者保証に関するガイドラインの積極的な活用に努めているか，といった廃業支援に関するものも盛り込まれている。このことから，事業性評価とは必ずしも中小企業の将来性の見極めだけではなく，**図表6-3**に示すように，中小企業のライフステージの成長，成熟，成長鈍化といったステージにおいて，金融機関が事業性評価およびそれに基づく解決策の提案・実行支援といった適切な支援を行うことが想定されていることに留意が必要である。

3　事業性評価融資モデルの具体的検討

　平成26事務年度に金融庁から示された「事業性評価」は，顧客企業（中小企業）のライフステージ等に応じて提案することが平成27事務年度において示された。このライフスステージに応じた対応については，金融機関が単独で実施することは人的・時間的制約から困難であることから，外部専門家の活用や外部機関

との連携が重要であり，これには，中小企業診断士，税理士，経営指導員等からの助言・提案の活用（第三者の知見の活用）が想定されている。平成26事務年度から始まった施策であることから，その具体的モデルはまだ数少ないものの，具体的な「事業性評価モデル」の1つが広島銀行における事業性評価モデルである。

3.1 広島銀行における事業性評価モデル

広島銀行は，事業性評価の手法の1つとして評価シートを使った経営者へのヒアリングを通じ取引先企業の実態把握を進め，顧客基盤，販売力，技術力など，企業の実力を多面的に評価・分析を行っている。具体的には，①取引先とのリレーションの継続的な強化と，②取引先の強み・弱み，商流などの実態把握（定量面と定性面の把握があり，とくに定性面を重視）を通じて経営課題等の発見につなげており，③効果的な人材育成が一連の取組みを下支えしている（金融財政事情 2015）。

さらに，営業店の担当者が取引先の事業性を評価する際のツールとして，外部のコンサルティング会社と共同で開発した個社別の「評価シート」があり，25の評価項目に基づいて経営者へのヒアリングを行い，各項目を4段階で評価し，その分析結果が製品，顧客，営業など全部で6つの観点から六角形のチャートで示されるものとなっている。評価項目ごとに担当者が記入するコメント欄を設けているため，分析結果の点数化にとどまらず，企業の実態をより的確に把握することに寄与するとされている。評価シートは業種ごとにアレンジし17種類が用意されており，社長などへのヒアリングには2時間程度を要するとされている（金融財政事情 2015）。

こうした事業性評価の取組みを強化すべく，渉外と法人融資の担当者を対象として平成26年度から実施しているのが「目利き能力養成研修」であり，「企業実態の現状分析」＋「今後の方向性策定」の能力養成に向けて，同行が整備している研修体系が，図表6-5である。この研修体系で注目すべきは，「財務内容等の過去の実績や担保・保証に必要以上に依存することなく」（金融庁 2015a）と，金融庁の平成27事務年度金融行政方針に記載があるにもかかわらず，財務分析（定量分析）の項目に，「粉飾発見」として「経常収支比率が3期中1期以上100%

第Ⅱ部　中小企業金融における融資（貸出）

図表6-4　広島銀行における事業性評価とコンサルティング機能の発揮

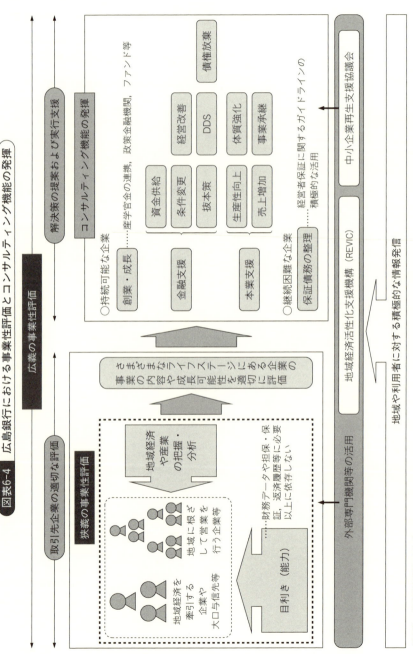

(出所)　金融財政事情 (2015), 15

第6章 事業性評価　　107

図表6-5　広島銀行における「目利き能力養成研修」の概要

```
                    ┌─ 一次判定（スコア）              ┐
          信用格付 ─┼─ 二次判定（実質B/S, 実質P/L）    │ 判定シート
                    └─ 三次判定（グループ調整）        ┘
財務分析
（定量分析）    ← 分析態勢整備されており
                   一定のノウハウあり

                    ┌─ 経常収支比率が3期中1期以上100％未満           ┐
          粉飾発見 ─┼─ あらかん評点が3期中2期以上40点以下             │
企業実態の          ├─ 受取手形と支払い手形に同一銘柄や              │ チェックシート
見極め              │  関連会社の手形                                  │
                    └─ 10年ヒストリーの違和感                          ┘
                       （売上げ・回転期間・有利子負債等）

          ← 目利き能力向上のため
             レベルアップ必要
             →中心的カリキュラム

                    ┌─ SWOT分析          ┐
                    ├─ PPM分析           │
事業性分析     ─────┼─ バリューチェーン分析│ 業界調査
（定性分析）        ├─ ABC分析           │
                    └─ 5フォース分析     ┘
                       …

⇒今後の方向性策定（成長戦略・改善施策）
  ↓
  具体的なソリューション提供は，専門部
  署へ橋渡し
  例：法人営業部　中期経営計画策定担当
      外部コンサル（生産性改善など）
```

（出所）　金融財政事情（2015），17

未満」「あらかん（企業評価ソフトウェアの名称）評点が3期中2期以上40点以下」「受取手形と支払い手形に同一銘柄や関連会社の手形」「10年ヒストリーの違和感（売上げ・回転期間・有利子負債等）」という4項目が記載されていることである。広島銀行においては「定量的な財務分析についてはすでに一定のノウハウが蓄積されているが，もう一方の定性的な事業性分析については業種によって取組み度合いに違いがみられた。」（金融財政事情 2015）とのことであり，金融庁が推進する事業性評価に基づく融資の実行にあたり，今までノウハウが蓄積されていなかった定性的な事業性分析に関し，注力して研修を行っているが，定量的な財務分析手法は，粉飾発見のための手段として，依然として重要な役割を行内で果たしていることがよくわかる。つまり，事業性評価融資の実行にあ

たっても，中小企業の会計は重要な役割を果たしており，粉飾決算のない信頼性のある財務データの入手に相当な時間・コストをかけていることがわかる。

また，同行の取引先の実態把握に向けた特徴的な取組みとして，中期経営計画の策定支援を行っている。「法人営業部金融サービス室の担当チームが13年（平成25年）から実施しているもので，担当者が取引先企業の詳細な外部環境・内部環境分析を行い，経営者や幹部職員との複数回にわたる議論を通じて一緒に中計（中期経営計画）を策定している。中計（中期経営計画）策定を支援するなかで取引先の定量面・定性面の実態やその業界の将来性などを詳細に分析・検討していく作業は，まさに事業性評価の取組みに直結するものでもある。」(金融財政事情 2015, ( ) 内は筆者加筆) としており，融資先企業の中期経営計画は「原則「現状」から「めざす将来」へのロードマップとなるもの。」とし，中期経営計画の策定支援がそのまま，事業性評価の実施であるという位置づけになっている。

3.2 広島銀行における事業性評価融資モデルの特徴

広島銀行が事業を展開する広島県は，マツダを中心とした自動車産業の集積地であり，自動車産業関連の中小企業が数多く点在する。広島銀行における事業性評価融資モデルの特徴を集約すれば，以下のようになるであろう。

---
① 「中期経営計画」を事業性評価の中核に据えている。
② 中小企業の財務データが事業性評価の基礎になっている。
③ 融資先のライフステージ全般にわたる支援を行っている。

広島銀行においては，融資先中小企業が持つ技術が将来的にマツダの製品にどのように活かされるかという技術面からの「目利き」を行うなど，定性的な評価を経て，「中期経営計画」という数字による業績評価を行い，会計と金融との接点を有しているという点に着目する必要があると思われる。

まず，「①「中期経営計画」を事業性評価の中核に据えている」という点については，広島銀行の中期経営計画は，「事業拡大・再生」や「後継者への経営移管」など，中小企業のライフステージ（**図表6-3参照**）全般と多岐に関連し，か

つ，将来の経営計画という未来数値をもとに作成されるものである。中期経営計画は，財務内容等の過去の実績や担保・保証に必要以上に依存することなく（金融庁 2015a）という，金融庁の「平成27事務年度金融行政方針」に，最も適合する事業性評価の手法の1つであるといえる。

次に，「②中小企業の財務データが事業性評価の基礎になっている」という点については，広島銀行が粉飾決算の存在について，相当な時間をかけて審査していることからも明らかなように，信頼できる過去の財務データがあるからこそ，将来5年程度の中期経営計画が作成できるのであって，中期経営計画を事業性評価の有力な手法として活用する場合には，過去の財務データが，中期経営計画作成の重要な基礎として活用されているといえるであろう。

最後に，「③の中小企業のライフステージ全般にわたる支援を行っている」という点については，事業性評価が一括りにできる概念ではなく，中小企業のライフステージ等に応じて，きめ細やかに個別に対応すべきであることを実務の上においても示しているものといえよう。そして，このライフステージ別支援を効果的に実践していくには，金融機関だけでは人的・時間的制約から行うことは不可能であり，本事例にみるように，地域の外部専門機関と有機的に繋がりながら，地域全体で支援を行っていく必要があるといえる。

4 中小企業における事業性評価の将来的方向性

4.1 金融仲介機能のベンチマークと事業性評価

金融庁は，2016年9月に「金融仲介機能のベンチマークについて〜自己点検・評価，開示，対話のツールとして〜」（以下，「ベンチマーク」という）を公表した（図表6-6）。金融庁はベンチマーク公表の趣旨として，「金融機関における金融仲介の取組みについては，単一のベストプラクティスがあるわけではなく，それぞれの金融機関が自主的に創意工夫を発揮して，企業の価値向上に資するような取組みを検討・実施していくべきものである。」（金融庁 2016）としており，各金融機関の自主的な創意工夫による企業の価値向上を促している。ベンチマー

図表6-6 金融仲介機能のベンチマーク(抜粋)

1. 共通ベンチマーク

項目	共通ベンチマーク
(1)取引先企業の経営改善や成長力の強化	1．金融機関がメインバンク(融資残高1位)として取引を行っている企業のうち、経営指標(売上・営業利益率・労働生産性等)の改善や就業者数の増加が見られた先数(先数はグループベース。以下断りがなければ同じ)、及び、同先に対する融資額の推移
(2)取引先企業の抜本的事業再生等による生産性の向上	2．金融機関が貸付条件の変更を行っている中小企業の経営改善計画の進捗状況
	3．金融機関が関与した創業、第二創業の件数
	4．ライフステージ別の与信先数、及び、融資額(先数単体ベース)
(3)担保・保証依存の融資姿勢からの転換	5．金融機関が事業性評価に基づく融資を行っている与信先数及び融資額、及び、全与信先数及び融資額に占める割合(先数単体ベース)

2. 選択ベンチマーク

項目	選択ベンチマーク
(1)地域へのコミットメント・地域企業とのリレーション	1．全取引先数と地域の取引先数の推移、及び、地域の企業数との比較(先数単体ベース)
	2．メイン取引(融資残高1位)先数の推移、及び、全取引先数に占める割合(先数単体ベース)
	3．法人担当者1人当たりの取引先数
	4．取引先への平均接触頻度、面談時間
(2)事業性評価に基づく融資等、担保・保証に過度に依存しない融資	5．事業性評価の結果やローカルベンチマークを提示して対話を行っている取引先数、及び、左記のうち、労働生産性向上のための対話を行っている取引先数
	6．事業性評価に基づく融資を行っている与信先の融資金利と全融資金利との差
	7．地元の中小企業与信先のうち、無担保与信先数、及び、無担保融資額の割合(先数単体ベース)
	8．地元の中小企業与信先のうち、根抵当権を設定していない与信先の割合(先数単体ベース)
	9．地元の中小企業与信先のうち、無保証のメイン取引先の割合(先数単体ベース)
	10．中小企業向け融資のうち、信用保証協会保証付き融資額の割合、及び、100%保証付き融資額の割合
	11．経営者保証に関するガイドラインの活用先数、及び、全与信先数に占める割合(先数単体ベース)

(出所) 金融庁(2016)

クは5つの共通ベンチマークと，50の選択ベンチマークから構成されている。

このうち事業性評価は，共通ベンチマークの(3)担保・保証依存の融資姿勢からの転換，5．金融機関が事業性評価に基づく融資を行っている与信先数及び融資額，全与信先数及び融資額に占める割合（先数単体ベース）という部分，また，選択ベンチマークの(2)事業性評価に基づく融資等，担保・保証に過度に依存しない融資における5～11の項目が，金融機関に対する重点項目としてとり上げられており，金融機関にとって，今後事業性評価への対応が大きな課題となると思われる。

4.2 事業性評価に対応した中小企業にふさわしい定性情報の開示

今後，金融機関が中小企業に対して事業性評価に基づく融資を推進するにつれ，金融機関にとっては，より定性情報の収集が重要な役割を果たし，また，広島銀行の事例にみられるように，中期経営計画に集約するという方法が主流になる可能性もある。

さらに，現在，中小企業が金融機関に提供する情報として，財務諸表が重要な役割を占めており，今後も中小企業の信頼性のある財務情報が金融機関にとって有用な情報であることに変わりはないであろう（「金融機関の貸出審査」の詳細は，第4章参照）。

ただし，金融機関が，事業性評価融資の実行のために，独自に定性情報を入手している以上，中小企業は，金融機関が作成する個社別の「評価シート」等に対応し，独自に積極的に定性情報を開示していくことで，金融機関と有効なリレーションシップを構築していくことが考えられる。具体的には，中期経営計画の作成・開示に加えて，知的資産経営報告書に基づいた評価を実施していくことも有用と思われる。

知的資産とは「従来のバランスシート上に記載されている資産以外の無形の資産であり，企業における競争力の源泉である，人材，技術，技能，知的財産（特許・ブランドなど），組織力，経営理念，顧客とのネットワークなど，財務諸表には表れてこない目に見えにくい経営資源の総称」であり，また，「知的資産経営とは，自社の強み（知的資産）をしっかりと把握し，それを活用することで業績の向上に結び付ける経営」とされている（独立行政法人 中小企業基盤整備機

構 経営基盤支援部 2012, 4）。

　この知的資産をまとめたものが,「知的資産経営報告書(事業価値を高める経営レポート)」である。これについては,さまざまな場面での活用が想定されており,中小企業の金融と関連するリレーションシップバンキングの事例(独立行政法人 中小企業基盤整備機構 経営基盤支援部 2012, 26-28)も掲載されていることから,今後,事業性評価において,定量情報に加え,定性情報を活用する場合,各金融機関において,知的資産の評価をどのように行っていくか,注目されるところである。

　なお,中小企業への普及という観点から見た場合,「知的資産経営報告書」は難易度が高いと思われることから,「知的資産経営報告書」の簡易版として位置づけられ,全国で600社を超える事例が,インターネット上ですでに公開されている「魅力発信レポート[1]」に則した形での定性情報の提供も有用と思われる。

　魅力発信レポートは,中小企業の持つ技術力,人材,ネットワーク,組織力などのさまざまな魅力をまとめた12ページ程度のレポートで,主に若年の求職者・就職希望者に向けて発信するものであるが,この内容には中小企業が持つ定性的な強み・弱み等の情報が記載されており,金融機関にとっても有用な中小企業の定性情報がコンパクトにわかりやすく記載されており,中小企業にとっても過重な負担となることなく作成できるという点で,参考になるものと思われる。

5　おわりに

　金融庁が提唱する「事業性評価」に基づく融資は,平成26年度より開始されたばかりであり,その具体的内容は,地域金融機関の自主性に任されている。金融庁の事業性評価に関する定義には,財務内容等の過去の実績や担保・保証に必要以上に依存することなく（金融庁 2015a）と,中小企業の会計を軽視しているともとれる表現が入っているものの,金融機関の融資審査の現場においては,事業性評価による融資が推進されるとしても,現在も,そしてこれからも,信頼性ある財務情報は極めて重要な情報として取り扱われることに変わりはな

いと思われる。

そして，中小企業は，この流れに対応する形で，経営者の想いを反映した中期経営計画の作成と，たとえば，知的資産経営報告書の簡易版ともいえる中小企業魅力発信レポートのような，中小企業にとって過重な負担とならないレベルの定性情報の金融機関への提供を行い，この流れを支えるために，中小企業を取り巻く支援機関（税理士，公認会計士等と金融機関）が密接に連携して，地域の中小企業，ひいては地域全体を活性化させるような取組みが求められているといえよう。

事業性評価の取組みについては，現状，金融庁からは情報発信のみが行われ，具体的成功事例については，各金融機関の自主的な取組みに任されているが，全国の中小企業に広く普及するためには，今後，金融庁が中小企業向けモデルを公表し，中小企業経営者がそのモデルに基づき，定量・定性情報を金融機関に公表し共有することで，金融機関と事業に関する理解を深め，金融機関が行う事業性評価融資に対応することも一考に値すると思われる。

Column ⑥ 事業性評価に統一的なモデルはない？

今までの金融行政は，省庁主導型の画一的なものであった。ところが，事業性評価については，画一的なモデルはなく，金融機関それぞれが独自にモデルを構築することが求められている。

金融機関も民間企業である以上，生き残りのために創意工夫を凝らすことは市場の要請からして当然だが，実際の現場では，なかなか独自の創意工夫によるビジネスモデルの構築には苦労されているようである。とはいえ，「地方創成」という掛け声のもと，日本全体で独創性ある取組みが必要とされている世の中である。地域の中小企業を元気にするためには，中小企業の血液である金融がしっかり回らないと，地域も元気にならない。それぞれの地域の特性を活かした「事業性評価モデル」が確立され，その地域が元気になることこそが，事業性評価のベストプラクティスなのかもしれない。

【注】
1 魅力発信レポートWeb（http://miryoku.smrj.go.jp/：最終アクセス平成28年3月3日）

● 参考文献

小笠原直．2015．「実務解説 事業計画書の位置づけがますます重要に 地域金融機関の融資姿勢の変化と融資申請上の留意点」『経理情報』第1413号：73-77．
金融庁．2014a．「事業者の皆様へ 円滑な資金供給の促進に向けて」．
金融庁．2014b．「平成26事務年度 金融モニタリング基本方針（監督・検査基本方針）」．
金融庁．2014c．「資料1 地域金融機関による事業性評価について 平成26年10月24」．
金融庁．2015a．「平成27事務年度 金融行政方針」．
金融庁．2015b．「中小・地域金融機関向けの総合的な監督指針 平成27年4月」．
金融庁．2016．「金融仲介機能のベンチマークについて～自己点検・評価，開示，対話のツールとして～」．
金融財政事情．2015．「【特集】地域を貸し興す 企業ごとの評価シートをもとに実態把握を進める広島銀行「目利き能力養成研修」などで一連の取組を下支え」第66巻第13号：14-17．
肥塚直人．2015．「事業性評価で注目される知財金融 特許庁の取り組みと効用」『金融財政ビジネス』2015年9月7日号：4-7．
独立行政法人 中小企業基盤整備機構 経営基盤支援部．2012．「事業承継・知的資産経営支援室事業価値を高める経営レポート 作成マニュアル改訂版」．

（松﨑　堅太朗）

第III部

中小企業金融における決算書の信頼性

　第III部では，中小企業金融における決算書の信頼性について考察する。

　第7章では，財務経営力と資金調達力を高める会計の活用という視点から，中小企業会計基準の考察を行う。そして第8章で大多数の企業が会計ソフトを導入している現状を踏まえ，「決算書の信頼性」と会計システムのあり方を明らかにする。さらに，第9章で月次巡回監査，会計参与制度，書面添付制度，確定決算主義の観点から，「決算書の信頼性」を確保するしくみを明らかにする。

　第10章では，第III部のまとめとして中小企業金融における決算書の信頼性について，日本における現状と課題の明確化を行う。

第7章

中小企業会計基準
― 財務経営力と資金調達力を高める会計の活用 ―

1 はじめに

　中小企業庁と金融庁が共同事務局となった「中小企業の会計に関する検討会」が2012年2月1日に公表した「中小企業の会計に関する基本要領」(以下,「中小会計要領」という)は,2010年2月に設置された「中小企業の会計に関する研究会」,同年3月に企業会計基準委員会等の民間団体により設置された「非上場会社の会計基準に関する懇談会」のそれぞれの「報告書」からの要請を受け,会社法431条の「一般に公正妥当と認められる企業会計の慣行」として策定された中小企業のための会計ルールである。

　中小会計要領は,Ⅰ.総論1.目的において以下の4点を掲げている。

◆中小企業の経営者が活用しようと思えるよう,理解しやすく,自社の経営状況の把握に役立つ会計
◆中小企業の利害関係者(金融機関,取引先,株主等)への情報提供に資する会計
◆中小企業の実務における会計慣行を十分考慮し,会計と税制の調和を図った上で,会社計算規則に準拠した会計
◆計算書類等の作成負担は最小限に留め,中小企業に過重な負担を課さない会計

　本章の目的は,金融機関への「情報提供に資する会計」に視点をあて,中小

企業金融において重視される決算書の信頼性と中小会計要領との関係性を明らかにすることにある。

本章の具体的課題は次の2つである。

> ①　中小会計要領が名実ともに「一般に公正妥当と認められる企業会計の慣行」であることを明らかにすること。
> ②　「中小企業の会計」の理論的構図（河﨑・万代 2012，6）で示された，インプット－プロセス－アウトプットのフレームワークに基づき，中小会計要領に従った会計処理と，中小企業金融における決算書の信頼性確保との関係性を，実務面を踏まえて明らかにすること。

2　「一般に公正妥当と認められる企業会計の慣行」としての中小会計要領

2.1　日本に現存する2つの中小企業会計ルール

日本における中小企業の会計ルールは，「中小企業の会計に関する指針」（以下，「中小指針」という）と中小会計要領の2つが現存する。

中小指針は，基本的な方針として「企業の規模に関係なく，取引の経済実態が同じなら会計処理も同じになるべきである。しかし，専ら中小企業のための規範として活用するため，コスト・ベネフィットの観点から，会計処理の簡便化や法人税法で規定する処理の適用が，一定の場合には認められる。」を掲げ，国際会計基準の影響を受けて毎年のように改正を重ねてきた企業会計基準を，中小企業向けに簡便化等を図ったものであり，原則としては時価評価を採用している。時価評価は，中小企業基本法に定める小規模事業者のような極めて規模の小さい中小企業にとっては，過重な負担になるだけでなく，事業承継や事業売却などがない限り，その必要性は薄い。よって，中小指針はそれほど普及しなかった。中小指針が公表された2005年から5年が経過し，中小会計要領が公表される2012年までの間に中小企業庁が実施した「平成22年度中小企業の会

計に関する実態調査事業集計・分析結果報告書」によれば，中小指針に完全準拠した計算書類を作成していると回答した企業は全体の17.2%にすぎず，中小指針が公表後5年を経ても普及しなかった実情が読み取れる。

中小会計要領は，中小指針が普及しない状況を踏まえ，中小企業の属性を洗い出したうえで，「中小企業にとってあるべき会計ルール」として策定された。その目的は「中小企業の多様な実態に配慮し，その成長に資するため，中小企業が会社法上の計算書類等を作成する際に，参照するための会計処理や注記等を示すものである。」を掲げ，原則として取得原価主義を採用している。中小企業は，「株主＝経営者」であることが多いことから，投資家に対して現在価値を明らかにするような時価評価を原則とはしていない。「中小企業の経営者が活用しようと思えるよう，理解しやすく，自社の経営状況の把握に役立つ会計」「中小企業の利害関係者（金融機関，取引先，株主等）への情報提供に資する会計」「中小企業の実務における会計慣行を十分考慮し，会計と税制の調和を図った上で，会社計算規則に準拠した会計」「計算書類等の作成負担は最小限に留め，中小企業に過重な負担を課さない会計」であることを重視している。

2.2 中小指針と中小会計要領の普及状況

中小企業庁委託事業として，株式会社富士経済が実施した「平成26年度中小企業における会計の実態調査会計の実態調査事業報告書」[1]によれば，税理士・税理士法人が，中小指針と中小会計要領の準拠状況を4区分（「中小指針に完全準拠」「中小指針に部分準拠」「中小会計要領に完全準拠」「中小会計要領に部分準拠」）で回答したうち，各項目が重複しないと捉えているもののみを集計した結果は，**図表7-1**のとおりである。

「①中小会計要領に完全準拠」している割合が48.4%と最も多く，次いで「②中小会計要領に部分準拠」（24.7%），「③中小指針に完全準拠」（7.4%），「④中小指針に部分準拠」（5.4%）の順となっている。前述の平成22年度調査における「中小指針に完全準拠」の17.2%は事業者が回答しており，税理士・税理士法人が回答した「平成26年度調査」の7.4%と単純比較することはできないが，中小指針の普及が一向に進んでいないことは確かである。一方，中小会計要領は，「完全準拠」（48.4%）と「部分準拠」（24.7%）を合計すると73.1%に達しており，

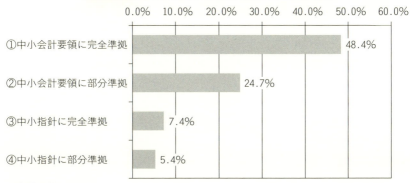

図表7-1 中小指針・中小会計要領への準拠割合

※有効回答：247件
※有効回答としたのは「顧問先の中小企業数≧会計要領完全準拠数＋部分準拠数＋会計指針完全準拠数＋部分準拠数」を満たすもの
（出所）中小企業庁（2015），7

多くの中小企業が，程度の差こそあれ何らかの形で中小会計要領に準拠していると思われる。

　中小会計要領は，中小企業庁が2010年9月に公表した「中小企業の会計に関する研究会中間報告書」，および企業会計基準委員会をはじめとする民間団体が2010年8月に公表した「非上場会社の会計基準に関する懇談会報告書」の2つの報告書からの要請に基づき，中小企業の会計に関する検討会が策定し2012年2月に新しい中小企業会計ルールとして公表したものであるが，この2つの報告書とも，新しいルールの策定にあたっては，会社法431条に定める「一般に公正妥当と認められる企業会計の慣行」の範疇となるものになることを求めている。現在の普及状況を踏まえれば，中小会計要領は，名実ともに会社法上の「一般に公正妥当と認められる企業会計の慣行」の1つであると断言できる。

3 中小企業金融の要請と中小会計要領の特徴

3.1 「中小企業の会計」の理論的構図と中小会計要領

「中小企業の会計に関する検討会」のワーキンググループ委員を務めた甲南大学河﨑照行教授は，中小企業の会計の理論的構図を図表7-2のとおり示している。中小企業の会計行為を「インプットとしての会計帳簿」「プロセスとしての会計処理の原則・手続き」「アウトプットとしての計算書類」の3段階に区分し，この区分に対応して中小企業の会計への要請を「インプット面での要請として【記帳の重要性】」「プロセス面での要請として【確定決算主義】」「アウトプット面での要請として【限定されたディスクロージャー】」としている。

中小会計要領は，この「中小企業の会計」への3つの要請に対して，以下の点において応えたものといえる。

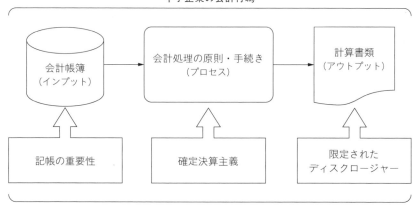

図表7-2 「中小企業の会計」の理論的構図

(出所) 河﨑・万代（2012），6 図表1-1

> ① 「記帳の重要性」は，Ⅰ．総論8．記帳の重要性において，「本要領の利用にあたっては，適切な記帳が前提とされている。経営者が自社の経営状況を適切に把握するために記帳が重要である。記帳は，すべての取引につき，正規の簿記の原則に従って行い，適時に，整然かつ明瞭に，正確かつ網羅的に会計帳簿を作成しなければならない。」としている。企業会計原則一般原則の中から「正規の簿記の原則」のみを，あえて独立した項目でとり上げ，中小企業においては特に記帳が重要であることを示している。
> ② 「確定決算主義」は，Ⅰ．総論1．目的において，「中小企業の実務における会計慣行を十分考慮し，会計と税制の調和を図った上で，会社計算規則に準拠した会計」とし，現状，中小企業に根付いている「確定決算主義」を尊重する立場をとっている。
> ③ 「限定されたディスクロージャー」は，Ⅰ．総論1．目的において，「中小企業の利害関係者（金融機関，取引先，株主等）への情報提供に資する会計」とし，特に利害関係者の中でも金融機関を一番目に記載することで，とりわけ金融機関が最も重要な利害関係者であるとの立場をとっている。

金融機関が中小企業の計算書類を評価する場合に，第一段階として信頼性の評価から入ると思われるが，インプットたる記帳を「すべての取引につき，正規の簿記の原則に従って行い，適時に，整然かつ明瞭に，正確かつ網羅的に」すること，プロセスとして「中小会計要領や中小指針などのルールに基づいて処理すること」が，最終的なアウトプット（計算書類）の信頼性を高めることに繋がるといえる。

3.2 過去の「中小企業の会計」における「記帳」に対するスタンス

「中小企業の会計」の近代化の歴史は，1949年に経済安定本部企業会計制度対策調査会が公表した「中小企業簿記要領」にまで遡ることができる。以後，さまざまな策定主体がさまざまな「中小企業の会計」を策定してきたが，現存するのは中小指針と中小会計要領である。

過去から現在までの中小企業の会計が，中小企業の記帳という課題にどのように向き合ってきたかをまとめたものが**図表7-3**である。

この図表でわかることは，多くの「中小企業の会計」が，経理担当者などの

図表7-3 中小企業の会計と記帳に対するスタンス

【過去の中小企業会計】

中小企業の会計	策定主体	公表年	「記帳」に対するスタンス
中小企業簿記要領	経済安定本部企業会計制度対策調査会	1949年	この要領は，法人以外の中小商工業者のよるべき簿記の一般的基準を示すものであって，中小商工業者がこれを基準とし，その実情に応じて記帳方法，帳簿組織を改善合理化し，以て (1) 正確なる所得を自ら計算し課税の合理化に資すること (2) 融資に際し事業経過の内容を明らかにすることによって中小企業金融の円滑化に資すること (3) 事業の財政状態及び経営成績を自ら知り，経理計数を通じて事業経営の合理化を可能ならしめること を特に目的とするものである
中小会社経営簿記要領	中小企業庁	1953年	中小会社は一般的に個人的色彩が強く，会社の一，二の役員が事実上その会社を支配している傾向が強く，また会社の構成員も少ないので経理担当者が少人数に限られ，且つ専門的な経理知識が不足しているのが普通である。 この簿記要領は，以上のような中小会社の通有性を考えて立案されたものであって，一般に公正妥当と認められる企業会計原則に準拠し，且つ法人税法施行規則の記載要件にあてはまる複式簿記であることを特徴とする。 なお，帳簿組織としては，いろいろなものが挙げられるが，この要領の第二章を参照して，会社の実情に最も適当する組織を工夫して活用せられたい。
中小企業の会計に関する研究会報告書	中小企業庁	2002年	会計帳簿の信頼性確保のため，信頼性ある記帳が重要である。記帳は，整然かつ明瞭に，正確かつ網羅的に行わなければならない。また，記帳は，適時に行わなければならない。
中小会社会計基準	日本税理士会連合会	2002年	会計帳簿の信頼性を確保するためには，適時に行われた信憑性ある記帳が重要である。この場合，記帳は，整然かつ明瞭に，正確かつ網羅的に行わなければならない。

| 中小会社の会計のあり方に関する研究報告 | 日本公認会計士協会 | 2003年 | 本研究報告では，中小会社においても，正規の簿記の原則にのっとり，正確性，網羅性，適時性，整然性を充たした会計帳簿等が記帳され，それに基づいて計算書類が作成されていることを前提としている。|

【現存する中小企業の会計】

中小企業の会計	策定主体	公表年	「記帳」に対するスタンス
中小企業の会計に関する指針	日本税理士会連合会，日本公認会計士協会，日本商工会議所，企業会計基準委員会	2005年	会計情報に期待される役割として経営管理に資する意義も大きいことから，会計情報を適時・正確に作成することが重要である。
中小企業の会計に関する基本要領	中小企業の会計に関する検討会（中小企業庁と金融庁が協同事務局）	2012年	本要領の利用にあたっては，適切な記帳が前提とされている。経営者が自社の経営状況を適切に把握するために記帳が重要である。記帳は，すべての取引につき，正規の簿記の原則に従って行い，適時に，整然かつ明瞭に，正確かつ網羅的に会計帳簿を作成しなければならない。

　経営資源が乏しい中小企業においては，とりわけ記帳が重要であることを前提にしているのに対して，日本公認会計士協会「中小会社の会計のあり方に関する研究報告」は，中小企業では「正規の簿記の原則にのっとり，正確性，網羅性，適時性，整然性を充たした会計帳簿等が記帳され，それに基づいて計算書類が作成されていること」を前提としていること，中小指針は，あえて「記帳」という文言を避けて「会計情報」という表現にしていること，ではなかろうか。

　しかしながら，アウトプットの信頼性を高めるインプットである「記帳」が，経営資源が乏しい中小企業においては，なかなか「適時に，整然かつ明瞭に，正確かつ網羅的に」できていない現実から目を背けるべきではなく，この課題を正面から捉えて，「金融支援と経営支援の一体化」に取り組もうとしているのが近年の中小企業政策の潮流である。

3.3　中小企業政策における中小会計要領の位置づけ

　経済産業省は2012年3月，中小企業経営者を中心に，税理士等の士業，商店

街関係者，中小企業団体，地域金融機関など，幅広い主体の参加の下に，「"日本の未来"応援会議～小さな企業が日本を変える～(略称："ちいさな企業"未来会議)」を設置した。この会議において，これまでの中小企業政策を見直し，中小企業の経営力・活力の向上に向けた課題と今後の施策のあり方を討議した結果，6月16日に「"ちいさな企業"未来会議取りまとめ」(以下，「取りまとめ」という)を公表している。「取りまとめ」は，「具体的な政策のあり方」の「経営上の課題へのきめ細かな対応」において，「基礎経営力（企業会計ルールの活用等）」の重要性を以下のとおり掲げた。

---

① 「資金の確保・調達力」「財務経営力（企業会計等）」「技術力，人材」といった「基礎経営力」は，いわば企業の"足腰"であり，その強化を図ることが重要である。そのうち，「財務経営力（企業会計等）」やそれを通じた「資金の確保・調達力」は，経営の根幹として特に重要である。いわば，これまでのように「帳簿」を税務処理のための道具とするのみならず，今後は，「経営状況把握や経営改善のための道具」として活用していくことが必要である。

② しかし，実態を見ると，これまでの中小企業会計（中小指針）に完全準拠している中小企業は，わずか2割未満にとどまる。この背景には，中小・小規模企業の少ない経理人員や税法上の会計処理が中心な中小・小規模企業の実態がある。

③ このような中小・小規模企業の実態を踏まえ，平成24年2月に「中小企業の会計に関する基本要領（中小会計要領）」を策定した。この中小会計要領の活用を通じ，中小・小規模企業の財務経営力，資金調達力の向上が期待される。

(出所) 経済産業省（2012），27

これにより，中小会計要領を，中小企業の財務経営力と資金調達力を高めるための基盤として位置づけていることがわかる。さらに「取りまとめ」では，中小会計要領の活用方法について，**図表7-4**の概念図を示している。

ステップ1では，適時・正確に記帳を行うことが基礎財務資料の信頼性を高めることを示し，ステップ2では，その資料をもとに経営分析を行い，金融機関とコミュニケーションを深めながら経営改善を行う必要性を示し，ステップ3では，ステップ1とステップ2を期中管理した結果，信頼性のある決算書が

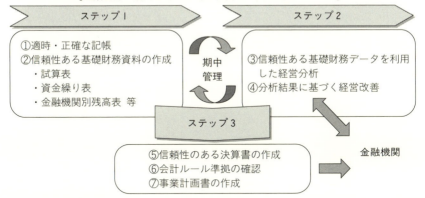

(出所) 経済産業省（2012），28

作成できることや，さらに事業計画書に展開していく流れを示している。中小会計要領を活用してこのマネジメントサイクルを回していくことが，中小企業の財務経営力と資金調達力を高めるとしている。

この考え方を踏まえ，中小企業と金融機関，そして中小企業に会計を指導する立場にある税理士の三者が，インプット，プロセス，アウトプットの各段階で果たすべき役割をまとめたものが**図表7-5**である。

3.4 中小企業会計基準への準拠をコベナンツとする金融支援

中小会計要領や中小指針をコベナンツとする金融支援は，政府系金融機関による制度のほか，民間金融機関の商品など数多くが存在する。

日本政策金融公庫は，中小企業事業の「中小企業会計活用強化資金」において，中小会計要領または中小指針の完全適用，または完全に適用予定を条件に基準金利から0.4％を優遇するほか，国民生活事業の「中小企業会計関連融資制度」においては，同様に0.1％を優遇する。

各都道府県の信用保証協会は，2013年4月から2016年3月までの間，「『中小企業の会計に関する基本要領』に基づく保証料割引制度」として0.1％の保証料割引を実施したが，これを2017年3月まで延長した。

図表7-5　中小会計要領による会計処理や活用で果たすべき役割

	インプット	プロセス	アウトプット
税理士	適時記帳の指導 記帳の正確性の確認・指導	月次決算指導 予実のモニタリング 減価償却の指導 引当金計上の指導	計算書類等の信頼性の担保（税理士法33条の2書面の添付や会計参与報告の作成） 中小会計要領準拠の確認 事業計画書の作成・見直し支援
地域金融機関	適時・正確な記帳の推奨	予実のモニタリング 月次試算表等の徴求	計算書類等の信頼性の評価 中小会計要領準拠の確認 事業計画書の作成・見直し支援 計画達成のソリューション提案 月次決算を金利優遇する商品開発
中小企業経営者	適時・正確な記帳の習慣化	月次決算 予実管理 金融機関への随時報告	事業計画書の作成・見直し 金融機関への報告 中小会計要領準拠の確認 個別注記表への記載充実 決算公告

　民間金融機関においても，信用金庫や地方銀行を中心に数多くの商品が存在する。たとえば，西武信用金庫（東京都中野区）の「西武中小会計要領活用ローン」は，中小会計要領，中小指針，会計参与のいずれかの導入や，「税理士法33条の2第1項に規定する添付書面」や「株式会社TKCが発行する『記帳適時性証明書』」の提出によって，最大1.0％の金利優遇が受けられる金融商品である。

　多くの民間金融機関が，条件には若干の差異こそあれ，中小会計要領や中小指針への準拠をコベナンツとする金融商品を提供していること自体，中小企業会計基準に拠った決算書の信頼性が，デフォルトのリスクを低減していることの証左である。

4　中小会計要領に対する金融機関の誤解

　日頃，金融機関の方々と中小企業支援の現場で接する中で，「中小企業の決算書は信頼できない」，「粉飾の決算書が多い」という声を聞く機会は非常に多い。何をもって「信頼できない」のか，「粉飾」と指摘するのかを掘り下げていく

と，金融機関担当者が中小会計要領を理解できていない現実に気がつく。

金融機関担当者の多くが，「粉飾」と指摘する部分は，「棚卸資産や有価証券の評価」「減価償却費の計上方法」「売掛金の回収可能性」「引当不足」などである。引当金に関して中小会計要領の各論11は，「将来の特定の費用又は損失であること」，「発生が当期以前の事象に起因すること」，「発生の可能性が高いこと」，「金額を合理的に見積ることができること」に該当するものを引当金として計上することを定めており，この4要件に該当するものは計上されるべきである。しかし，棚卸資産や減価償却費の計上などに関しては，金融機関側に誤解があるといわざるを得ない（第3章4.1.2参照）。

以下，「棚卸資産や有価証券の評価」「減価償却費の計上方法」について，少し掘り下げて論じたい。

4.1 棚卸資産・有価証券の評価

中小会計要領の各論6は棚卸資産について，各論5は有価証券について，以下のとおり定めている。

---

(1) 棚卸資産は，原則として，取得原価で計上する。
(2) 棚卸資産の評価基準は，原価法又は低価法による。
(3) 棚卸資産の評価方法は，個別法，先入先出法，総平均法，移動平均法，最終仕入原価法，売価還元法等による。
(4) 時価が取得原価よりも著しく下落したときは，回復の見込みがあると判断した場合を除き，評価損を計上する。

---

(1) 有価証券は，原則として，取得原価で計上する。
(2) 売買目的の有価証券を保有する場合は，時価で計上する。
(3) 有価証券の評価方法は，総平均法，移動平均法等による。
(4) 時価が取得原価よりも著しく下落したときは，回復の見込みがあると判断した場合を除き，評価損を計上する。

つまり，棚卸資産や有価証券は，「原則として取得原価で計上」なのである。

これは，中小会計要領が中小企業の属性（「所有＝経営」であることや，経理担当者がいないか，いてもごく僅かな人数であることなど）を踏まえて策定された会計基準であり，「原則として時価評価で計上」の必要性（費用対効果）が薄いと判断しているからである。

一方，金融機関は，企業価値が融資判断に影響を与えることから，取得原価で計上された棚卸資産や有価証券を時価で再評価する。つまり，会計基準上に従って「正しく」取得原価で計上された資産等を，金融機関が融資の局面で再評価しているにすぎないのである。この手間をもって，決算書をおかしいと決めつけること自体，金融機関が中小会計要領の目的を理解していないことの表れであるといえる。

4.2　減価償却費の計上方法

中小会計要領の各論8は固定資産について，以下のとおり定めている。

---

(1) 固定資産は，有形固定資産（建物，機械装置，土地等），無形固定資産（ソフトウェア，借地権，特許権，のれん等）及び投資その他の資産に分類する。
(2) 固定資産は，原則として，取得原価で計上する。
(3) 有形固定資産は，定率法，定額法等の方法に従い，相当の減価償却を行う。
(4) 無形固定資産は，原則として定額法により，相当の減価償却を行う。
(5) 固定資産の耐用年数は，法人税法に定める期間等，適切な利用期間とする。
(6) 固定資産について，災害等により著しい資産価値の下落が判明したときは，評価損を計上する。

減価償却に関して，中小指針が，「固定資産の減価償却は，経営状況により任意に行うことなく，定率法，定額法その他の方法に従い，耐用年数にわたり毎期継続して規則的な償却を行う。」としているのに対し，中小会計要領は，会社計算規則と同様に「相当の償却」との立場を採用している。毎期継続して規則的に償却することは，「相当の償却」の1つにすぎず，これ以外にも「相当」と合理的に判断できる償却があることを表している。

つまり，「相当な償却」には一定の幅があると思われるが，金融機関は「法人税法で定める耐用年数にわたる，毎期継続して規則的な償却」に計上方法を一

本化しているものと思われる。よって，金融機関は，「相当」ではあっても「法人税法で定める耐用年数にわたる，毎期継続して規則的な償却」ではない減価償却費を再計算することになるが，会社計算規則や中小会計要領において「相当な償却」が定められている以上，自身が融資判断に採用している計上方法ではない減価償却を「粉飾」とすること自体，乱暴な決めつけであるといわざるを得ない。

4.3 金融機関による誤解の整理

前述のとおり，中小会計要領の総論は，4つの目的を示している。

> ◆中小企業の経営者が活用しようと思えるよう，理解しやすく，自社の経営状況の把握に役立つ会計
> ◆中小企業の利害関係者（金融機関，取引先，株主等）への情報提供に資する会計
> ◆中小企業の実務における会計慣行を十分考慮し，会計と税制の調和を図った上で，会社計算規則に準拠した会計
> ◆計算書類等の作成負担は最小限に留め，中小企業に過重な負担を課さない会計

つまり，中小会計要領という中小企業会計基準に拠った決算書は，金融機関などの利害関係者に対しては，「情報提供に資する」としているのであって，中小会計要領に拠った決算書そのものが融資審査にはなじまない部分があれば，金融機関が独自に再評価すればよいだけのことである。これは，経営改善計画を策定する際に，財務デューデリジェンスによって，資産や負債を再評価することと同じであるといえる。**図表7-6**に示したとおり，税理士による申告書作成業務も，金融機関による融資審査業務も，「中小会計要領に拠り，適時性・正確性が担保された，信頼性ある決算書」をもとに，本来業務を展開する点では同じである。ただし，税理士は，決算書の作成過程にも密接に関与しており，その点では金融機関とは立場が異なる。

決算書の信頼性を高める会計システム構築に永年注力し，金融機関との連携にも力を入れている株式会社TKC名誉会長の飯塚真玄氏は，「税理士が，全員で，共同責任として戦略的な行動をとり，「中小会計要領」の社会的権威を高め

図表7-6　信頼性ある決算書と「適正申告」「融資審査」との関係性

ることができれば，金融機関もこれを尊重し，税理士が作成した決算書を信頼することになるのではないか」と提言している（飯塚 2017, 18）。

税理士には，金融機関と連携する中で，金融機関が持つ中小企業会計基準への「誤解」を積極的に説いていくことが求められる。

5　おわりに

「中小企業経営者が理解しやすく，自社の経営状況の把握に役立ち，金融機関などの利害関係者への情報提供に資するものであり，実務における会計慣行を十分考慮し，会計と税制の調和を図ったうえで，会社計算規則に準拠し，かつ計算書類等の作成負担は最小限に留め，中小企業に過重な負担を課さない会計」として策定された中小会計要領が，名実ともに「一般に公正妥当と認められる企業会計の慣行」として普及しつつあることを述べてきた。また，計算書類（アウトプット）の信頼性を高めるうえでは，「適時に，整然かつ明瞭に，正確かつ網羅的」な記帳（インプット）と，中小指針や中小会計要領による適切な会計処理（プロセス）が重要であることも述べてきた。

しかし，ここで浮かび上がるのが，記帳が「適時に，整然かつ明瞭に，正確かつ網羅的」であることをどのように担保するかという課題である。少なくとも記帳の履歴，情報が正確に残されていることが最低限の条件であるが，過去の記帳の履歴を痕跡なく消してしまうことができるのが，今日における多くの会計システムでもある。

第8章において，この課題を考察する。

> **Column ⑦ 粉飾決算とは**
>
> 　粉飾決算とは，定められている会計処理上の基準に従わず，不正に財務諸表の内容をゆがめ，利益を過大もしくは損失を過小表示して行う決算のことをいう。逆に，利益を過小もしくは損失を過大表示する行為を脱税というが，脱税も広義においては粉飾決算である。
>
> 　典型的には，「税務署提出用の決算書」「金融機関提出用の決算書」「建設業が公共事業に入札する際に提出する経営審査事項用の決算書」など，複数の決算書を使い分けるやり方が見受けられるが，使い分けのない1つしかない決算書であっても，粉飾した決算書は存在する。
>
> 　手法として，「売上・経費を期をずらして計上する」，「架空の売上や在庫を計上する」をはじめ，古典的なものがいくつも挙げられるが，一部の勘定科目を歪めると，必ず全体の整合性がとれなくなるため，結局ほとんどの場合はバレてしまう。また，見せかけの粉飾決算を繰り返しても，足りない資金そのものが増えるわけではないので，資金がショートして黒字倒産に繋がる。
>
> 　会計基準に従った嘘のない正しい会計処理を行うことは，経営者が会社の財政状況や経営成績を正確に把握でき，金融機関からの信頼も勝ち取ることに繋がり，結局は会社を守ることになる。

【注】

1　2014年12月8日～2015年1月23日に実施し，中小企業862社（回収率17.2％），税理士・税理士法人736社（回収率16.4％），金融機関242行（回収率48.4％）が回答した。

● **参考文献**

飯塚真玄．2017．「本年，平成二十九（2017）年は，「中小会計要領」の大合唱から始めましょう」『TKC』第528号．
大武健一郎編著．2012．『中小企業金融と税理士の新たな役割』中央経済社．
河﨑照行・万代勝信編著．2012．『詳解　中小会社の会計要領』中央経済社．
経済安定本部企業会計制度対策調査会．1949．「中小企業簿記要領」．
経済産業省．2012．「"ちいさな企業"未来会議取りまとめ」．
坂本孝司．2015．『中小企業の財務管理入門－財務で会社を強くする』中央経済社．
武田隆二．2008．『最新財務諸表論（第11版）』中央経済社．

中小企業庁．1962．『中小会社経営簿記要領（新訂版）』税務経理協会．
中小企業庁．2002．「中小企業の会計に関する研究会報告書」．
中小企業庁．2010．「中小企業の会計に関する研究会中間報告書」．
中小企業庁．2011．「平成22年度中小企業の会計に関する実態調査事業集計・分析結果報告書」．
中小企業庁．2015．「平成26年度中小企業における会計の実態調査事業報告書」．
中小企業庁．2016．「『経営力向上』のヒント～中小企業のための『会計』活用の手引き～」．
中小企業の会計に関する検討会．2012．「中小企業の会計に関する検討会報告書」．
日本公認会計士協会．2003．「中小会社の会計のあり方に関する研究報告」．
日本税理士会連合会．2002．「中小会社会計基準」．
日本税理士会連合会・日本公認会計士協会・日本商工会議所・企業会計基準委員会．2005．「中小企業の会計に関する指針」．
非上場会社の会計基準に関する懇談会．2010．「非上場会社の会計基準に関する懇談会報告書」．
古川忠彦．2013．「中小企業の会計に関する基本要領の検討過程と課題」『明治大学専門職大学院研究論集』第5号．

（古川　忠彦）

会計システム
― 決算書の信頼性を高める会計システムとは ―

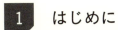

はじめに

　日本の中小企業における外部からの資金調達手段は、そのほとんどが金融機関からの借入れ、つまり間接金融である。中小企業が金融機関に融資を申し込む際には、多くの場合、直近2期もしくは直近3期の決算書の提出が求められ、提出した決算書の内容が融資の可否判断のかなりの割合を占めている。中小企業白書2013年版によれば、中小企業の85.8%が「財務・会計」の領域でITを導入しており、さらにその81.4%が市販のパッケージ型会計ソフトもしくはクラウド型会計ソフトを利用している。つまり、多くの中小企業が金融機関に提出する決算書の多くは、これらの会計ソフトを含む会計システムで作成された決算書であるといえよう。

　中小企業金融において重視される決算書（アウトプット）は、前章の図表7-2「『中小企業の会計』の理論的構図」における、記帳を中心とするインプット、そして会計処理のプロセスから誘導されて作成されるものであり、そのインプットとプロセスにかかわるのが会計システムである。

　かかる認識に基づき、本章の目的は、中小企業金融において重視される決算書の信頼性と会計システムのあり方との関係性を明らかにすることにある。

　本章の具体的課題は、次の3つである。

① 近年普及が拡大しているクラウド型会計ソフトの特徴であるフィンテックを活用した「自動仕訳機能」が決算書の信頼性等に与える影響を浮き彫りにすること。
② 決算書の信頼性を確保する観点から，パッケージ型会計ソフトやクラウド型会計ソフトなどの会計システムが抱える課題を明らかにした上で，電子帳簿保存法（電子計算機を使用して作成する国税関係帳簿書類の保存方法等の特例に関する法律）の課題も明らかにすること。
③ 上記①②を踏まえて，決算書の信頼性を確保するために会計システムが具備すべき機能を明らかにすること。

2 ICT（Information and Communication Technology）の普及と中小企業金融

2.1 クラウド型会計ソフトの台頭

中小企業・小規模事業者が利用する会計ソフトにおいて，クラウド型会計ソフトのシェアが急速に拡大しつつある。

デジタル領域専門の市場・サービス評価機関であるデジタルインファクトが2016年8月に公表した「第四回クラウド型会計ソフトの利用動向調査」[1]によれば，2016年7月時点で，会計ソフトを利用している事業者の13.0%がクラウド型を利用しており，1年8か月前の4.8%から大きくシェアを拡大している（図表8-1参照）。

また同調査によれば，クラウド型会計ソフトのシェアは，freee株式会社が40.9%で1位，弥生株式会社が25.5%で2位，株式会社マネーフォワードが13.0%で3位となっており，現状では，freeeがひとつ抜きん出ている。

クラウド型がシェアを拡大する理由は，パソコンにソフトをインストールするパッケージ型と比較して，以下の3点の特徴によるものが大きいと思われる。

図表8-1 会計ソフトにおける「クラウド型」シェアの推移

（出所）デジタルインファクトホームページ (http://digitalinfact.com/press160804)

① クラウド型は，インターネット環境があればどこでも利用できる
② クラウド型は，預金やクレジットカードなどの取引明細をネット上で簡単に取り込むことができるため，入力作業の省力化が図られる
③ さらにクラウド型は，取り込んだ取引明細から勘定科目を自動で推測する（自動仕訳）

このうち，②の取引明細のネット上での取り込み機能と，③の勘定科目の自動推測機能（自動仕訳）について，さらにくわしくみていきたい。

2.2 クラウド型会計ソフトの取引明細取り込み機能と勘定科目の自動推測機能

クラウド型会計ソフトの多くは，預金の取引明細等やクレジットカード，電子マネーなどの利用明細を CSV データ等に切り出すことなく，自動的に取り込むことができる。

さらに，取り込んだ取引明細の電子データをもとに，たとえば普通預金から保険料が引き落とされた際には，引き落とした相手先の名称に「ホケン」とあれば，勘定科目名を「保険料」と推測し，「保険料／普通預金」という仕訳を自動的に起こす機能を有している。この仕訳の正当性を担保するには，「最終的には人による確認と必要に応じた勘定科目の修正等」を行うことが必須であるが，

経理業務の省力化という視点に立てば，画期的なテクノロジーであり，今後急速に普及していくものと思われる。

一方，この場合でも前述の通り「最終的には人による確認と必要に応じた勘定科目の修正等」は必須である。たとえば，飲食店で顧客とクレジットカードを利用して飲食した場合，クレジットカードの利用明細には「日付」「金額」「飲食店名」しかデータとして保有されておらず，この金額が何名分なのかはわからない。よって「交際費」として処理するか，一人あたり5,000円以下の「会議費」として処理するかの判断は，飲食という「場」にいた人にしかわからないのである。また，電子データを介すことのない現金によって行った取引に関しては，従前と同様に，都度人が判断しながら仕訳を起こすことになる。TKCが調査した預金取引割合は，「過去1年間で，TKCで処理した仕訳件数は，707,802,457件だったのだが，このうち預金取引にかかる仕訳は，269,860,552件であった。38.1%である。なお現金取引は32.7%だった。」(飯塚 2016b, 10)とのことである。

勘定科目の自動推測機能は，経理業務の省力化には寄与しても，仕訳の正当性を担保し会計帳簿の信頼性を高めることにはならない。

2.3 フィンテック（FinTech）と中小企業金融

近時，金融業界ではフィンテック(FinTech)の動きが注目を集めている。フィンテックとは，「金融（Financial）」と「技術（Technology）」を組み合わせた米国発の造語であり，会計，銀行，クレジットカード，証券取引，投資ファンド，保険などの金融と，ブロックチェーン[2]をベースとしたIT技術とを結びつけた新しい金融サービスことを指す。

政府は，「日本再興戦略 改訂2015」(2015年6月30日閣議決定)において，「IoT・ビッグデータ・人工知能による産業構造・就業構造変革の検討」を掲げ，これを受けて経済産業省は，産業構造審議会に「新産業構造部会」を設置し，「IoT，ビッグデータ，人工知能等の発展がどのような経済・社会的インパクトをもたらし，これに向けて我々はどのような対応を取っていくべきか，官民でビジョンを共有し戦略的に対応する」としたほか，さらに2015年10月には「産業・金融・IT融合に関する研究会（FinTech研究会）」を立ち上げ，フィンテッ

クに関する研究を開始した。金融庁も,「平成27事務年度金融行政方針」の具体的重点施策に「FinTechへの対応」を掲げ,金融審議会の下で「決済業務等の高度化に関するワーキング・グループ」などを立ち上げ,フィンテックへの対応に積極的な姿勢を見せている。

フィンテックが,中小企業金融,とりわけ融資に与える影響としては,現時点では「会計データに拠らない融資」と「会計データに拠った融資制度に向けた動き」の2つに大別できる。

2.3.1 会計データに拠らない融資制度事例

代表的な事例の1つに,Amazonが提供する「Amazonレンディング」が挙げられる。2014年2月にAmazonが開始した,AmazonのECモール出店者に対する短期運転資金の融資制度であり,融資額は100,000円〜50,000,000円,融資利率は8.9%〜13.9%(年率)という条件の下で,最短3営業日で融資が実行される。審査は,会計データではなく,ECモールでの取引履歴という「現場データ」で行われる。ECモール出店者の短期資金繰り支援という性質であり,数日以内に融資が実行される反面,融資利率は非常に高い。

2.3.2 会計データに拠った融資制度に向けた動き

freee株式会社など,クラウド型会計ソフトベンダー各社が進める金融機関との連携事例が挙げられる。事業者がクラウド型会計ソフトで処理する会計データを,事業者の了解の下に金融機関がリアルタイムで共有できるようにし,決算書などを基にした与信では融資判断できなかった企業の資金需要に応えられる融資サービスを生み出そうとするものである。

しかし,前述のとおり,クラウド型会計ソフトの取引明細取り込み機能や勘定科目の自動推測機能の利用自体が,仕訳の正当性を担保し会計帳簿の信頼性を高めるものではないことから,株式会社TKCは,金融機関向けフィンテックサービスとして「TKCモニタリング情報サービス」を提供し,差別化を図っている。「TKCモニタリング情報サービス」は,TKC全国会の税理士が,会計システムが自動推測した仕訳や事業者が入力した仕訳の正当性を月次で確認したうえで,その会計データを,「決算書等提供サービス」,「月次試算表提供サービ

ス」,「最新業績開示サービス」という3つの切り口で金融機関に提供しようとするものである。「フィンテック技術」と「専門家による正当性の判断」という組み合わせは非常に興味深い(TKCモニタリングサービスの詳細は,第12章5を参照)。

2.3.3 メリットと課題

　会計データに拠った融資制度に向けた動きにおいて,金融機関側から見た最大のメリットは,事業者の期中の会計データを随時確認できる安心感が挙げられる。決算書という「アウトプット」のみならず,記帳という「インプット」や会計処理という「プロセス」を随時確認できる安心感は大きいものと考えられる。一方,会計データの信頼性という点においては,おもに「現金取引をはじめとする,取引明細の電子データを介さない取引の信頼性」と「会計システムが選択した勘定科目が適切であるかどうかの信頼性」の2点において課題があるものと思われる。多くの中小企業において,取引明細の電子データを介さない取引は多くあり,意図的に会計操作を行う余地は残されている。また,会計システムが選択する勘定科目においては,たとえば,飲食店でカードによる支払を行った場合,勘定科目として「交際費」「会議費」「厚生費」などが考えられるが,どれを選択することが適切であるかの判断は,その「場」にいた「人」しかわからない。また,そもそも私用なのか業務上の経費なのかも会計システムでは判断できない。金融機関の融資担当者や税務署の職員から「なぜ,前期と比べてこの経費が増えたのですか」と質問されて,「システムが勝手に仕訳を判断しているのでよくわかりません」では笑い話である。

　さらに,金融以外の面においても,たとえば税務面では「消費税の本則課税事業者が,取引明細の電子データだけで起こされた仕訳で,消費税法30条8項の記帳要件[3]を満たし,仕入税額控除が受けられるのか。」という課題などもある。

　フィンテックは,経理業務の省力化には効果を発揮するものの,記帳(インプット)の正確性を担保する効果は一定にとどまり,よって現状では決算書(アウトプット)の信頼性を担保するものにはなりえないものと考えられる。フィンテックは人工知能の技術と関連づけて論じられることが多いが,人工知能の応

用研究の1つとしてはエキスパートシステム[4]が挙げられる。河﨑照行教授は，「エキスパートシステムの構築にあたっては，エキスパートシステムの開発に最適な会計領域の識別とともに，会計専門家の経験をいかに知識ベースに取り込むかが重要な課題になる。」(河﨑 1997, 240)と指摘している。インプットの省力化で着目されるフィンテック技術は，むしろ，会計専門家を巻き込んだ本格的なエキスパートシステムの開発技術として今後位置づけるべきではないだろうか。

> **Column ⑧ フィンテック（FinTech）とは**
>
> IT技術が急速に進化し情報処理コストが大きく下がったことにより，われわれの身の回りでは，多くのサービスがクラウド化されつつある。表計算ソフトなどのアプリケーションソフトも，パソコンにインストールして利用するのではなく，クラウド上のサービスとして利用する形態になりつつある。
>
> こうしたIT技術や人工知能の進化などを，「決済」「融資」「送金」「投資」「仮想通貨」などの世界に活かし，今までなかったような金融サービスを提供したり，今まであったサービスの利便性を飛躍的に高めたりする動きが活発化している。
>
> 銀行口座，クレジットカード，電子マネーなどの利用明細を電子データとして取り込むだけではなく，今まで紙で保管していた領収書などをスマートフォンなどで読み込み，そこから仕訳を自動で推測するような機能も世の中に広がりつつある。
>
> しかし，その仕訳が正しいかどうかを最終的に判断するのは「人」。「人」にしかできないこととIT技術を上手く共存させることが大切である。

3　会計システムと電子帳簿保存法が抱える課題

　前述のとおり，中小企業白書2013年版によれば，中小企業の85.8％が「財務・会計」の領域でITを導入している。つまり，ほとんどの中小企業は，記帳を会計システム等で行っているものと思われる。パソコンをはじめとするコンピュータ利用のおもなメリットは，記帳作業の省力化と仕訳を電子データ化することで，経営に役立つデータとして加工しやすくなることにあると思われる

が，一方，最大の問題点は，記帳（インプット）の遡及的な追加・訂正・修正・削除処理を痕跡なく行うことが可能なことである。会社法432条は「株式会社は，法務省令で定めるところにより，適時に，正確な会計帳簿を作成しなければならない。」としているが，たとえ適時に記帳したとしても，後日何らかの理由によって痕跡なく追加・訂正・修正・削除処理ができるとすれば，少なくとも記帳の適時性を立証することは困難である。このことが決算書（アウトプット）の信頼性を毀損する大きな要因となっている。

　1998年7月1日に施行された「電子計算機を使用して作成する国税関係帳簿書類の保存方法等の特例に関する法律」（以下，「電子帳簿保存法」という）は，電子データで国税関係帳簿書類を保存することを認めた特例法である。電子帳簿保存法施行規則3条1項は，帳簿の電子データを保存する場合の要件を以下のとおりとしている。

真実性の確保
要件①　訂正・削除履歴の確保（帳簿）　施行規則3条1項1号
　　　帳簿に係る電子計算機処理に，次の要件を満たす電子計算機処理システムを使用すること
　(イ)　帳簿に係る電磁的記録に係る記録事項について訂正又は削除を行った場合には，これらの事実及び内容を確認することができること
　(ロ)　帳簿に係る記録事項の入力をその業務の処理に係る通常の期間を経過した後に行った場合には，その事実を確認することができること
要件②　相互関連性の確保（帳簿）　施行規則3条1項2号
　　　帳簿に係る電磁的記録の記録事項とその帳簿に関連する他の帳簿の記録事項との間において，相互にその関連性を確認できるようにしておくこと
要件③　関係書類等の備付け　施行規則3条1項3号
　　　帳簿に係る電磁的記録の保存等に併せて，システム関係書類等（システム概要書，システム仕様書，操作説明書，事務処理マニュアル等）の備付けを行うこと
可視性の確保
要件④　見読可能性の確保　施行規則3条1項4号
　　　帳簿に係る電磁的記録の保存等をする場所に，その電磁的記録の電子計算機処理の用に供することができる電子計算機，プログラム，ディスプレ

イ及びプリンタ並びにこれらの操作説明書を備え付け，その電磁的記録をディスプレイの画面及び書面に，整然とした形式及び明瞭な状態で，速やかに出力できるようにしておくこと

要件⑤　検索機能の確保　施行規則3条1項5号

帳簿にかかる電磁的記録について，次の要件を満たす検索機能を確保しておくこと

(イ)　取引年月日，勘定科目，取引金額その他のその帳簿の種類に応じた主要な記録項目を検索条件として設定できること

(ロ)　日付又は金額に係る記録項目については，その範囲を指定して条件を設定することができること

(ハ)　二つ以上の任意の記録項目を組み合わせて条件を設定することができること

このうち，施行規則3条1項1号の(イ)(ロ)は，帳簿に係る電子データの追加・訂正・修正・削除処理を行った際には，追加・訂正・修正・削除処理を行う前と後の両方の内容を確認することができる状態を指している。ほとんどの会計システムは，従前から，記帳（インプット）の遡及的な追加・訂正・修正・削除処理を痕跡なく行うことが可能であるが，施行規則は，その会計システムに対して，遡及的な処理を行った際の痕跡を残す機能を求めているのである。

前述のとおり，電子帳簿保存法は特例法であり，その特例を受けるには，事前に税務署長に承認を受ける必要がある。平成26事務年度における承認状況は，対象の全税目合計で165,372件にとどまっており，国税庁は平成27年度税制改正で国税関係書類のスキャナ保存制度の要件緩和を行うなど，承認件数の拡大に力を入れているが，未だ大多数の中小企業は電子帳簿保存法の申請を行っていない。その理由は，電子帳簿保存法の特例を受けた場合のほうが，前述のように保存要件が厳しくなるからであると思われる。

図表8-2のとおり，電子帳簿保存法の特例を受けずに会計システムを利用する場合は，会計システムから印刷した紙などによって帳簿保存することになる。この場合，遡及的な処理を痕跡なく行うことが可能な状態の会計システムから，何度でも紙を印刷しなおし，差し替え保存することが可能である。

さらに，急伸中のクラウド会計型ソフトベンダーの問題として，株式会社

図表8-2　電子帳簿保存法の適用範囲

電子帳簿保存法の適用範囲	
データ媒体で保存	紙に出力して保存

コンピュータを用いた会計処理

（出所）坂本（2011），442 図表14-2を筆者一部修正

　TKCは，「自社で作成保存する義務のある国税関係帳簿書類はすべて「紙面」で作成保存しなければならないはずなのだ。そのことをメーカはお客様に説明していない。同ユーザの中には，会計データはすべてクラウドに預けているのだから，手元ではこれをペーパーレスで運用していいのだと考えてしまうところもあるらしい。」（飯塚 2017b, 14）と指摘している。実際，最近では税務署長からの承認を受けずに，また紙にも印刷せず，遡及的な追加・訂正・修正・削除処理が痕跡なく自由にできる会計システムを用いて，税務上保存義務がある帳簿および書類を電子データで保存している事業者が増加していることから，国税庁課税部課税総括課は，2016年12月20日付で民間ソフトウェア会社等に対して，事業者に誤解を与えないよう「国税関係帳簿書類の電子保存に関する周知の依頼について」を発信し，法に則った電子帳簿保存を周知するように警告している（図表8-3参照）。

　抜本的には，会社法が求めている記帳の「適時性」「正確性」を担保し，会計帳簿の信頼性を高めるに，電子帳簿保存法が求める保存要件を，「コンピュータを用いた会計処理」全般に広げ，保存媒体が何であるかにかかわらず遡及的な処理の痕跡を残すことを定める普遍的な法制度を整備すべきである。

4　中小企業金融の要請に応える会計システムの具備すべき機能

　中小企業金融の会計帳簿への要請は，とりわけ融資の審査に利用する決算書が信頼に耐えうるものであるという点に尽きる。そして決算書（アウトプット）の信頼性は，記帳（インプット）と会計処理（プロセス）の信頼性から誘導され

第8章 会計システム

図表8-3 国税関係帳簿書類の電子保存に関する周知の依頼について

平成28年12月20日

税務システム連絡協議会　御中

国税庁課税部課税総括課

国税関係帳簿書類の電子保存に関する周知の依頼について

　税務システム連絡協議会の皆さまには、平素より税務行政にご理解とご協力を賜り厚くお礼申しあげます。
　さて、平成28年度税制改正により電帳法（※）のスキャナ保存に関する要件が緩和され、来年1月以降、改正後の電子保存が開始されるところです。また、いわゆるクラウド会計をはじめとして、簡易に会計処理や税務申告が行える会計ソフトが増加し、普及しつつあるとの報道もあるところです。
※　電子計算機を使用して作成する国税関係帳簿書類の保存方法等の特例に関する法律施行規則
　税務署長の承認を受けた者は、税法上保存義務がある帳簿及び書類について、電帳法に定める一定の要件を満たすシステムを使用して作成した電子データを保存することで紙での保存に代えることができることとされています。
　一方で、電帳法の要件を満たさない会計ソフトが普及した場合、その利用者が誤解し、電帳法に定める税務署長の承認を受けることなく、税法上保存義務がある帳簿及び書類を紙での保存を行わずに、電子データで保存を行う納税者が増加するおそれがあります。
　税務調査等で上記のことを把握した場合には、仮に納税者の誤解に基づくものであっても、税法上の帳簿・書類の保存義務を果たしていないとして、青色申告を取り消すことがあり、その場合には、青色申告を行うことによる税法上の各種特典（※）についても取り消すといった不利益が納税者に生じることとなります。
※　青色申告の主な特典
　　青色申告特別控除、青色事業専従者給与、貸倒引当金の特例、欠損金の繰越控除、特別償却・特別控除
　さらに、このような状況が生じることは、今後の会計ソフトの普及に悪影響が生じることも懸念されるところです。
　以上のことから、会計ソフトの利用者が、電帳法の要件を満たさない会計ソフトを利用することにより、税法上保存義務がある帳簿及び書類を紙ではなく、電子データで保存することが可能であるとの誤解が生じることのないよう、電帳法の要件を満たしていない会計ソフトには、その旨を表示し、税法に定める帳簿及び書類については、別途、紙での保存が必要な旨の注意喚起を行うなどの対策を行っていただくよう、会員の皆様へ周知いただきますようお願い申し上げます。
　最後に、税務システム連絡協議会の皆さまには、今後も引き続き税務行政にご理解とご協力を賜りますよう、重ねてお願い申し上げます。

る。そこで問題となるのが，遡及的な追加・訂正・修正・削除処理を痕跡なく行うことが可能な会計システムの存在である。会計システムが，遡及的な追加・訂正・修正・削除処理の履歴を残すことができれば，少なくとも記帳の「適時性」は立証される。「正確性」は，税理士をはじめとする第三者の保証行為によって担保されるものであろう。

　会計システムに要請される記帳の「適時性」を担保するメカニズムとして，株式会社TKCが発行する「記帳適時性証明書」に着目したい（サンプルは資料p.254参照）。TKCが提供する会計システムの特徴は，「TKC全国会の税理士が，毎月巡回監査[5]によって会計処理の実践状況を現場でチェックし，不備があれば是正し指導したうえで月次決算を完了し，月次決算を完了した会計データは，遡及的な追加・訂正・修正・削除処理ができないこと」にある。月次決算完了後に，追加・訂正・修正・削除処理すべき仕訳を発見したときには，翌月以降，発見した時点での修正仕訳が求められ，「上書き」ではなく「追加」で修正の履歴が残る。また，勘定科目の前期末残高は当期首残高に自動的に切り替わるため，コンピュータの裏操作により期中および期末の勘定科目残高を改ざんすることはできない。

　さらに，TKCという事業者でも税理士でもない第三者がデータ処理するという特徴を踏まえて，TKCは第三者として「記帳適時性証明書」を発行している。この「記帳適時性証明書」は，おもにデータ処理のログをもとに，「いつ，何月分の月次決算データを処理したか」を表示するとともに，「会計帳簿が会社法432条に基づき，適時に作成されていること」，「TKC会員が毎月，企業を訪問して巡回監査を実施し，月次決算を完了していること」，「決算書は会計帳簿の勘定科目残高と完全に一致しており，別途に作成したものではないこと」，「法人税申告書が決算書に基づいて作成され，申告期限までに電子申告されていること」を証明するものである。上書き修正できないインプットとプロセスのログを明らかにすることによって，アウトプットの信頼性を高めようとするしくみであるといえる。

　この「記帳適時性証明書」は，金融機関と事業者が決算書という会計報告書を用いてコミュニケーションを図るうえで，金融機関の「決算書の信頼性」という情報要求に対して応えるツールの1つである。「記帳適時性証明書」は，会

計報告書ではないものの，会計報告書がもつ3つの課題（①情報内容の拡大化，②会計情報の理解可能性，③情報の適時開示）[6]のうち，「情報内容の拡大化」を補完するものである。

　一方，TKC以外の電子帳簿保存法対応を謳った多くの会計システムにおいても，「遡及的な追加・訂正・修正・削除処理」の履歴を残すことは可能である。なぜなら，前述のとおり，履歴を残すことが電子帳簿保存法の要件だからである。しかし，これらの会計システムの最大の問題点は，電子帳簿保存法の特例を受けるかどうかをマスター設定する段階において，「特例を受ける」と設定した場合には「遡及的な追加・訂正・修正・削除処理」の履歴が残るものの，「特例を受けない」と設定した場合には「遡及的な追加・訂正・修正・削除処理」の痕跡が残らない点にある。つまり，「①過去の仕訳を差し替える，②取り消す，③一部修正する，あるいは④過去の日付で別の仕訳をもう一度計上する」（飯塚 2017b, 17）などの操作が自由にでき，金融機関が期中の試算表を徴求したとしても，徴求後に事業者が金融機関にわかることなく「遡及的な追加・訂正・修正・削除処理」ができる状態なのである。

　中小企業金融の会計帳簿への要請が，融資の審査に利用する決算書が信頼に耐えうるものである点にあり，決算書（アウトプット）の信頼性が記帳（インプット）と会計処理（プロセス）の信頼性から誘導されるとすれば，電子帳簿保存法に対応した多くの会計システムも，すでに搭載している「遡及的な追加・訂正・修正・削除処理」の履歴を残す機能を標準とし，履歴を残さない機能を撤廃すべきであろう。

5　おわりに

　日本において，中小企業が会計システムを用いて経理業務を行うようになったのは，パソコンが家庭や中小企業に徐々に普及し始めた1980年代以降である。それまでは，すべて手書きで行われていた経理業務が，会計システムを用いて行われるようになった結果，省力化が大きく進むとともに，入力された仕訳という電子データは，経営に役立つデータとして容易に加工できるようになった。

一方，手書きの帳簿を修正する場合には「二本線で消した上で空欄に新しく書く」という方法を採ることによって修正の痕跡を残していたが，会計システムを用いるようになった結果，痕跡なく無限に修正が可能となったことで，記帳というインプットの適時性や正確性が担保できなくなり，一部では「銀行用の決算書」や「税務申告用の決算書」など，決算書を使い分けることも起きるようになった。その結果，中小企業の決算書（アウトプット）の信頼性は毀損されることになった。フィンテックというテクノロジーも，取引明細の電子データを会計システムに取り込むことによって入力業務を省力化し適時記帳を支援する効果はあるが，現金取引など取引明細の電子データを介さない取引も多くあることや，意図的に痕跡なく会計操作を行う余地は残されていることなど，記帳の正確性を担保するものにはなり得ない。

よって，中小企業金融の視点から決算書の信頼性を高めるためには，電子帳簿保存法施行規則3条1項1号が求める「帳簿に係る電磁的記録に係る記録事項について訂正又は削除を行った場合には，これらの事実及び内容を確認することができること」および「帳簿に係る記録事項の入力をその業務の処理に係る通常の期間を経過した後に行った場合には，その事実を確認することができること」の2点を，会社法などの一般法で法制化すべきである。さらに，すべての会計システムは，記帳（インプット）の遡及的な追加・訂正・修正・削除処理を痕跡なく行うことを禁止すべきである。そのうえで，第三者の立場である税理士が，月次決算によって会計事実の真実性，実在性，完全網羅性を確かめ，会計資料ならびに会計記録の適法性，正確性および適時性を証明することが，決算書の信頼性を大きく高めることになる。つまり，仕訳の適時性と正確性を，遡及的な追加・訂正・修正・削除処理の履歴を残す会計システムと，税理士等の第三者チェックとによって担保していくことが肝要である。株式会社TKC飯塚真玄名誉会長は，「中小企業の場合，会計記録の真実性，正確性，適時性，網羅性，適法性，そして決算書の信頼性は誰が，どう保証するのか」（飯塚 2017a, 17）と問題提起した上で，「中小企業の会計はクラウド会計だけでは完結しない。会計専門家による毎月の巡回監査，そして税理士法第33条の2による書面添付がその決算書の信頼性を担保する唯一の道なのである。」（飯塚 2016a, 40）と，税理士がかかわることの重要性を説いている。

金融庁は、「平成26事務年度金融モニタリング基本方針（監督・検査基本方針）」において「事業性評価」を打ち出し、その定義を「金融機関は、財務データや担保・保証に必要以上に依存することなく、借り手企業の事業の内容や成長可能性などを適切に評価し（「事業性評価」）、融資や助言を行い、企業や産業の成長を支援していくことが求められる。」とした。金融機関が目利き力を高め「借り手企業の事業の内容や成長可能性などを適切に評価」できるようになることは重要な課題であるが、あくまで信頼性の高い決算書を前提に事業性を評価すべきであり、「決算書は信頼しないが事業性を評価して融資する」という融資のあり方は、決算書自体が存在しない創業期以外においてはあり得ないのではないか。経済産業省が2016年3月に公表した「ローカルベンチマーク」[7]は、「事業性評価の入口」と位置づけられているが、ここに掲げられた6つの財務情報（①売上高増加率、②営業利益率、③労働生産性、④EBITDA、⑤営業運転資本回転期間、⑥自己資本比率）も信頼性の高い数値でなければ意味をなさない。「信頼性の高い決算書」は、引き続き中小企業金融における与信の根幹をなすべきものである。

【注】

1　デジタルインファクトが、2016年7月に国内事業所勤務者13,093人にWebアンケート調査方式で実施。http://digitalinfact.com/press160804/（2016年11月6日現在）
2　複数個所に存在する取引データをネットワーク化する分散型ネットワーク技術のこと。データが複数個所に存在するため、たとえば利用者の一人がある取引データを改ざんしても、他の場所の取引データとの不整合を検知できるため、データの信頼性が高いとされている。
3　消費税法30条8項では、仕入税額控除を受けるための記帳要件として「イ　課税仕入れの相手方の氏名又は名称」、「ロ　課税仕入れを行った年月日」、「ハ　課税仕入れに係る資産又は役務内容」、「ニ　課税仕入れに係る支払対価の額」の4つを挙げている。
4　エキスパートシステムとは、特定分野の専門的な知識をデータベースに蓄積し、それをもとにその分野の専門家に近い判断をくだすことができる人工知能システムをいう。
5　巡回監査とは、関与先企業等を毎月および期末決算時に巡回し、会計資料ならびに会計記録の適法性、正確性および適時性を確保するため、会計事実の真実性、実在性、網羅性を確かめ、かつ指導することである。巡回監査においては、経営方針の健全性の吟味に努めるものとする。
6　河﨑（1997）、31。
7　ローカルベンチマークは、企業の経営者等や金融機関・支援機関等が、企業の経営状態の

把握を行うツールとして位置づけられる。6つの財務情報（①売上高増加率，②営業利益率，③労働生産性，④EBITDA，⑤営業運転資本回転期間，⑥自己資本比率）と，4つの非財務情報（①経営者への着目，②関係者への着目，③事業への着目，④内部管理体制）に関する各データを入力することにより，企業の経営状態を把握するものである。

● 参考文献 ─────

飯塚真玄．2016a．「一部の地方銀行が担ぎ始めた超廉価版クラウド会計の問題点について」『TKC』第518号．

飯塚真玄．2016b．「安易なクラウド会計の利用は，「決算書の信頼性」を大きく毀損する。」『TKC』第520号．

飯塚真玄．2017a．「本年，平成二十九（二〇一七）年は，「中小会計要領」の大合唱から始めましょう」『TKC』第528号．

飯塚真玄．2017b．「国税庁，クラウド会計メーカへ警告　その宣伝が納税者に誤解を与える虞れ」『TKC』第529号．

飯塚真玄．2017c．「国税庁，クラウド会計メーカへ警告　その宣伝が納税者に誤解を与える虞れ」『TKC』第530号．

大武健一郎編著．2012．『中小企業金融と税理士の新たな役割』中央経済社．

河﨑照行．1997．『情報会計システム論』中央経済社．

河﨑照行・万代勝信編著．2012．『詳解　中小会社の会計要領』中央経済社．

金融庁．2014．「平成26事務年度　金融モニタリング基本方針（監督・検査基本方針）」．

金融庁．2015．「平成27事務年度　金融行政方針」．

経済産業省．2015．「金融・IT融合（FinTech）の産業金融等への影響に関する調査研究・調査検討結果報告書」．

坂本孝司．2011．『会計制度の解明－ドイツとの比較による日本のグランドデザイン－』中央経済社．

坂本孝司．2015．『中小企業の財務管理入門－財務で会社を強くする』中央経済社．

嶋田知子・前原東二．2015．『はじめて使う弥生会計16』シーアンドアール研究所．

中小企業庁．2013．「平成24年度中小企業における会計の実態調査事業報告書」．

中小企業庁．2014．『中小企業白書2013年版』．

武田隆二．2008．『最新財務諸表論（第11版）』中央経済社．

廣升健生．2014．『会社の経理を全自動化する本』翔泳社．

（古川　忠彦）

第9章

税理士の役割
― 月次巡回監査・会計参与制度・
書面添付制度・確定決算主義 ―

1 はじめに

　日本の中小企業が，直接金融に比べ，間接金融に依存している割合が高いことは知られている。そして，その中小企業の大多数に税理士が関与しているため，税理士は中小企業の間接金融に対して大きな役割を担っているといえる。特に，融資（貸出）の際，金融機関に提出する決算書が信頼しうる内容かどうかについて，税理士が果たす役割は大きい。

　たとえば，金融機関から多額の融資を引き出すため，あるいは，本来，融資を受けられないような業績の企業が融資を受けるため，決算書に虚偽の内容を盛り込むような税理士がいたとすれば，金融機関からの企業に対する信頼は失墜し，以後，当該企業に対する融資については絶望的となる。

　さらに，それは，職業専門家たる税理士に対する信頼を損なうことになるため，税理士が会計専門家として「決算書の信頼性」を確保することについて自律することが求められる。この決算書の信頼性を確保するための法制度として挙げられるのが，「会計参与制度」と「書面添付制度」であり，それを支える要請が「確定決算主義」である。

　つまり，日本の法制度は，税理士が，まず，会計専門家として取締役と共同して作成した決算書を株主総会に提出し（会計参与制度），承認された後，当該決算書に基づき税務申告を行う際（確定決算主義），次は，税務専門家として計算・

整理した事項等を税務申告書に添付して明らかにする（書面添付制度）という流れの中で，決算書の信頼性を確保することができるしくみとなっている。しかし，この会計参与制度と書面添付制度の普及が芳しくないという現状がみられる。

かかる認識に基づき，本章の目的は，税理士が中小企業金融において決算書の信頼性を確保するために果たすべき役割を明らかにすることにある。

本章の具体的課題は次の4つである。

> ① 会社法による記帳要件を概観するとともに，中小企業の記帳要件を満たす手段として「月次巡回監査」の重要性を浮き彫りにすること
> ② 決算書の信頼性を確保するための法制度の1つである「会計参与制度」が創設されるまでの経緯を明らかにするとともに，その意義と課題を検討すること
> ③ 決算書の信頼性を確保するためのもう1つの法制度である「書面添付制度」の特質を検討するとともに，その現状を闡明（せんめい）にすること
> ④ 「確定決算主義」の意義を検討するとともに，「会計参与制度」と「書面添付制度」との関係性を浮き彫りにすること

2　月次巡回監査

2.1　会社法による記帳要件

会社法では，「株式会社は，法務省令で定めるところにより，適時に，正確な会計帳簿を作成しなければならない」としている（会社法432条1項；傍点は筆者）。すなわち，株式会社には，会社法上，会計帳簿の記帳要件として「適時性」と「正確性」が求められる。

2.1.1　適時性

「適時」とは，会計業務における「通常の時間内に」という意味と解され，その取引によって，次のように区分される（武田 2008, 185）。

> ① 現金取引
>   現金取引の場合における「通常の時間内」の記帳とは，現金出納管理者の交代時に，あるいは，日々の取引終了時に現金残高を確認した後，速やかに記帳することをいう。
> ② 信用取引
>   信用取引の場合における「通常の時間内」の記帳とは，日計表・週計表・月計表等が作成される適切な時期に記帳することをいう。

現金取引の場合，原則として，日々の記帳が必要とされるが，信用取引の場合の「適切な時期」とは，取引発生後「翌月末以内」にその残高が掌握されれば，適時性を満たすと解釈されている（坂本(孝) 2012, 104）。

2.1.2 正確性

「正確」とは，取引記録の基本となる概念であり，次の内容を意味している（武田 2008, 185）。

> ① 発生した取引を漏れなく（網羅性の原則）
> ② 伝票その他の証拠書類に基づき（取引証拠完備の原則）
> ③ 検証可能な形で（確証可能性の原則）
> ④ 正しく会計帳簿を作成すべきこと（真正な帳簿保存の原則）

このように，記帳の正確性とは，取引事実を「歪めることなく」記帳し，その計算が正確でなければならないことをいう。

2.2 中小企業における記帳要件充足の手段

株式会社のうち，大企業は，経理業務を行う人材も豊富で，さらに内部統制システムが機能するため，記帳の適時性と正確性は確保される。これに対して，中小企業は，内部統制システムが義務づけられていないうえ，経理業務を行う人材が十分とはいえない会社も多いため，どのような手段で記帳の適時性と正確性を確保するかが課題となる。

中小企業が会社法上の記帳要件を充足する手段としては，税理士が，毎月関与先を訪問し，その会計処理の実施状況を現場でチェックし，不備があれば是正し，指導するといった方法がある。すなわち，税理士は，毎月関与先を訪問し会計帳簿をチェックすることで「適時性」を，さらに会計帳簿を裏づける証憑等を現場で確認し，不備の是正・指導することで「正確性」を確保するのである。

このような業務は，一般的に「月次巡回監査」[1]とよばれ（武田 2008, 185-186），その方法に若干の違いはあるものの，多くの税理士が日常業務として実施している。監査に多額の報酬を支払うことのできる大企業とは異なり，中小企業の場合，税法上，必要不可欠な税務申告の依頼を受けている税理士が月次巡回監査を実施することにより，会社法上，必要な会計帳簿の「適時性」と「正確性」を確保しているのが現実である。

税理士による「月次巡回監査」は，関与先自ら会計帳簿の作成を行うことが前提とされており[2]，「記帳の信頼性」を第三者的に裏づけるためのサービスと位置づけられる。歴史的に見ても，リトルトン（Littleton, A.C.）が「監査は，もはや受託制度の責任を耳で検査するのではなくて，いまや，目によって記録を吟味し追及する手続であり，書類上の証拠によって記録を検査証明する手続に代わってきた」（椛田 2015, 43）と述べているように，税理士が関与先を訪問し，現場において目で証憑と会計帳簿を吟味・追及する月次巡回監査は，記帳および決算書の信頼性を高めるために必要不可欠な手段である。

図表9-1は，会社法上の記帳要件と情報の信頼性との関係を示している。

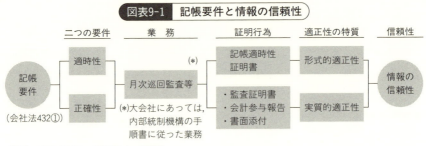

図表9-1 記帳要件と情報の信頼性

(出所) 武田 (2008), 185 図1を一部修正

3 会計参与制度

3.1 会計参与制度創設までの経緯

日本において，中小会社の計算の適正担保制度についての検討は，1984年5月に法務省から公表された『大小（公開・非公開）会社区分立法及び合併に関する問題点』の中で問題提起されたのが嚆矢とされる（日本税理士会連合会 2006, 1）。その中で，非公開会社に対する専門家の外部監査について，次のような問題提起がなされている（法務省民事局参事官室 1984，七・5）。

> 七　計算・公開に関する問題点
> （専門家による外部「監査」）
> 5　会計監査人監査を受けない非公開会社のうち一定規模以上のものは，会計専門家（公認会計士，監査法人，会計士補又は税理士）による，会計帳簿の記載漏れ又は不実記載並びに貸借対照表，損益計算書及び附属明細書の記載の会計帳簿との合致の有無等に限定した「監査」を強制するとの意見があるが，どうか。

この問題提起は，会社法における計算の適正を担保する制度として，大会社（資本金5億円以上又は負債総額200億円以上）には「会計監査人制度」があるが，中小会社にも会計監査人監査よりも限定した何らかの適正を担保する制度を導入すべきではないかというものであった（日本税理士会連合会 2006，1：傍点は筆者）。

このような問題提起を受け，1986年5月に「商法・有限会社法改正試案」が公表され，その中で，中小会社に対して正規の監査よりも限定された内容の監査を行う「会計調査人調査制度」の導入が検討された。しかし，公認会計士と税理士の職域争いとなる懸念，中小企業関係団体からの反対等が考慮され，「会計調査人調査制度」は改正案から除かれた（日本税理士会連合会 2006，2）。

その後，1997年には，日本税務研究センター[3]の研究助成により『中小会社監査マニュアルの研究』がまとめられるなど，中小会社の計算の適正担保制度が

検討されたものの，その法制化は長く実現に至らなかった。しかし，2005年6月，主に中小会社の計算書類の記載の正確さに対する信頼を高める制度として，会社法において創設されたのが「会計参与制度」である。

3.2 会計参与制度の意義と課題

会計参与制度は，税理士および公認会計士という会計に関する専門的識見を有する一定の資格者が就任することを前提とし，株式会社の内部的な機関でありつつも，内部の他の機関からの独立性を有し，計算関係書類の取締役との共同作成，それに係る株主総会における説明，計算関係書類および自ら作成した会計参与報告の備置き，株主・債権者への開示等の対応を通じて，計算関係書類の記載の正確さに対する信頼を高め，株主・債権者の保護および利便に資することを目的としている（日本税理士会連合会 2006, 4）。

会計参与制度には，次のような意義と課題がある。

3.2.1 会計参与制度の意義

会計参与が法制化されたことは，中小企業を取り巻くインフラストラクチャー面から，次の3つの意義があると考えられる（武田 2005b, 4-6）。

① 税理士が「会計専門家」として認知されたこと
　多くの中小企業に関与している税理士が，会社法上，「会計に関する専門職業士」として認知されたことは，税理士にとって，会計業務が「付随業務」ではなく，「本来業務」と位置づけられたことになる。

② 「中小企業向けの会計基準」の法制上の位置づけが明確化されたこと
　商法総則規定において，「商人の会計は，一般に公正妥当と認められる会計の慣行に従う」ものとされ（商法19条），また，会社法の計算に関する総則規定において，「株式会社の会計は，一般に公正妥当と認められる企業会計の慣行に従う」ものとされた（会社法431条）。これにより，「中小企業の会計に関する指針（以下，中小指針という）」や「中小企業の会計に関する基本要領（以下，中小会計要領という）」といった「中小企業向けの会計基準」[4]が，企業属性に適合した基準として，中小企業の計算の拠り所となる基準となることが認知された[5]。

③ 「記帳要件」の重要性が法的に認知されたこと

> 中小企業の計算書類の適正化のためには，会計基準が必要になるだけではなく，帳簿記録が存在し，商業帳簿への記載が「適時かつ正確」になされることが必要条件となる。したがって，帳簿に係る記帳要件が法制化されたことは，会計の基本的・原初的課題であり，その意義は非常に大きい。

3.2.2　会計参与制度の課題

　このような意義をもつ会計参与制度であるが，税理士による就任割合は決して高いとはいえない。2014年に行われた日本税理士会連合会の調査によると，回答のあった30,217名の税理士のうち，会計参与に「就任している」との回答はわずか600名（2.0％）で，「今後就任する予定」との回答が423名（1.4％）であったのに対し，「就任する予定はない」とする回答が27,350名（90.5％）にも上った（日本税理士会連合会 2015, 59）。また，日本税理士会連合会が会計参与に就任していない税理士に対して行った別調査では，その主な理由として，「関与先から要請がない」，「責任が重いため就任を断っている」等が挙げられている（日本税理士会連合会 2010, 3）。

　会計参与制度は，計算の虚偽表示を抑止するために「計算書類の共同作成」を，また，計算書類の改ざんを防止するために「計算書類の別保管」を行うことで，計算書類の信頼性を高めることを課題としている。しかし，会計参与制度を責任関係で眺めてみると，一方で計算書類の「作成者」であり，他方でその正確性を保証する「監査人」であるという「二重の義務負担者」として，外部監査人より重い義務を負わされているという課題がある（武田 2005b, 8）。

4　書面添付制度

4.1　書面添付制度の趣旨

　書面添付制度とは，税理士法33条の2第1項に規定する計算事項等を記載した書面を税理士が申告書に添付して提出した場合に，税務調査の通知前に，当

該書面の記載事項について税理士が意見を述べる，いわゆる「意見聴取」の機会を与えなければならないとする制度である(税理士法35条1項)。意見聴取の結果，実地調査の必要性がないと認められた場合には，調査が省略される。書面添付制度は，1956年の税理士法において創設された制度であるが，2001年の改正により従来の制度が拡充されたものである。

書面添付制度は，税理士が作成等した申告書について，計算事項等を記載した書面の添付および事前通知前の意見陳述を通じて，税務の専門家の立場からどのように調製されたかを明らかにすることにより，正確な申告書の作成および提出に資するという，税務の専門家である税理士に与えられた権利の1つである(国税庁ホームページ，1)。なお，税理士が添付書面に虚偽の記載をした場合，財務大臣は当該税理士を懲戒処分とすることができる（税理士法46条)。

4.2 監査行為と書面添付制度

ここで監査行為と書面添付制度の関係をみてみたい。「監査行為」とは，「会計行為」を裏から確証する行為とされ，それは，「検証行為」と「保証行為」に分けられる。また，「会計行為」は，「測定行為」と「開示行為」に分類され，これらの関係を示せば**図表9-2**のようになる。

図表9-2において，「会計行為」と示されている部分は，企業の内部者として計算書類を作成する行為，すなわち「会計参与」の行為を表しており，「監査行為」として示されている部分は，企業の外部者として計算書類の適正性を確証するための行為，すなわち「監査人」の行為を表している（武田 2005a，6）。また，「検証行為」とは，情報の信頼性を確かめる手続きであり，会計の「測定行為」を「検証行為」によって確かめることが「監査行為」の実態となっている。

ここで，「税理士による書面添付は監査行為にあたるか」という問題がある。書面添付制度の具体的な手続きとして，税理士は，作成した申告書に次の事項を記載した書面を添付する。

① 計算・整理した主な事項
② 相談に応じた事項

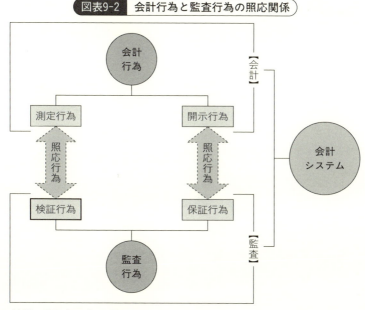

図表9-2 会計行為と監査行為の照応関係

(出所) 武田 (2005a), 6 図1

書面添付制度では，これら2つの事項に応じて，税理士が「どの程度内容に立ち入った検討をしたのか」，「どの程度の責任をもって作成したのか」を記載する（武田 2008, 186）。

とりわけ，①「計算・整理した主な事項」については，会計的にどの程度の内容までチェックしたかが記載されるため，その意味では，税理士が税務書類の作成にあたり，外部監査人としての「検証行為」を実施したことを物語るものである（武田 2005a, 10）。したがって，書面添付は一種の「証明行為」であり，ある意味では「監査と同類の性格」ということができる[6]（武田 2008, 186）。

4.3 書面添付制度の現状

書面添付制度の現状は，会計参与制度と同様，芳しいものではない。**図表9-3**は，財務省がまとめた法人税の書面添付割合である。

このように，書面添付制度は，税理士に付与された会計および税務の専門家

図表9-3 税理士法第33条の2に規定する書面の添付割合（法人税）

年度	平成23年度	平成24年度	平成25年度	平成26年度	平成27年度
書面添付割合	7.4%	7.8%	8.1%	8.4%	8.6%

(出所) 財務省（2016），151参考指標3-5

としての権利であるにもかかわらず，その普及割合は少しずつ増えつつあるものの，申告法人の10%にも満たないのが現状である。

5 確定決算主義

5.1 確定決算主義の意義

法人税法では，「内国法人は，各事業年度終了の日の翌日から2月以内に，税務署長に対し，確定した決算に基づき……申告書を提出しなければならない」としている（法人税法74条1項；傍点は筆者）。ここで「確定した決算」とは，定時株主総会による計算書類の承認（会社法438条2項）または定時株主総会に提出された計算書類の取締役による内容の報告（会社法439条）のことをいう（金子2016，827）。すなわち，法人税法74条1項では，税務会計による課税所得計算が，会社法会計に対して「原則的依存関係」にあることを表現しているのである（武田 2008，28）。

しかし，確定決算主義には，報告目的の会計と税務目的の会計を切り離すべきで[7]，確定決算主義という要請があるために，「税法が正しい会計を歪めている」とする，いわゆる「逆基準性」の問題もある[8]。法人税法では，課税所得計算の前提となる収益の額および原価・費用・損失の額は，「一般に公正妥当と認められる会計処理の基準」に従って計算されるとしているが（法人税法22条4項），1996年頃から，適正な課税の実現という「税法固有の観点」[9]から，必要に応じ会社法・企業会計とは異なった取扱いをすることが強調されている（武田2008，32）。

しかし，中小企業の場合，会計行為に多くのコストを負担することができな

いため，税法を尊重した計算書類の作成が合理的であるとされる（河﨑 2012，7）。「中小企業の会計に関する研究会」が2002年にとりまとめた『中小企業の会計に関する報告書』では，確定決算主義の効果として，次の2点を挙げている。

① 課税当局にとっては，課税所得が不当に減少する事態を防ぐことができること
② 中小企業にとっては，作成する計算書類が1つで済むこと

このように，中小企業を規制する制度会計は，会社法会計と税務会計で，両者を結びつけているのが確定決算主義であり，確定決算主義は，中小企業会計の基本となるもので，日本の文化的制度としての意義を有しているとされる（河﨑 2016b, 11）。

5.2 確定決算主義における税理士の役割

会計上の諸問題のうち期間損益事項には，会社の意思決定にかかる主観的な問題が多数含まれており，その意味で，会計処理にかかる結果の「主観的確定」とその「主観的確定の客観化」，そして「法人税法に従う客観性」という手順が必要となる。**図表9-4**は，この手順を図示したものである。

株式会社では，機構上，会計処理の結果の確認は，まず自ら（取締役会）が行

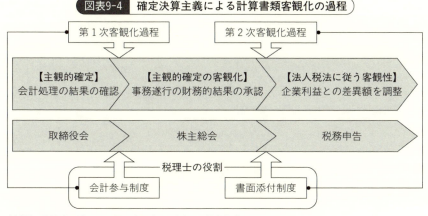

図表9-4　確定決算主義による計算書類客観化の過程

（出所）　武田（2003），87；武田（2008），29をもとに筆者作成

い（結果の主観的確定），続いて，自己（経営者）の行った事業遂行の財務的結果の承認につき，自らを含む関係者（株主総会）で合意するという手順（主観的確定の客観化）が法定の手続きとして必要になる（第1次客観化過程；武田 2008, 29）。

次に，法人税法が求める特別規定（企業会計とは異なる会計処理法）に従い，その差異額を調整（申告調整）することを命ずることにより「法人税法に従う客観性」が求められる（第2次客観化過程；武田 2008, 29）。

そして，この第1次客観化過程において重要な役割を果たすのが「会計参与制度」であり，第2次客観過程において重要な役割を果たすのが「書面添付制度」であると考えられる（坂本 2011, 460）。すなわち，税理士が関わる「会計参与制度」および「書面添付制度」は，「確定決算主義」という要請を通じて，会計専門家と税務専門家の両面から決算書を監査する機会を与え，その結果，決算書の信頼性が確保されるのである。

図表9-5は，これらの関係を時系列で示したものである。

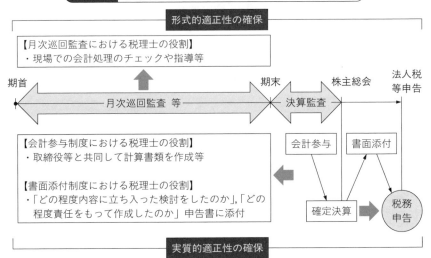

図表9-5　決算書の信頼性を確保するための税理士の役割

(出所)　武田（2008），185-186をもとに筆者作成

6 おわりに

　本章の目的は，税理士が中小企業金融において決算書の信頼性を確保するために果たすべき役割を明らかにすることにあった。本章での議論は，次のように要約できる。

① 　会社法では，記帳要件として「適時性」と「正確性」が求められている。中小企業がこの記帳要件を満たす手段としては，税理士が，毎月関与先を訪問し，その会計処理の実施状況を現場でチェックし，不備があれば是正し，指導する「月次巡回監査」が考えられる。税理士が関与先を訪問し，現場において目で証憑と会計帳簿を吟味・追及する月次巡回監査によって，記帳および決算書の信頼性が高められる。

② 　「会計参与制度」は，税理士が，取締役と共同して計算書類等を作成する制度であり，中小企業にとって会計参与制度は，税理士が「会計専門家」として関与し，「記帳の重要性」を認識させ，「中小企業向け会計基準」を拠り所にして決算書を作成させるという意義がある。しかし，税理士による会計参与の就任割合は，2.0%（2014年調査）と決して高いとはいえない。その理由としては，一方で計算書類の「作成者」であり，他方でその正確性を保証する「監査人」であるという「二重の義務負担者」として，外部監査人より重い義務を負わされていることが挙げられる。

③ 　「書面添付制度」は，税理士が「計算・整理した主な事項」，「相談に応じた事項」を記載した書面を申告書に添付して提出した場合に，税務調査の通知前に「意見聴取」の機会を与えられ，意見聴取の結果，実地調査の必要性がないと認められた場合には，調査が省略されるという制度である。当該書面には，税理士が「どの程度内容に立ち入った検討をしたのか」，「どの程度の責任をもって作成したのか」を記載するため，書面添付は，一種の「証明行為」であり，ある意味では「監査と同類の性格」ということができる。しかし，税理士による書面添付割合は8.6%（2015年度調査）と，会計参与制度と同様，利用状況は芳しくない。

④ 　「確定決算主義」とは，定時株主総会で承認された計算書類に基づき法人税申告書を提出しなければならないとする要請であり，中小企業にとっては，作成する計算書類が1つで済むといった効果がある。税理士がかかわる「会計参与

> 制度」および「書面添付制度」は、「確定決算主義」という要請を通じて、会計専門家と税務専門家の両面から決算書を監査する機会を与え、その結果、決算書の信頼性が確保される。

　以上、税理士がかかわる4つの業務について検討してきたが、「月次巡回監査」については、手法は違えどもすでに多くの税理士が実施しており、「確定決算主義」の要請についても、法人税法上の規定であるため選択の余地はない。
　これに対して、「会計参与制度」および「書面添付制度」は、利用状況が芳しくなく、その原因として、次の2つが考えられる。

> (1)　両制度を採用することが任意であること
> (2)　両制度には一定の重い責任が伴うこと

　この2つの課題への対策としては、「インセンティブの付与施策の充実」が必要であろう。「中小指針」や「中小会計要領」の普及率が高まった背景には、金融機関や保証機関による「金利や保証料の優遇」があったことは知られている。
　現在、両制度の適用に対して直接的なインセンティブとなる施策があるかといえば、「会計参与制度」については積極的なものはなく、「書面添付制度」についても税務調査の省略といったインセンティブはあるものの、その効果は高いとはいえない。したがって、両制度を普及させる対策として、関与先に対して直接的な効果のある金融施策を充実させる必要があると考える。
　こうした施策を充実させることによって、両制度に対する関与先からのニーズが高まり、税理士は、これら2つの課題に対応すべく、月次巡回監査等を通じて、記帳と決算書の質的向上を図ろうとするはずである。そうして中小企業の決算書が信頼しうるものになれば、結果として、それは自社の経営状況の把握に役立つものとなり、その企業の成長に資することになろう。

> **Column ⑨ 公正処理基準と中小企業会計**
>
> 　法人税法で規定されている「一般に公正妥当と認められる会計処理の基準」，いわゆる「公正処理基準」という概念は，昭和42年度の税制改正にあたって盛り込まれたものである。
>
> 　この概念を法人税制に盛り込んだ理由は，法人税法に基づく「課税所得」と旧商法，企業の会計慣行等に基づいて算定される「企業利益」との間に開差を生じていることに由来する税制および税務調査上の複雑さを減少させるためであった（税制調査会（1967）『税制簡素化についての第一次答申』，43-44）。
>
> 　公正処理基準の基本的な考え方は，①課税所得は，絶えず流動する社会経済事象を反映するものであること，②課税所得は，税法以前の概念や原理を前提とし，適切に運用されている会計慣行に委ねることのほうが，より適当である部分が相当多いこと，③公正処理基準の概念は，これらの観点を明らかにするために盛り込まれるものであること，と要約できる。
>
> 　昭和42年当時存在しなかった「中小指針」や「中小会計要領」は，絶えず流動する社会経済事象から発現した会計基準であり，現在の中小企業の会計実務において適切に運用されている会計慣行であることから，公正処理基準に該当するということができる。

【注】
1. 当該業務については，他にも「月次監査」や「月次税務監査」といった名称でよぶ場合もあるが，本章では「月次巡回監査」としている。
2. 関与先（中小企業の経営者あるいはその従業員）自らが会計帳簿の作成を行うことを一般的に「自計化」とよぶが，日本においては，自計化をせず，税理士等へ，いわゆる「記帳の丸投げ」をしている中小企業も少なからずあるというのが現状である。なお，ASEAN諸国の中小企業に対する実態調査においても，「中小企業経営者は，記帳や財務諸表の作成にインセンティブがほとんどないと認識している」とされており，「会計を正しく行うこと」をどのように認識させるかが課題であるとされている（河﨑 2016a, 11-12）。
3. 日本税務研究センターは，日本税理士会連合会と全国税理士共栄会が共同で設立した税に関する日本で最大のシンクタンクである。
4. 会計参与設置会社については，「中小指針」の適用が推奨されているが，それは，中小企業とはいえ，それなりの体制を整えている会社を前提としたものとなっており，会計参与設置会社ではない，その他の中小企業が適用しうるほどに負担軽減されたものとなっていないとされる（佐藤 2012, 33）。
5. 会社計算規則3条に規定されている「一般に公正妥当と認められる企業会計の基準その他の企業会計の慣行をしん酌しなければならない」のうち，「その他の企業会計の慣行」が適用されるのは，いわゆる中小企業であり，その具体的な内容が「中小指針」や「中小会計

要領」であるとされる（河﨑 2016b，6 -10）。
6　本章ではとり上げないが，中小指針や中小会計要領に準拠した特別目的の財務諸表に対する任意監査の枠組みについては，次の報告書がくわしい。浦崎直浩部会長『特別目的の財務諸表の保証業務に関する研究－中間報告－』日本監査研究学会課題別研究部会。
7　税務会計が「企業会計による処理基準へ準拠すべき（納税者的税務会計）」か「所得計算目的のもので企業会計とは別のもの（徴税者的税務会計）」と考えるかについて，当初は，完全な徴税者的税務会計としてスタートし，減価償却問題を引き金として納税者的税務会計への扉が開かれ，「シャウプ税制勧告」を経て，昭和40年代の初めに至って納税者的税務会計が完成するという歴史的経過を歩んできたが，平成10年以降，再び徴税者的税務会計の支配する現実が復活してきたとされる（神森 2014，222-223）。
8　逆基準性の問題を生み出した原因としては，企業会計基準の整備が遅々として進まなかったことが挙げられるが，むしろ，損金経理要件に対して矛先が向けられることが多かったとされる（坂本(雅) 2010，118）。
9　中小会計要領の制定等によって国際会計基準と遮断したボリュームゾーンの会計分野が確立されようとしている。他方，「税法固有」の論理については租税政策的にもそれ程の合理性があるわけではないため，現段階は，企業会計と税法との関係を改めて検討するチャンスであり，そのためには，確定決算主義が再構築されるべきとされる（品川 2013，136-138）。

● 参考文献
浦崎直浩．2015．「特別目的の財務諸表に対する保証業務に関する研究の視座」浦崎直浩部会長『特別目的の財務諸表の保証業務に関する研究－中間報告－』日本監査研究学会課題別研究部会：3 -19．
金子宏．2016．『租税法（第21版）』弘文堂．
椛田龍三．2015．「英米における受託責任（会計責任）概念の歴史と諸相」『受託責任（会計責任）概念の歴史』日本会計史学会 寄附スタディ・グループ中間報告書：31-48．
神森智．2014．「徴税者的税務会計と納税者的税務会計－わが国における歴史的変遷－」『松山大学論集』第26巻第 5 号：205-230．
河﨑照行．2012．「第 1 章　日本の中小企業の会計の変遷－中小会計要領の公表に至る経緯－」河﨑照行・万代勝信編著『詳解　中小会社の会計要領』中央経済社：3 -13．
河﨑照行．2013．「「中小企業の会計」と計算書類の信頼性保証」『税経通信』第68巻第 1 号：35-42．
河﨑照行．2016a．「ASEAN における中小企業会計の制度と実態」『會計』第190巻第 1 号：1 -15．
河﨑照行．2016b．『最新　中小企業会計論』中央経済社．
河﨑照行・万代勝信編著．2012．『詳解　中小会社の会計要領』中央経済社．
国税庁ホームページ．「書面添付制度について（33条の 2 の書面及び35条の意見聴取）」（https://www.nta.go.jp/sonota/zeirishi/zeirishiseido/kentokai/02.htm）．
財務省．2016．「平成27事務年度国税庁実績評価書」(http://www.mof.go.jp/about_mof/poli

cy_evaluation/nta/fy2015/evaluation/2810ntahyokazentai.pdf）
坂本雅士．2010．「会計基準の国際的統合化と確定決算主義」『企業会計基準のコンバージェンスと会社法・法人税法の対応』日本租税研究協会：108-119．
坂本孝司．2011．『会計制度の解明－ドイツとの比較による日本のグランドデザイン』中央経済社．
坂本孝司．2012．「第6章 中小企業の会計基本要領（総論）：8 記帳の重要性」河﨑照行・万代勝信編著『詳解 中小会社の会計要領』中央経済社：101-107．
佐藤信彦．2012「中小企業会計基本要領と中小指針との異同点とその関係」『税研』第163号：33-38．
品川芳宣．2013『中小企業の会計と税務－中小会計要領の制定の背景と運用方法－』大蔵財務協会．
武田隆二編著．2003．『中小会社の会計－中小企業庁「中小企業の会計に関する研究会報告書」の解説』中央経済社．
武田隆二．2005a．「「計算書類の信頼性」の担保と新書面添付制度－会計参与の役割期待（その4）」『TKC』第393号：4-11．
武田隆二．2005b．「会計参与問題の総括・展望－会計参与の役割期待（その6）」『TKC』第395号：4-8．
武田隆二．2008．『最新財務諸表論（第11版）』中央経済社．
中小企業の会計に関する研究会．2002．「中小企業の会計に関する研究会報告書」．
日本税理士会連合会．2002．「書面添付制度の手引き」．
日本税理士会連合会．2006．「会計参与制度の手引き」．
日本税理士会連合会．2010．「税理士法人向け会計参与に関するアンケート 平成22年6月実施」．
日本税理士会連合会．2015．「第6回税理士実態調査報告書」．
法務省民事局参事官室．1984．「大小（公開・非公開）会社区分立法及び合併に関する問題点」．

（上野　隆也）

第10章

決算書の信頼性
－日本における現状と課題の明確化－

1 はじめに

　中小企業は，企業数の99.7％，雇用の約7割を占めている。中小企業は，多くの付加価値を生み出し，日本の産業の基盤を支え，地域の消費や社会に貢献している。昨今の中小企業の状況は，経常利益は高水準，倒産件数は低水準と改善が見られるものの，経常利益は経費の削減で確保され，売上の増加に拠るものではない。設備投資はリーマン・ショック前の水準に届かず，人手不足も深刻である。

　このような環境の中，中小企業が存亡をかけて戦うためには，自らが「戦いに勝つための力」を育んでいかなければならない。特に「財務経営力」「資金調達力」が重要なポイントとなるが，これらを向上させるには，経営者自らが「決算書」に表示されている自社の経営状況や資金繰りへの説明能力を高める必要があり，そのためには「会計」が重要な役割を担うことになる。

　一方，作成された「決算書」が信頼できるものかどうかは，金融機関を始めとするステークホルダーにとって重要なポイントだが，現状において，中小企業の決算書の信頼性に対する評価は決して高いとはいえない。中小企業が作成する決算書は職業会計人（税理士・公認会計士）がその作成にかかわる場合もあるが，会社が独自に作成する場合もあり，その信頼性には明らかに差があるにもかかわらず，決算書を見ただけではその区別がつかない。したがって過去，

第10章　決算書の信頼性　167

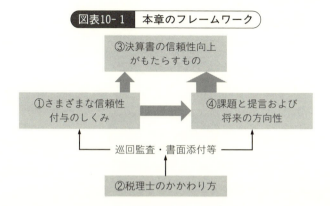

図表10-1　本章のフレームワーク

金融機関は決算書を頼りにした企業評価が行いにくいため，不動産担保や保証に頼らざるを得なかったし，決算書の作成を支援すべき職業会計人の意識も税務申告にのみに向いていたという状況もあったと思われる。

　上記を改善するためにはどうすべきか。ここでは，大企業とは異なる中小企業の「決算書の信頼性を確保する手段」に焦点を当て，中小企業の決算書の信頼性確保に職業会計人がどのようにかかわっていくべきかを検討し，将来に向かって解決すべき課題をも含めて考察する。

　具体的には，**図表10-1**に示すように，①中小企業における「さまざまな信頼性付与のしくみ」を概観し，②その中で職業会計人である税理士の「かかわり方」を整理し，③「中小企業の決算書の信頼性が高まることによってもたらされるもの」を確認した後に④「課題と提言」を通じて現状の課題を明確にしたうえで，将来の方向性を模索したい。

2　決算書の信頼性を支える総合的な枠組み

2.1　決算書の信頼性を支える項目の概要

　図表10-2にあるように，現状においても，中小企業の決算書の信頼性を直接的，間接的に確保できるしくみがいくつか存在する。

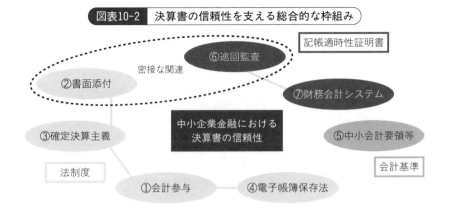

図表10-2　決算書の信頼性を支える総合的な枠組み

2.1.1　法制度

法律に定めのある制度としては①会社法に規定される「会計参与[1]」，②税理士法に規定される「書面添付[2]」制度，③法人税法に規定される「確定決算主義[3]」，④電子計算機を使用して作成する国税関係帳簿書類の保存方法等の特例に関する法律（「電子帳簿保存法[4]」）がある。

2.1.2　会計基準

⑤中小企業が利用可能な会計基準[5]としては，「中小企業の会計に関する基本要領」や「中小企業の会計に関する指針」がある。

2.1.3　記帳適時性証明書

⑥会計データの精度を高め，決算書の信頼性向上につながる業務を行うことを目的に，毎月「巡回監査[6]」を励行する税理士も少なからず存在する。さらに，月次巡回監査を前提に⑦「財務会計システム」の中には，会計処理の遡及訂正を認めず，その効果として，月次データを預かるデータセンターが，会計データが適時処理されていることを証明する「記帳適時性証明[7]」を発行している例もある。

この中で，「直接」中小企業の決算書の信頼性を高める目的で法定されたしくみは「会計参与」のみである。

いくつかのしくみがあるものの，これらが有機的に結びついて機能し，社会から認知されているとは言いがたい。一方，大変遺憾ながら，これらのしくみのほとんどが採用されずに作成されている決算書も存在する。

以下に，それぞれのしくみが決算書の信頼性向上にどのように寄与しているかについて確認する。

2.2 法制度

2.2.1 書面添付

税理士法33条の2第1項（計算事項等を記載した書面の添付）に，「税理士又は税理士法人は，（中略）租税の課税標準等を記載した申告書を作成したときは，当該申告書の作成に関し，計算し，整理し，又は相談に応じた事項を財務省令で定めるところにより記載した書面を当該申告書に添付することができる。」との規定がある（資料p.293参照）。これは，税理士が税理士法45条1項の規定に従って「相当注意義務[8]」の履行を果たし，税理士としての責任を明確にするための制度である。税理士が相当注意義務を履行するために「巡回監査」を行うという意味で，「巡回監査」と「書面添付」には密接な関連がある（図表10-2）。

また，書面添付の効果として計算書類の信頼性向上につながり，適正な決算・申告により財務経営力が向上し，自社の正しい経営状況の把握ができ，より的確な対応策などを打つことができる（日本税理士会連合会業務対策部 2015，1）ようになる。

したがって，書面添付制度は，巡回監査でチェックを受けて作成された申告書およびその前提条件である決算書の信頼性を高める効果を内包している（「書面添付制度」の詳細は，第9章4参照）。

2.2.2 確定決算主義

決算書は，会社法に規定のある株主総会による承認（第一次的客観化過程），法人税法の規定に従う（第二次的客観化過程）という2つの客観化過程を通じて信頼性が向上する。また，税理士法に規定のある書面添付制度は，客観化の1つのステップと解してよいとされている（武田 2006a，8）（**図表10-3**）。会計と税務の専門家である税理士が，書面添付による客観化プロセスを通じて，納税者と

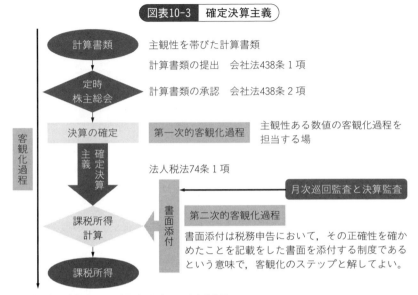

(出所) 武田（2008），29；武田（2006a），8-9より作図

徴税者を媒介することにより，三者間の好循環を保つことができる（武田 2006a，9）。そのような意味で，確定決算主義は税理士にとってきわめて重要な制度である（「確定決算主義」の詳細は，第9章5を参照）。

2.2.3 会計参与

会計参与は2005年改正会社法において，中小会社の計算書類に対する社会的信頼性の確保を目的として創設された制度である。会計参与の業務は，職業会計人が会計の専門家の立場で記帳の品質を検証する業務が基本となる。したがって，会計参与が会社法の責任を負う中で作成にかかわった決算書は信頼性が高い（「会計参与」の詳細は，第9章3を参照）。

2.2.4 電子帳簿保存法

電子帳簿保存法では，当初の記録をどのように訂正または削除したかの事実が電磁的に記録されるシステムの使用を条件に「真実性」の確保を求めている。

同様に，すでに電子帳簿に記録された内容に対する訂正または削除においても，従前の記録が保持される必要がある。このように帳簿記録の真実性が確保された状態で作成された決算書は信頼性が高い（「電子帳簿保存法」の詳細は，第8章3を参照）。

2.3　会計基準

2.3.1　中小企業の会計に関する指針

「中小企業の会計に関する指針」（以下，「中小指針」という）は2005年8月に公表され，初の中小企業のための会計基準として期待された。しかし，中小指針は，その制定に「トップダウン・アプローチ」が採用されたため，上位に位置している「企業会計基準」が改正されるたびに頻繁な改訂を余儀なくされ[9]，中小企業にとっては高度な内容でもあり，利用が低迷していた（加藤 2012, 196-199）。

2.3.2　中小会計要領

中小企業の会計に関して，過去の議論や中小企業の属性，さらに「中小指針」の利用数低迷や，もっと使いやすい会計基準を求める中小企業関係者の総意としての要請[10]が重く受け止められ，2012年2月に「ボトムアップ・アプローチ」を採用した「中小企業の会計に関する基本要領」（以下，「中小会計要領」という）が公表された（河﨑・万代 2012, 13）。「中小会計要領」が公表されるまでの間，大多数の中小企業は決算書がどの会計基準に基づいて作成されているかを主張することができなかったが「中小会計要領」の公表は，どのような会計基準に基づいて決算書が作成されているかを，多くの中小企業が主張できるようになったという点で画期的な意味を持つ。

中小企業が中小指針，中小会計要領に準拠することで，会計処理が一定のルールに基づいてなされることになり，決算書の信頼性が向上する（中小会計要領をはじめとする中小企業会計基準の詳細は，第7章を参照）。

2.4 記帳適時性証明書

2.4.1 巡回監査

巡回監査とは，関与先企業等を毎月及び期末決算時に巡回し，会計資料ならびに会計記録の適法性（会計記録が法律に準拠しているか），正確性（会計記録が事実を正確に表現しているか）および適時性（記録や起票が適切な時期に行われているか）を確保するため，会計事実の真実性（取引は真実か），実在性（取引は実在するか），網羅性（取引のすべてが漏れなく記録，起票されているか）を確かめ，かつ指導することと定義[11]されている。巡回監査では，取引記録の中小会計要領等への準拠や税法との整合性もチェックされるので，巡回監査を経て確定した仕訳データに基づいて作成された決算書は信頼性が高い（巡回監査の詳細は，第9章2参照）。

2.4.2 財務会計システム

財務会計システムによっては，「適時性」を確保すべきとの開発思想から，過去の仕訳および過去の勘定科目残高に対する追加・修正・削除の処理を禁止している。また当該システムは，勘定科目の前期末残高が当期首残高に自動的に切り替わり，コンピュータの裏操作により期中および期末の勘定科目残高が改ざんされることがない。したがって，このようなシステムを数年にわたって利用継続している企業の決算書には，会計帳簿の裏付けと計算の正確性が確保されていると見なすことができる。

このことをシステム利用者である中小企業，毎月巡回監査を行っている税理士以外の第三者（具体的には税理士にシステムを提供し，データ処理，データ保存を受託している企業）が証明するしくみも存在する（第8章4，第12章6，資料 p.254参照）。このような環境の中で作成された決算書の信頼性は高い。

2.5 特に書面添付が決算書の信頼性付与に対して重要な理由

税理士法1条により，税理士は「税務に関する専門家」と位置づけられている。また，税理士法2条2項において付随業務として「財務書類の作成，会計帳簿の記帳の代行その他財務に関する事務」を行うことができる旨が規定され

ている。付随業務とされているのは，税理士の業務として「会計」に関するものは税務に関する業務ときわめて密接な関係がある反面，税務に関する業務が無償独占業務であるのに対し，会計に関する業務は税理士以外の者でも行いうる自由業務であるから，それらを区別するためと解されている[12]。

武田隆二教授は税理士の「税務と会計」に関する専門家としてのあり方について，税理士は「自ずから「税務に関する専門家」としてのコンプライアンスと「会計に関する専門家」としてのコンプライアンスとの二つの履行義務を課されている。」と表現されている（武田 2007, 369）。

税理士の業務の中で，会計に関連する業務がどのような位置づけになるか，またその中で「中小会計要領」等の会計基準がどのような関連を持つかについては**図表10-4**に示すとおりである。

図は税理士法33条の2第1項に規定のある添付書面への記載範囲を示したもので，図の下半分に「月次巡回監査」の枠，上半分に「決算監査」の枠，図の左側に「中小会計要領その他関係法令」の枠，右側に「法人税法・消費税法」の枠がある。

「月次巡回監査」によって「会計事実」の「真実性」「実在性」「網羅性」が確

図表10-4　書面添付の全体像

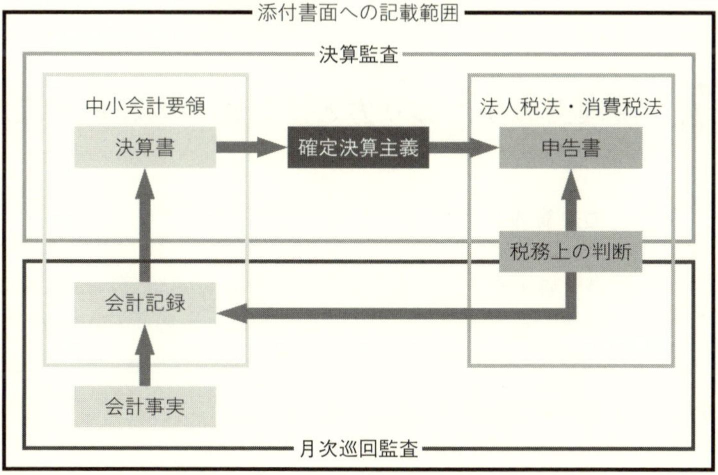

[図：添付書面への記載範囲の中に決算監査と月次巡回監査の枠があり，決算監査内に「中小会計要領」の決算書と「法人税法・消費税法」の申告書が確定決算主義でつながり，月次巡回監査内に会計記録と会計事実があり，会計記録から税務上の判断で申告書に，会計事実から会計記録，会計記録から決算書へ矢印が伸びている]

保され「会計記録」の「適法性」「正確性」「適時性」が確かめられたうえで「中小会計要領」等の会計基準や「税法」に準拠して「適時かつ正確に」記帳されていることが確かめられる。月次の「会計記録」を積み重ねて「中小会計要領」に準拠した表示を行うことによって「決算書」が作成される。さらに，作成された決算書は「確定決算主義」の「客観化過程」を経て「法人税法・消費税法」に基づいた「申告書」が作成される。「決算書」から「申告書」が作成されるまでの過程は「決算監査」でその内容の妥当性が検討される（加藤 2012, 201）。

この図からも明らかなように，税理士が税理士法1条に規定される「納税義務の適正な実現」つまり「租税正義の実現」を図るためには，「確定決算主義」という枠組みの中，信頼性の高い決算書の作成が必要不可欠であり，税理士法上は付随業務となっているものの，税理士は当然に会計の専門家としての使命を担っていると解される。税理士法33条の2第1項に規定のある添付書面への記載範囲が広く会計の領域にまで及んでいることが，そのことを端的に示している（加藤 2012, 201-202）。

税理士は，税理士法1条に規定される「租税正義の実現」のために「相当注意義務」（税理士法45条2項）が課せられ，その履行には「巡回監査」が不可欠である。巡回監査の実施を国税当局等に表明する手段は，制度上「書面添付」しかない。したがって，税理士は相当注意義務履行の証として書面添付に真摯に取り組むべきである。

3 税理士のかかわり方と決算書の信頼性の程度

3.1 税理士の決算書に対するかかわりの度合い

税理士の決算書に対するかかわりの度合いは次のように区分され，①から④の順にかかわりが深くなるにつれて，決算書の信頼性の程度が相対的に高まる。

① 税理士の通常の税務代理
② 税理士による月次巡回監査が行われている税務代理

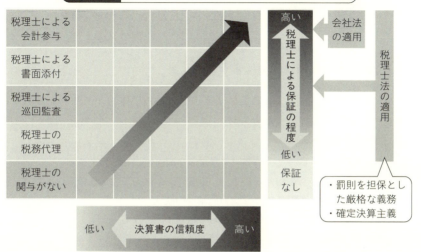

図表10-5 税理士のかかわり方と決算書の信頼性の程度

(出所) 坂本 (2011a),510の図表15-11を一部修正

③ 税理士による書面添付が行われている税務代理
④ 税理士が会社法に規定のある会計参与に就任している場合

このことは,税理士による決算書の「保証」の程度も高まるという相関関係にある(坂本 2011a,509-510)(**図表10-5**)。

3.2 信頼性の程度と税理士法上の責任

税理士が税務代理を行うことで,決算書に一定の信頼性が付与される理由は,税理士法が税理士に罰則を担保とした厳格な義務を課している[13]と同時に,確定決算主義によって「一般に公正妥当と認められる企業会計の慣行」(会社法431条),「一般に公正妥当と認められる会計処理の基準」(法人税法22条4項),「複式簿記の原則」(法人税法施行規則53条)に準拠した会計処理が求められることにある(坂本 2011a,210-511)。

4 決算書の信頼性向上がもたらすもの

4.1 決算書の信頼性向上による効果

決算書の信頼性が向上することによる中小企業の具体的なメリットは以下のとおりである。

> ① 経営者が自信を持って決算書を意思決定や資金調達に活用できる
> ② 取引金融機関からの信頼が高まり，融資がスムーズに行われる
> ③ 金融機関等からの融資に伴う金利低減等の優遇を得られる
> ④ 税務署をはじめとする公的機関からの信頼が厚くなる
> ⑤ 債権者，得意先との関係が有利に展開する
> ⑥ 出資者や従業員に対する説明責任が果たしやすくなる

なお，今までの中小企業は，金融機関から融資を受ける場合，不動産等の担保や保証に頼った資金調達となりがちであった。しかし，自由な競争が約束された社会では，決算書の信頼性こそが「信用の創出」の前提となるべきである。

また，中小企業は大企業に比べ限定的であるとはいえ，金融機関，債権者，取引先，従業員，行政機関等の利害関係者に囲まれて事業を営んでいる。「経営の透明性」を高め，これらの人々に企業のありのままの活動状況を理解していただく手段の1つとして，信頼性の高い決算書が必要不可欠である（加藤 2012, 208-209）。

図表10-6に示すとおり，決算書の信頼性の向上を担保するのは，「月次巡回監査」に裏打ちされた「書面添付」であり「中小会計要領」に基づいて作成された決算書である。

4.2 税理士の新たな使命

日本税理士会連合会（2010）では，税理士法1条の解説として「税務に関する専門家として，独立した公正な立場で，租税に関する法令に規定された納税義

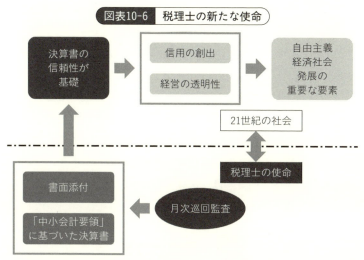

（出所）坂本（2011c）の内容の一部から作図

務の適正な実現を図るという使命を果たしていくことは，納税者との間に信頼関係を育成することになり，また，税理士に対する社会的評価をより高いものとする。」と表現されている。

「社会的評価が高まる」ということは，税理士が税理士法に規定される厳格な義務と責任のもと，税理士法１条に規定される「租税正義の実現」に向けて使命を果たすことにより，納税者との間に信頼関係が構築され，社会からさらなる期待が寄せられることを意味する。そして税理士には，それら社会からの期待に応えるという新たな「使命」が発生する。

社会から税理士に対して寄せられる新たな期待は以下に挙げるようなものであり，これらの期待に応えることも税理士の「使命」である（加藤 2012, 206）。

① 会計の専門家
② 中小企業の実情をよく知っている専門家
③ 中小企業の経営や資金繰りに詳しい専門家
④ 実行力のある専門家

⑤　環境の変化に対応できる専門家

　この中でも，「会計の専門家」としての税理士の役割が今後ますます重要になってくる。

　中小企業の身近な相談相手としての税理士は，税務に関することのみならず，さまざまな内容にかかわる可能性があるが，特に昨今の経済情勢を勘案すると，中小企業の大きな悩みである「財務経営力」「資金調達力」の向上に，行政をはじめとする社会全般から大きな期待が寄せられている（坂本 2012a, 33-37）。そして，その基盤となっているのは「決算書の信頼性」に他ならない。

5　課題と提言

　ここでは，中小企業の決算書の信頼性に関する諸外国の例を概観し，日本におけるあるべき方向性を考える。

5.1　アメリカにおける制度の概要
　　　－レビュー，コンピレーション，プリパレーション

　アメリカ公認会計士協会は，財務諸表の信頼性についての「保証」をアテステーション（Attestation）とよんでいる。最高の水準を「公認会計士の通常の監査」とし，保証の程度が低いレビュー（Review）では「一般に公正妥当と認められた会計原則に照らして特に重要な修正が必要とは思われない」といった意見表明（消極的保証）が行われている。

　コンピレーション（Compilation）という制度もあり，公認会計士が経営者の主張を財務諸表形式で表示するが「保証を提供するものではない」とされている。また，プリパレーション（Preparation）は，監査，レビューまたはコンピレーション業務以外で会計事務所がクライアントの財務諸表を作成する制度である。

　正規の監査以外にも簡便な方法で中小企業の決算書の信頼性を高めることが可能な方法がラインナップされている。

5.2 ドイツにおける制度の概要

5.2.1 ベシャイニグング

ベシャイニグング（Bescheinigung）とは，ドイツ信用制度法の要請を受けて年度決算書の作成を行う税理士・経済監査士が職業原則，各種規範，税法規定などの遵守を裏付けとし，自己監査の禁止規定に抵触しないよう配慮を払いつつ，関与先が作成した帳簿および財産目録（または財産目録のみ）の正規性を評価する制度である（蓋然性評価を伴う年度決算書の作成）（坂本 2011b, 19-20）。

5.2.2 特に注目すべき点

ベシャイニグングにおいて特に注目すべき点は，以下のとおりである（坂本 2011b, 20）。

> ① 「税理士の独立性」等の職業規則の遵守が前提になっていること。
> ② 決算書の作成を行っている税理士が，同時に決算書の外部検査を行っていること。
> ③ 目的が，「税理士の責任の限定」と「金融機関への提出」にあること。

「蓋然性評価を伴う年度決算書の作成」は，税理士ないし経済監査士が年度決算書の作成を行うことが前提であるが，公認会計士が財務諸表の作成プロセスにかかわっていないことを前提とするアメリカの保証制度におけるレビューとはその点において異なる。反面，その検査行為を通じて分析的手続と質問を行うという点で類似性がある（坂本 2012, 124）。

5.3 日本における決算書保証制度導入の過程

アメリカ型証券市場を早急に立ち上げるため，日本の監査制度はアメリカにおける監査制度のうち大会社指向のものだけが定着した。

そのため，アメリカのように積極的保証から消極的保証を経て，無保証の意見陳述に至るまで保証の内容がグラデーションをなして「保証の連続体」を構成しているという認識に直結しなかった。したがって，最も精度の高い財務諸

表監査だけが監査であるという認識が定着し、これが、会計基準のシングル・スタンダード論にもつながっていた（武田 2003, 35）。

5.4 決算書の信頼性と社会一般の認識

日本では、税理士がかかわっている決算書の信頼性を高める効果があると認められるさまざまな事柄が存在するにもかかわらず、決算書の信頼性を高めることを目的とした「制度」としての「保証の連続体」が形成されておらず、欠落している部分があるという意味で、いわば「グラデーション・ギャップ」が生じている。

唯一、会社法に規定される会計参与が中小企業の決算書の信頼性を向上させる制度として確立されているが（図表10-7）、会計参与制度だけでは、すべての中小企業をカバーできない。しかし、社会一般の認識は中小企業の決算書の信頼性を確保するための制度は会計参与のみであり、利用数の伸び悩みもあり、それが効果的に機能しているとは思われていないという問題がある。

グラデーション・ギャップを埋めるべく、企業の属性に合った、適用可能か

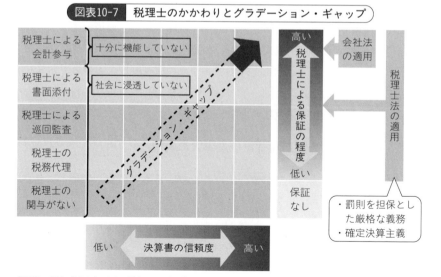

図表10-7　税理士のかかわりとグラデーション・ギャップ

（出所）　坂本（2011a）, 510の図表15-11を一部修正

つ効果的な制度を構築すべきであり，「保証の連続体」が機能して，はじめてそれぞれの制度が生きてくる。何か単一の制度でこの問題を解決するのではなく，いくつかの制度の組み合わせでグラデーションを形成すべきである。

5.5　日本における決算書保証業務の行方

会社法において，非公開会社（株式の譲渡制限がある会社）かつ中小会社（資本金5億円未満かつ負債200億円未満の会社）の機関設計のパターンは21種類ある（図表10-8）。これを見る限り社会一般の認識は，中小企業の決算書の信頼性を確保するためには，会計参与や会計監査人がかかわっていなければならないと考えるだろう。つまり税理士は，会計参与として取締役と同様の会社法上の責任を負って，はじめて決算書の信頼性を担保するための担い手として機能するとの印象を与える。

しかし，税理士は税理士法によって，「真性の事実を追求し正しい決算書を作成した上で正しい申告を行う」という罰則を担保とした厳格な義務が課されている。このしくみをアレンジし，グラデーション・ギャップの弊害が増長しないうちに，バランスの取れたラインナップにすべきである。

また現在，会計参与制度の利用は低調であるが，「保証の連続体」の重要な構

図表10-8　会社法における機関設計のパターン

非公開会社かつ中小会社の機関設計のパターンは21種類ある

1．取締役
2．取締役＋監査役
3．取締役＋監査役（会計監査に限定）
4．取締役＋監査役＋会計参与
5．取締役＋監査役（会計監査に限定）＋会計参与
6．取締役＋会計参与
7．取締役会＋監査役
8．取締役会＋監査役（会計監査に限定）
9．取締役会＋監査役＋会計参与
10．取締役会＋監査役（会計監査に限定）＋会計参与
11．取締役会＋会計参与
12．取締役＋監査役＋会計監査人
13．取締役＋監査役＋会計参与＋会計監査人
14．取締役会＋監査役＋会計監査人
15．取締役会＋監査役＋会計参与＋会計監査人
16．取締役会＋監査役会
17．取締役会＋監査役会＋会計参与
18．取締役会＋監査役会＋会計監査人
19．取締役会＋監査役会＋会計参与＋会計監査人
20．取締役会＋三委員会＋会計監査人
21．取締役会＋三委員会＋会計参与＋会計監査人

成要素となり得る当制度の社会的役割を高めるための啓蒙活動と利用の促進が必要である。また，「保証の連続体」の構成要素として，中小企業監査制度の再検討（河﨑 2016, 250）を踏まえ，アメリカにおけるレビュー，ドイツにおけるベシャイニグングのような決算書の信頼性を担保する日本独自の制度がボトムアップ・アプローチで検討されるべきである（河﨑 2016, 253）。

さらに税理士は，税理士法の中で決算書の信頼性にも責任を負い，保証業務を担う能力があることを示すためにも，書面添付の件数を増やし，また金融機関にもアピールし続けるべきである。

中小企業の決算書にも何らかの形で信頼性が付与されるべきであり，社会に認識され定着させるためには，法律等の制度的裏付けが必要である。研究者，実務家（日税連・会計士協会）が一体となり，業際問題を乗り越えて日本の中小企業のために，あるべき制度設計を提案すべきであると考える。

5.6 担い手としての税理士の「独立性」

税理士法 1 条には「税理士は，税務に関する専門家として，独立した公正な立場において，申告納税制度の理念にそつて，納税義務者の信頼にこたえ，租税に関する法令に規定された納税義務の適正な実現を図ることを使命とする。」とあり，税理士の独立性が規定されている。この独立性の概念は「税理士の立場は，納税者に従属した権利擁護ではなく，納税者に対して正すべきものは正すとともに，過大に義務を負わないという見地から，納税者の権利を守り，その利益を正しく擁護するものであることを意味している。」とされている（日本税理士会連合会 2015, 55）。つまり，納税者からも税務当局からも独立していることが求められている。

一方，公認会計士法施行令 7 条 1 項 6 号では「税理士業務により継続的な報酬を受けている場合は著しい利害関係がある。」と定められているが，税理士法上の規定との整合性は議論されていない。「税理士は，税務申告代理業務や申告書作成業務あるいは相談業務において依頼者から独立していることはない」（藤沼 2013, 133）というのが公認会計士側の見解であり，見方によっては「税理士の独立性を否定する論理を内包している。」（飯塚 1977, 2）。ここで独立性を論じる趣旨は，税理士に公認会計士と同等の会計監査を行うことを認めるべきと

いうことではなく，税務業務とその前提となる会計業務においても，税理士は職業的専門家として納税者から独立しているという事実を明らかにすることにある。

「集団としての自己規律の厳しさ（その裏には誇り）を持っているという事実関係が，社会的評価の相違を生んでいるのではないか」（飯塚 1977，2）という考えもあり，税理士側はこの問題に関連する会則や規律規則を充実していくべきであると考える。世界の中でプロフェッションとして社会から信頼を得ている会計専門職は，「独立性」に関する規則を整備し遵守することを重要視している。税理士が決算書の信頼性を確保するラインナップの一翼を担う者として名乗りを上げるのであれば，税理士の独立性をはじめとする職業倫理に関するガイドライン（行動基準書）を業界としてしっかり整備する必要がある。

6 おわりに

中小企業の決算書の信頼性が重視されていなかった過去の名残として，その信頼性は低いのが当たり前で，それはある程度仕方がないものであるとの誤解がいまだにある。しかし，今後の経済社会の変遷を考えるとき，不動産担保や保証に頼るのではなく，中小企業といえども相対的に信頼性の高い決算書を公表できる条件を整え，社会に認知されることが必要不可欠である。

しかし日本では，中小企業の決算書の信頼性を直接的あるいは間接的に高めているであろう事象は散見されるものの，制度としてのしくみは「会計参与制度」を除いて確立されていない。

日本の中小企業がイノベーションを推し進め，世界に伍して戦っていくためにも，早急にその道筋を整えることが必要だと考える。職業会計人である税理士がその担い手として機能することを願ってやまない。

> **Column ⑩ 会計で会社を強くする**
>
> 　中小企業の社長から「なぜ記帳をし，決算書を作成しなければならないのでしょう？」と問われたらなんと答えるか？
> 　「税務署に申告書と決算書を提出しなければならないから」あるいは「外部の利害関係者に経営状況を報告するため」であろうか。もちろんそれもある。しかし，会計のそもそもの役割は「倒産防止」であった。今から約350年前のフランス，ルイ14世が国王の時代の話である。記帳と決算書作成は誰のためでもない，まずは経営者本人に正確な情報を提供するためのものなのである。
> 　さて現在，経営に役立たせるため適時に記帳を行い，正確な決算書を作成していると，その決算書には信頼性が付与される。職業会計人である税理士・公認会計士が中小会計要領に準拠した決算書の作成にかかわっている場合には，さらに信頼性が向上し，金融機関からの資金調達がスムーズに進む。
> 　「会計で会社を強くする」このような好循環を，すべての中小企業が享受できる世の中を目指したいものである。
>
> （出所　坂本（2013））。

【注】
1　詳細は「第9章3　会計参与制度」参照。
2　詳細は「第9章4　書面添付制度」参照。
3　詳細は「第9章5　確定決算主義」参照。
4　詳細は「第8章3　会計システムと電子帳簿保存法が抱える課題」参照。
5　詳細は「第7章2「一般に公正妥当と認められる企業会計の慣行」としての中小会計要領」参照。
6　巡回監査の定義は2.4.1を参照。
7　詳細は「第8章4　中小企業金融の要請に応える会計システムの具備すべき機能」参照。
8　「相当注意義務」とは，相当の注意のもと，真正な事実による業務の遂行が求められることをいう。「相当注意義務違反」とは税理士が職業専門家としての知識経験に基づき，通常その結果を予見し得るにもかかわらず，予見し得なかったことをいう。
9　2005年8月に公表されてから2011年までの間に6回の改訂が行われた。
10　2010年6月に日本商工会議所，全国商工会連合会，全国中小企業団体中央会，全国商店街振興組合連合会，中小企業家同友会全国協議会，社団法人中小企業診断協会，社団法人日本販売士協会の7団体の総意で「中小企業の実態に即した会計基準の策定に関する意見書」が作成された。その内容は「コンバージェンスの進展により，中小企業の実態に合わない会計基準を遵守することは，コストのみが増大し，円滑な事業推進，企業成長に悪影響を及ぼすことになる。」こと，「中小指針は一定水準を保つことが必要であるが，中小企業には難しく，中小企業の実務慣行と乖離しており，中小指針を使いたくても使えないため，新たに別

の基準を作るべき。」であること、さらに「税法を考慮した会計が必要。中小企業は税務を中心としている実態がある。」といったものであった。
11　TKC会計人の行動基準書3-2-1。
12　日本税理士会連合会（2015, 73）では「確認的規定」と表現されている。
13　税理士法45条1項または2項に違反した場合には1年以内の税理士業務の停止または禁止の処分を受ける。

● 参考文献
飯塚毅．1977．「職業会計人の独立性」『TKC』第55号．
加藤恵一郎．2012．「第10章 中小企業と会計」大武健一郎編著『中小企業金融と税理士の新たな役割』中央経済社．
河﨑照行・万代勝信編著．2012．『詳解 中小会社の会計要領』中央経済社．
河﨑照行．2016．『最新 中小企業会計論』中央経済社．
坂本孝司．2011a．『会計制度の解明―ドイツとの比較による日本のグランドデザイン』中央経済社．
坂本孝司．2011b．「ドイツ金融制度における税理士の決算書保証業務」『TKC』第463号．
坂本孝司．2011c．「特別講演を受けて（やるしかない。今しかない。）」『TKC』第464号．
坂本孝司．2012a．「第2章 中小企業政策の動向」大武健一郎編著『中小企業金融と税理士の新たな役割』中央経済社．
坂本孝司．2012b．『ドイツにおける中小企業金融と税理士の役割』中央経済社．
坂本孝司．2013．『会計で会社を強くする（第2版）』TKC出版．
武田隆二編著．2003．『中小会社の会計―中小企業庁「中小企業の会計に関する研究会報告書」の解説』中央経済社．
武田隆二．2006a．「米国型文化モデルという名の国際モデル―会計文化論の在り方（その2）」『TKC』第397号．
武田隆二編著．2006b．『中小会社の会計指針』中央経済社．
武田隆二責任編集．2007．『現代社会における倫理・教育・コンプライアンス』税務経理協会．
武田隆二．2008．『最新財務諸表論（第11版）』中央経済社．
日本税理士会連合会編．2010．『税理士法逐条解説（第6版）』．
日本税理士会連合会編、坂田純一著．2015．『新版実践税理士法』中央経済社．
日本税理士会連合会業務対策部．2015．『書面添付制度に係る書面の良好な記載事例と良好ではない記載事例集』．
藤沼亜起編著．2013．『会計プロフェッションの職業倫理』同文舘出版．

（加藤　恵一郎）

第IV部

中小企業金融における経営改善

第IV部では，中小企業金融における経営改善のあり方と，そこにおける会計の役割および機能を明らかにする。

第11章では，中小企業経営者にとって経営改善計画の策定と活用がどのような効果をもち，かつ，中小企業会計基準である中小会計要領に準拠した会計の実践との相乗効果によって，中小企業の業績管理にどのように貢献しているのか，を考察する。あわせて，経営改善計画と会計・税理士のかかわりについても具体的に論考する。

さらに第12章では，中小企業金融におけるモニタリングについて，経営改善計画策定支援事業の実務，モニタリングにおける3つの視点（財務・事業・資金繰り），金融機関との信頼関係の再構築の観点から解説・提案を行う。

経営改善計画
－策定と活用による業績管理－

1 はじめに

　本章では，中小企業経営者にとって経営改善計画の策定とその活用がどのような効果をもち，そして中小企業の会計に関する基本要領に準拠した会計の実践との相乗効果により，中小企業の業績管理にどのように有機的に貢献しているのかを考察する。

　経営改善計画の策定目的は，現状分析により自社の強み弱みなどの経営課題を見つめなおし，これと自社をとりまく外部環境の変化の見込みを基礎として，強みを活かし弱みを克服し，そして環境変化に適応して成長するために取り組むべき具体的な打ち手を明確にし，これを実践していくことで経営を改善していくことにある。

　特に，借入金の返済負担等，財務上の問題を抱えている中小企業・小規模事業者は，金融機関から金融支援を受けるためには，経営改善計画を作成して将来の営業キャッシュフローを改善するための道筋を示すとともに，その計画の実現可能性について金融機関の理解を得ることが求められる。

2 中小企業経営者の経営課題と相談相手

　中小企業経営者は，常日頃どのような経営課題に悩み，そしてどこへその相談を持ち込んでいるのであろうか。

　はじめに中小企業の経営相談の状況についてみると，中小企業経営者の３割強が，定期的な経営相談をしていると回答しており，その具体的な相談相手は，約７割が「顧問税理士・会計士」となっている（図表11-1）。また，中小企業庁が2010年11月に企業30,675社を対象に実施したアンケート調査によれば，中小企業経営者の経営課題として当面の資金繰り支援についてのニーズが極めて高いことがうかがえる（図表11-2）。日頃から接点の多い身近な存在の顧問税理士や公認会計士などの職業会計人に対して，税務会計分野だけではなく資金繰り改善支援についての役割，すなわち金融と経営支援の担い手としての役割が問われているといえよう。

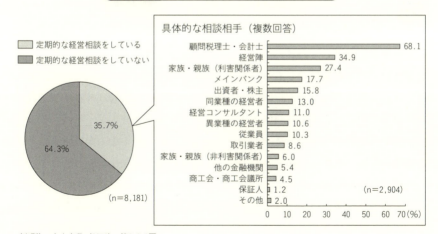

図表11-1　中小企業経営者の経営相談の状況

（出所）　中小企業（2012），第3-2-3図

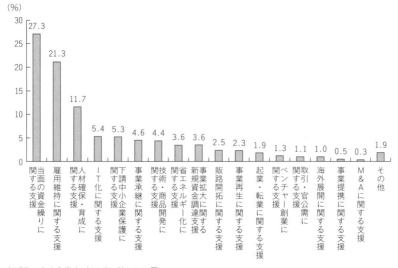

図表11-2 今までに効果があった中小企業支援施策

(出所) 中小企業庁 (2011), 第2-2-20図

3 中小企業の「会計の活用」と「中小企業金融」とのかかわり

　中小企業における「会計の活用」と「中小企業金融」とのかかわりの全体像を示したものが**図表11-3**である。会計データは適時・適切な記帳を基礎的条件として各業務管理データとして生成され，販売管理・購買管理・在庫管理等々の各業務管理データとして利用される。また，マネジメントサイクルと相まって会計が活用されることで業績管理に資するとともに，中小企業経営者自らの金融機関等への業績説明能力の向上による資金調達力の強化が期待される。

　税理士等の外部の会計専門家の月次関与を基礎として，日々の会計データに一定の確からしさが付与されることで，年度決算書の利用価値のみならず月次決算書や各業務管理データの品質とこれらに基づく業務管理，業績管理を一定の品質に保つことが可能となる。その結果としてモニタリング等のように，年度よりも細やかなサイクルにおける業績管理の場面で活用される会計データの利用価値を担保しうることとなる。

第11章 経営改善計画

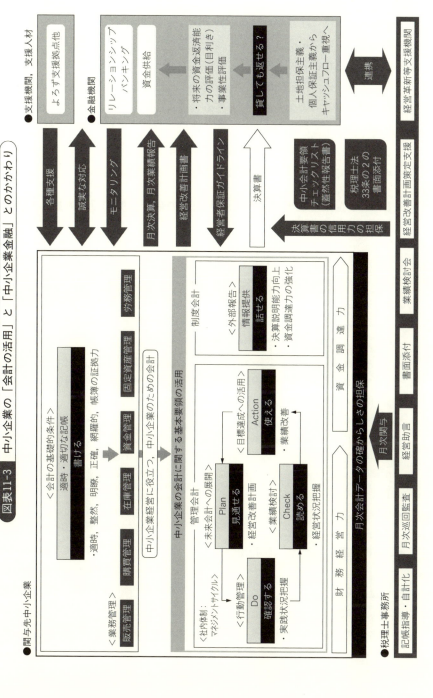

図表11-3 中小企業の「会計の活用」と「中小企業金融」とのかかわり

中小企業における経営改善計画策定支援の場面においても，中小企業内部に月次サイクルでの業績検討に資する会計管理データがあることは重要なポイントとなり，また経営者自らの会計の活用スキルや決算説明能力の向上が問われる。物的担保や個人保証に依存しない金融のしくみが前向きに構築されつつある現在，中小企業の作成する決算書そのものの担保力ともいえるその利用価値や信頼性を付与する制度的な枠組みに，外部専門家とともに準拠していくことが重要である。これら全体を支える基礎的条件が適時適切な中小企業自らの起票であり，会計データひとつひとつへの確認・承認行為である。

3.1 中小企業経営者による「中小企業の会計に関する基本要領」の活用

2012年2月に公表された中小企業のための会計ルールである「中小企業の会計に関する基本要領」（以下,「中小会計要領」という）の総論1．目的(2)には下記の記載がある。

> 本要領は，計算書類等の開示先や経理体制等の観点から，「一定の水準を保ったもの」とされている「中小企業の会計に関する指針」（以下「中小指針」という。）と比べて簡便な会計処理をすることが適当と考えられる中小企業を対象に，その実態に即した会計処理のあり方を取りまとめるべきとの意見を踏まえ，以下の考えに立って作成されたものである。
> - 中小企業の経営者が活用しようと思えるよう，理解しやすく，自社の経営状況の把握に役立つ会計
> - 中小企業の利害関係者（金融機関，取引先，株主等）への情報提供に資する会計
> - 中小企業の実務における会計慣行を十分考慮し，会計と税制の調和を図った上で，会社計算規則に準拠した会計
> - 計算書類等の作成負担は最小限に留め，中小企業に過重な負担を課さない会計

財務担当役員はもちろんのこと，会計や財務の専門知識に精通した人材を確保することが難しい中小企業にとっては，経営者自らが使いこなせる会計，中小企業経営者の身の丈に合った会計が公表されたことは極めて大きな効果があ

る。

　また，中小会計要領Ⅰ総論8において「記帳は，すべての取引につき，正規の簿記の原則に従って行い，適時に，整然かつ明瞭に，正確かつ網羅的に会計帳簿を作成しなければならない」として本要領の基礎的条件として適切な記帳が前提とされている。

　経営者が経営改善計画を実現するために自社の経営状況を適切に把握し行動していくための，中小企業経営者の本要領の実務的な活用の場面を，マネジメントサイクル（PDCAサイクル）で整理確認すると次のとおりとなる。

3.1.1　Plan（未来会計への展開と業績管理）

　自社がこうありたいという姿や，借入金返済のための必要利益などの目標を会計数値で描き，これと現状から見た当期業績見込みとのギャップを確認したうえで，目標達成のための行動計画や追加策を策定していく。

　また，中小会計要領が，「中小企業の経営者が活用しようと思えるよう，理解しやすく，自社の経営状況の把握に役立つ会計」を目的としているところの重要なポイントは，経営者が自社の業績を読めて，使えて，見通すことに加えて，金融機関を中心とした外部の利害関係者に自社業績を語る決算説明能力の向上が期待されることである。最新の業績と今後の見通しを経営者自らが会計を使いこなし語ることで，自社の将来の資金返済能力ひいては資金調達力の強化につながることとなる。

3.1.2　Do（発生主義によるタイムリーな月次決算を実施する）

　自社の月次決算書を，適時記帳によりタイムリーに，かつ中小企業経営者が経営状況の把握に役立つ確からしさを月次データにも具備した精度をもつよう発生主義により作成し，最新業績を把握する。

3.1.3　Check（経営状況を最新の会計数値で読み取る）

　売上高や利益率，固定費，経常利益などの会計数値の現状，そしてその趨勢や変化率の確認分析をするとともに，その原因について自らの経営の体感と月次業績とをすりあわせながら検討を行い経営状況を把握する。

3.1.4 Action（会計を経営に活用する）

業績改善のための打ち手を定め，これを実践しつつ期待成果とのギャップや因果関係について検討を重ね，仮説を立てながら再度挽回策を実践していくといった一連の経営改善に活用する。また，経営状況把握のために部門別管理を行う。

3.2 社内業務管理と会計の活用

社内の業務管理として，販売管理，購買管理，在庫管理の観点から会計の活用とのかかわりを確認する。この管理データは経営改善計画の策定において，現状に至る業績変化の原因分析や行動計画策定上の重要な論点把握，管理ロスなどの圧縮による固定費削減，モニタリングにおける精度の高い業績検討を行ううえで極めて重要な基礎データとなる。

3.2.1 適切な記帳と業務管理

中小会計要領の基礎的条件として適切な記帳が前提とされていることは前述したが，この適時記帳は日常の業務管理面でも必須の前提条件となる。たとえば商品を出荷する業務は，その時点での売上発生であり，その時点での売掛金という債権の発生であり，その時点での商品在庫の減少が記録されるべきものである。

物の動きに着目した発生主義による会計処理であるからこそ，出荷時点で適切に売上計上が行われ，請求漏れがないよう売掛金の発生記録が行われ，そして倉庫内在庫管理台帳に適切に払出記録が行われることとなる。現金主義会計では出荷時点では資金移動がないため会計伝票は起票されず，これらの管理台帳と整合をもつ誘因が生じない。

3.2.2 販売管理

発生主義による会計処理により，業績把握に資する月次決算書が作成しうることとなるが，加えて取引の認識が商品の動きと連動するため請求漏れを防止し，またどこにいくら売掛金があるのかが常に把握できるため，与信管理や内部統制に資することとなる。また，売掛金残高に対して支払条件をもとに今後

の入金予定情報が把握でき資金繰り情報が得られる。入金されるべき金額である売掛金と入金額との消込みにより違算が都度把握でき，さらに回収予定をもとに滞留先に対する速やかな対応が可能となる。ともすると中小企業の販売管理は売上アップに意識がとられその後の回収管理がおろそかになるケースもあるが，管理ロスをなくし与信や内部統制リスクを管理していくには，きわめて重要な機能である。

3.2.3 購買管理

発生主義による会計処理により，業績把握に資する月次決算書が作成しうることとなるが，加えて取引の認識が商品の動きと連動するため納品処理や買掛金計上漏れを防止し，またどこにいくら買掛金があるのかが常に把握できるため今後の支払予定情報が把握できる。支払われるべき金額である買掛金と仕入先からの請求書との消込みにより支払ミスや違算が都度把握できる。

3.2.4 在庫管理

発生主義による会計処理により在庫管理を行うことで，会計から得られる経営判断情報の品質が格段に上がる。帳簿記録による月末在庫金額が把握できるため精度の高い粗利把握が可能となり，業績管理に資する月次決算書が作成しうることとなる。加えてどの商品がいくつあるかが管理できるため在庫の発注点管理が可能となり，また長期滞留在庫や棚卸差異が把握できるため内部統制に資する。いつ，どこへ，なにを，いくつ販売したかが記録されるため，得意先別や商品別の営業戦略情報が得られる。購買情報としても，いつ，どこから，なにを，いくつ購入したかが記録されるため，仕入先別や商品別の購買情報が得られることとなる。

3.3 経営改善計画の活用と税理士のかかわり

3.3.1 決算書の信頼性

販売管理，購買管理，在庫管理などの業務管理のための会計や，目標達成のためのPDCAサイクルに用いる会計などは，中小企業の内部管理の道具としての役割をもつといえる。これに対して，経営改善計画策定支援という視点から

中小企業の会計をとらえると，金融支援に関する金融機関とのかかわりにおけるPDCAサイクルの構図となる。

特に金融の与信判断基準の根源が，返済不能となった時の債権保全を目的とする土地担保主義・個人保証主義から，本来のあるべき姿といえるであろう将来の資金返済能力の評価にシフトする中でその有効性が輝きを持つ。

与信判断が，貸したら返せるかという金融機関の目利き，つまり経営改善計画に描かれる営業キャッシュフローを確保できるかどうかという計画の実現可能性の判断に軸足が移る場合，その判断基礎として使われる決算書の利用価値と信頼性があらためて問われることとなる。決算書の利用価値とは，決算書に一定水準以上の品質が確保されているかどうかである。中小会計要領に準拠して決算書が作成されていること等，準拠性がその品質判断として活用されることとなる。中小会計要領14．注記およびその解説には下記の記載がある。

14．注記
(1) 会社計算規則に基づき，重要な会計方針に係る事項，株主資本等変動計算書に関する事項等を注記する。
(2) 本要領に拠って計算書類を作成した場合には，その旨を記載する。

その企業がどのような会計ルールを適用しているかという情報は，利害関係者にとってその企業の経営成績や財政状態を判断する上で重要な情報であり，(2)にあるように，本要領に拠って計算書類を作成した場合には，その旨を記載することが考えられます。この記載は，利害関係者に対して，決算書の信頼性を高める効果も期待されます。

3.3.2 決算書の信頼性と税理士のかかわり

日本税理士会連合会では，中小企業の計算書類について，中小会計要領の適用状況を確認するための書類として，「中小企業の会計に関する基本要領の適用に関するチェックリスト」を作成し公表している（2012年3月作成・公表，2015年4月改正）。このチェックリストは，中小企業からの依頼に基づき，税理士等が中小企業の作成した計算書類について，中小会計要領への適用状況を確認した

旨を示す書面である。つまり，決算書の信頼性を高める効果が期待できる中小会計要領への準拠性を専門家の立場から示した書類であり，決算書の信頼性の判断を支えるしくみといえる（決算書の信頼性と税理士の役割の詳細は，第9章・第10章参照）。

また，中小会計要領の適用に関するチェックリストを利用した金融商品を取り扱う金融機関が数多く出現している（中小企業庁 HP http://www.chusho.meti.go.jp/zaimu/youryou/sien/kinyukikan.htm）。

3.3.3 経営者保証ガイドラインとのかかわり

経営者保証に関するガイドラインは，中小企業庁と金融庁の後押しで，日本商工会議所と一般社団法人全国銀行協会が事務局となり，経営者保証を提供せず融資を受ける際や保証債務の整理の際の「中小企業・経営者・金融機関共通の自主的なルール」として策定・公表されたガイドラインである（詳細は，第5章参照）。その内容の骨子の1つとして，経営者の個人保証について，法人と個人が明確に分離されている場合などに，経営者の個人保証を求めないことが挙げられている。

このガイドラインが適用となるのは，下記の条件を満たす者とされている。

1　主債務者が中小企業であること。
2　保証人が個人であり，主債務者である中小企業の経営者等であること。
3　主債務者である中小企業と保証人であるその経営者等が，弁済に誠実で，債権者の請求に応じて負債の状況を含む財産状況等を適切に開示していること。
4　主債務者と保証人が反社会勢力でなく，そのおそれもないこと。

より具体的に定めた「経営者保証ガイドライン対応」資格要件確認シート（東京信用保証協会）に基づき，税理士のかかわりを確認すると，本ガイドラインの充足条件として税理士等の外部専門家の活用が期待されている。

◆法人と経営者個人の資産・経理が明確に分離されているか，また法人と経営者の間の資金のやりとりが，社会通念上適切な範囲を超えていないかどうかについて，役員報酬の決定プロセスのルール化，社内監査体制確立等に対し外部専

門家（弁護士，公認会計士，税理士等）の検証がなされていること。
◆適時適切に財務情報等が提供されているかどうかについて，財務諸表の作成に携わった公認会計士又は税理士から「中小企業の会計に関する基本要領」すべての項目について適用状況の確認を受けていること，会計参与設置会社であること，税理士法33条の2に規定する計算事項等を記載した書面を税理士が作成していること。

4 経営改善計画

4.1 経営改善計画策定支援の概要

4.1.1 認定支援機関による経営改善計画策定支援

借入金の返済負担等，財務上の問題を抱えていて，金融支援が必要な中小企業・小規模事業者の多くは，自ら経営改善計画等を策定することが難しい状況である。経営改善計画策定支援は，こうした中小企業・小規模事業者を対象として，中小企業経営力強化支援法に基づき認定された経営革新等支援機関（以下，「認定支援機関」という）が中小企業・小規模事業者の依頼を受けて経営改善計画などの策定支援を行うことにより，中小企業・小規模事業者の経営改善を促進する支援制度をいう。

内容的には債務免除などの大掛かりな事業再生支援ではなく，基本的には借入金元本は全額返済をするものの，条件変更や新規融資を金融機関と協議のうえで行いキャッシュフローの改善を図るものである。外部専門家である認定支援機関が，中小企業経営者の経営改善計画の策定を支援して金融調整を行い，そして計画実現のためにモニタリングを行う。これらの計画策定やフォローアップに要する費用の3分の2を各都道府県の経営改善支援センターを通して補助する制度が2013年から行われている。

第11章 経営改善計画

図表11-4 利用申請から支払決定までの流れ

1. 利用申請

中小企業・小規模事業者 / 認定支援機関（主要金融機関・外部専門家等）

- 中小企業・小規模事業者は，経営改善計画策定支援を実施する認定支援機関と連名で，「経営改善支援センター事業利用申請書」を，中小企業再生支援協議会に新設する経営改善支援センターに提出する。
- 認定支援機関に主要金融機関（メイン行又は準メイン行）が含まれない場合は，経営改善計画策定支援について協力することの確認書面を提出する。

経営改善支援センター

- 経営改善支援センターにおいて申請書の内容を確認する。
  【添付書類】・中小企業・小規模事業者の概要及び履歴事項全部証明書　・業務別見積明細書　等について確認の上，受付ける。
- 経営改善支援センター事業において費用負担することが適切と判断した場合は，その旨を代表認定支援機関に通知する。

2. 計画策定支援・合意形成

認定支援機関（主要金融機関・外部専門家等）

- 認定支援機関は，中小企業・小規模事業者の経営改善計画書策定支援を実施する。

3. 支払申請及び支払決定

中小企業・小規模事業者 / 認定支援機関（主要金融機関・外部専門家等）

- 中小企業・小規模事業者は，計画について金融機関との合意成立後，認定支援機関と連名で「経営改善支援センター事業費用支払申請書」を経営改善支援センターに提出する。

経営改善支援センター

- 経営改善支援センターでは，経営改善計画及び支払申請書の内容を確認する。
  【添付書類】・業務別請求明細書　・中小企業・小規模事業者からの支払を示す領収書等
- 経営改善支援センターは，支払申請の結果及び支払決定額，支払予定日について，代表認定支援機関に通知し，経営改善計画策定支援に係る費用（モニタリング費用含む）の3分の2（200万円）を上限として支出する。

4. モニタリング

認定支援機関（主要金融機関・外部専門家等）

- 認定支援機関は，経営改善計画の記載に基づき，中小企業・小規模事業者のモニタリングを実施して，経営改善支援センターに対し報告するとともに，「モニタリング費用支払申請書」を提出する。

経営改善支援センター

- 経営改善支援センターでは，モニタリング報告書及び支払申請書の内容を確認する。
  【添付書類】・業務別請求明細書　・中小企業・小規模事業者からの支払を示す領収書等
- 経営改善支援センターは，支払申請の結果及び支払決定額，支払予定日について，代表認定支援機関に通知し，モニタリング費用の3分の2（200万円）を上限として支出する。

（出所）中小企業庁HP　http://www.chusho.meti.go.jp/keiei/kakushin/2013/0308KaizenKeikaku.html

4.1.2　経営改善計画の態様

経営改善計画には金融検査マニュアルの定めにより下記のとおりいくつかの態様がある。中小企業の場合は，「合実計画」の要件を満たしていれば，自動的に「実抜計画」の要件を満たすこととされている。

> ⅰ)「実抜計画」：実現可能性の高い抜本的な経営改善計画
> ・概ね3年以内に債務者区分が正常先となること。
> ・関係金融機関の同意を得られること。
> ・売上等の予想数値が厳しめに設定されていること。
>
> ⅱ)「合実計画」：合理的かつ実現可能性の高い経営改善計画
> ・計画期間が概ね5年以内（中小企業の場合，5年を超え概ね10年以内）であること。
> ・計画期間終了後の債務者区分が正常先となること。
> ・全ての取引金融機関において，支援を行うことについて文書その他により確認できること。
>
> ⅲ)「中小企業再生支援協議会」での再生計画
> ・3年以内の黒字化
> ・5年以内の債務超過解消
> ・有利子負債の対キャッシュフロー比率が概ね10倍以下

認定支援機関による経営改善計画策定支援事業においては，経営改善計画の内容についてその計画によって金融機関から条件変更等の金融支援を得ること以外に，特に数値要件は定められていない。このため，必ずしも金融検査マニュアルにおける実抜計画や合実計画に該当する内容とする必要もないとされている。

認定支援機関による経営改善計画策定支援事業の改善計画書サンプルとしては中小企業庁のHPに掲載されているものがある。

中小企業庁HP 経営改善計画書のサンプル【原則版】
http://www.chusho.meti.go.jp/keiei/kakushin/2013/131213KaizenKeikaku10.pdf

4.2 会計情報の活用と留意点

4.2.1 基礎となる会計管理体制の構築

中小企業・小規模事業者の多くが，必ずしも適切な業績把握に資する会計情報を具備しているとは限らない。むしろ借入金の返済負担等，財務上の問題を抱えていて金融支援が必要な企業は，相対的に会計基盤が脆弱な傾向にある。そのため，中小企業経営者の会計に対する意識改革とタイムリーで精度の高い月次決算体制の構築が急務となる。また，前述のとおり販売管理，購買管理等の各業務管理から得られる情報は，現況を分析し具体的な実施計画を検討していく経営改善計画策定プロセスで重要な情報となる。中小会計要領の趣旨に基づく経営者自らの会計の活用が経営改善支援の実務的な第一歩である。

4.2.2 中小企業特性等による決算書の組換え

金融検査マニュアル（中小企業融資編）においては，中小・零細企業等の債務者区分の判断について，「特に，中小・零細企業等については，当該企業の財務状況のみならず当該企業の技術力，販売力や成長性，代表者等の役員に対する報酬の支払状況，代表者等の収入状況や資産内容，保証状況と保証能力等を総合的に勘案し，当該企業の経営実態を踏まえて判断するものとする。」等としている。

この趣旨に基づき経営改善計画策定を行うにあたり，金融機関からは下記の点等で決算や計画数値の組替えが生じることを認識しておく必要がある（第3章3，4も参照）。

> ⅰ）代表者等からの借入金等については，原則として，これらを当該企業の自己資本相当額に加味することができるものとする。なお，代表者等が返済を要求することが明らかとなっている場合には，この限りではない。
> ⅱ）代表者等への貸付金や未収金等がある場合には，その回収可能性を検討し回収不能額がある場合には当該企業の自己資本相当額から減額する。
> ⅲ）代表者等の預金や有価証券等の流動資産および不動産（処分可能見込額）等の固定資産については，返済能力として加味することができる。
> ⅳ）過年度減価償却不足額はこれを資産および純資産額から控除する。

4.2.3　会計基準の相違による組替え

中小会計要領は，その性格から減損会計，時価主義会計を要請していない。したがって，中小会計要領に準拠した決算書を基礎として経営改善計画の策定を行うにあたり，必要に応じて減損損失等の組替え計上を行うことが考えられる。

4.3　実施計画の策定

経営改善計画は，大きく2つの側面から議論される。1つ目は業績改善であり，これを実現することで営業キャッシュフローの改善を図り借入金返済原資を確保することを目指す。もう1つは金融機関による金融支援であり，営業キャッシュフローの80％相当額の返済原資と整合性がとれる借入金返済となるよう金融支援を依頼し合意を得るものである。前者の業績改善は中小企業自らの適切な行動計画の策定と実践力が問われ，後者の金融支援は金融機関からの行動計画の実現可能性の評価が基礎となる。

業績改善策の検討にあたり，過去の財務数値の時系列分析，比率分析や同業他社等の業界平均データとの比較などの財務分析により個々の企業の強み弱みなどの特性を評価する手がかりを得ることは可能であるが，より具体的な業績改善のポイントは経営者とのディスカッションに依存するところが大きい。行動計画策定の議論にあたり，より経営実態に迫るために着眼すべき業績改善のポイントを売上高，限界利益率，固定費に分類しながら挙げたものを参考までに引用する（**図表11-5**）。

図表11-5　業績改善のポイント

Ⅰ．売上高の改善ポイント
　売上高は，販売単価×販売数量です。
　つまり，売上高を増やすには，①売上数量を増やすか，②売上単価を上げるしかありません。この2点について，それぞれの改善着眼点を確認してみましょう。
① 　販売単価を上げる
　　□安易な値引き，経営者の知らない値引き，効果なきおまけがないか
　　□売れない理由を価格だけのせいにしていないか
　　□請求漏れ，売掛金滞留，現金過不足が生じたらすぐに気づけるか
　　□タダ働き，請求していないサービス，価格転嫁していない付随コストがないか

□顧客が納得できる商品価値をPRしているか
② 販売数量を増やす（販売数量＝お客様の数×客単価×リピート回数）
　　□そもそも新規開拓の営業活動をしているか（先月に費やした時間　　　時間）
　　□営業活動として，行くべきところに行っているか，会うべき人に会っているか，言うべきことを言っているか，会うべき時期に上司が同行しているか
　　□営業担当者別の目標や成果が，利益をベースとして把握されているか
　　□接客，クレーム対応，納期，スピード，メンテナンス，商品説明等々，商品力や品ぞろえ以外でも同業他社に勝るものがあるか
　　□来なくなった顧客の存在に気づけるか，解約顧客の本音を考えたか
　　□顧客に定期的に思い出してもらえるしくみを作ってあるか
２．限界利益率改善のヒント
　限界利益率＝(売上高－変動費)／売上高
　限界利益率は，①販売価格を改善するか，②変動費を下げる（購買・生産コストの改善）かのどちらかによって改善されます。
① 販売価格の改善
　　□顧客が他社ではなく，当社の商品を購入してくれる理由を意識しているか
　　□価格以外での当社から買ってもらえる魅力づくりを意識し続けているか
　　□その不採算顧客は，当社にとって本当に必要な顧客か
　　□その不採算商品は，当社にとって本当に必要な商品か
　　□将来の売れ筋商品，新商品を探す努力をしているか
② 変動費の改善
　　□在庫ロスが生じそうになったら気づけるか，在庫ロスが生じたら悔しがっているか
　　□在庫は整理整頓され，何がどこにあるのか把握されているか
　　□仕入価格，新規仕入先を定期的に検討しているか
　　□発注方法の工夫で改善余地がないか（小ロット，受注発注，共同購買等）
　　□購入していないものを請求されたら気づけるか
　　□仕入付随費用の改善も検討しているか
３．固定費改善のヒント
① 稼働率管理
　　□社員数に見合う売上規模が確保されているか
　　□成果が給与に反映するしくみがあるか
　　□社長さんの考え方を社員につたえる場面があるか
　　□しっかりとした報連相で，日常業務で部下が何をしているか把握できているか
　　□改善提案やITの活用で，業務改善を継続検討しているか
　　□会社の役員は，役員給与に見合う経営成果を挙げているか
② 効果測定
　　□その飲食費，ゴルフ費用は会社業績に貢献する費用か
　　□断りきれずに契約している取引，なれあい支出がないか
　　□販促費等の支出の効果を，定期的に把握しているか
　　□社長さんが知らない惰性支出がないか定期的にチェックしているか
　　□その設備投資が本当に必要か，修繕では無理か，中古ではだめか，低グレードではダメか，外注では不採算か

（出所）　TKC全国会巡回監査・事務所経営委員会，中小企業支援委員会（2014），11-12

> Column ⑪ 営業キャッシュフロー

　営業キャッシュフローとは，その会社が本業の事業活動からどれだけのキャッシュを稼得したかを示すものである。したがって，営業キャッシュフローは損益計算書の利益とは異なり，現預金の純増減差額であり資金的裏付けのある収支差額となる。
　営業キャッシュフローの計算方法には，直接法と間接法という2つの方法がある。直接法は，商品の販売や仕入，給料の支払い，経費の支払いなどの主要取引ごとにキャッシュフローを総額表示する方法である。他方，間接法は，損益計算書の当期純利益に非資金損益項目や，投資活動や財務活動の区分に含まれる損益項目を加減して計算する方法である。実務的には間接法が採用されることがほとんどである。

5　おわりに

5.1　社内管理情報としての会計情報の活用

　中小企業における会計は，ともすると年1回の税務申告のための事務処理業務として位置づけられ，中小企業内部の業務管理や業績管理，経営者の意思決定情報とかけ離れたところで外部に集計委託するようなケースが散見される。
　しかし，会計そのものが会社の業務管理のための重要な情報記録スキルであり，そのデータは税務申告のための所得計算情報である以前に，日々会社にとってなくてはならない販売，購買，在庫，資金管理情報等である。会計を年1回の税務申告のための事務処理業務と追いやることで，社内の業務管理情報を把握する機会を失い管理ロスや業績管理のしくみづくりの機会を失う。この重要社内管理情報として会計を活用しきれるかどうかは，適時適切な自らの記帳環境を整えられるかどうかにある。そしてこれこそが，日常的な経営改善への動機の源となる。

5.2　月次サイクル，業務管理レベルにおける会計情報の確からしさの確保

　中小企業の決算書の信頼性の確保は，中小企業金融が担保に依存しない将来

の資金返済力の評価にシフトすることにより，中小会計要領への準拠性をはじめとしたその信用力向上のための具体的なしくみがさらに重要性を増している。

しかし，経営改善計画策定支援などを通した中小企業金融のスムーズな流れを見据えるとき，会計情報は年1回の確定決算数値だけではなく四半期等に行われるモニタリング時の決算数値や，ひいては予算管理と相まって毎月の月次決算数値においてもその一定品質の確からしさが数値把握のためのスピードとともに求められる。

また，たとえばPDCAサイクルにおける業績検討や業績改善の挽回策の方向性の検討においても販売実績情報やその確からしさに依存するであろうし，日常業務においてもたとえば売掛金管理における業務品質の確からしさは常に求められているといえる。

これを実現するには，システムなどの活用と内部統制を意識した適正な業務手順の構築とともに，外部専門家の定期的なかかわりが有効である。また，繰り返しとなるがこの月次サイクル，業務管理レベルにおける会計情報の確からしさの確保には，適時適切な自らの記帳環境を整えられることが当然に不可欠となる。

5.3　問われる中小企業経営者の会計活用スキル

会計はもはや，経営者が日常車を運転するスキルや業務でメールを活用するスキルと同じように，会社のかじ取りをするための当たり前のスキルとして，中小企業経営者に活用されることが求められる。

このスキル向上の前提条件となる中小企業経営者の身の丈に合った会計ルールとしての中小会計要領が制定されたことは極めて有意義といえるが，それを具体的に多くの中小企業経営者が体得するしくみが問われることとなる。

経営改善計画の策定は，まさに会計活用の意義とその重要性を認識する大きなきっかけとなり，また単なるスポット的なものではなく計画策定後も継続的なモニタリングを実施する中で，会計が経営に常駐化していく点でも中小企業経営者の会計活用スキル向上に極めて有効といえる。

● **参考文献**

坂本孝司.2016.『ドイツ税理士による決算書の作成証明業務』TKC出版.
河﨑照行・万代勝信編著.2012.『詳解 中小会社の会計要領』中央経済社.
経営者保証に関するガイドライン研究会.2013.「経営者保証に関するガイドライン」.
武田隆二編著.2003.『中小会社の会計－中小企業庁「中小企業の会計に関する研究会報告書」の解説』中央経済社.
TKC全国会.2014.「認定支援機関による経営改善支援制度のご案内」.
中小企業庁.2011.『中小企業白書』.
中小企業庁.2012.『中小企業白書』.

（原田　伸宏）

第12章

モニタリング
－モニタリング実務と金融機関との信頼関係の再構築－

1 はじめに

　モニタリングには，元来，監視や観察の意味がある。前章の経営改善計画策定支援事業においては，策定した経営改善計画が計画どおりに進捗し，経営改善が図られているかどうか，あらかじめ計画に定められた期限ごとに定期的に，事業者が金融機関等に報告する事前準備等（経営改善計画と実績との乖離が生じている場合においては，事業者に対し，乖離の原因についての分析とあわせて，適切なアドバイス等を行う業務を含む）を行うのがモニタリングの業務としている（中小企業庁 2013, 3）。この事業に限らず経営改善計画書や事業計画書を策定した場合，その計画内容が確実に実行され，計画数値の実現可能性を高めることが重要となる。特に金融支援を実施した金融機関に対しては，経営改善計画の進捗状況を定期的に報告する機会を設けることは当然であり，金融機関にも信頼性の高い財務情報を中心に報告を受けた内容について助言や協力を行うことで，計画の実現を支援することが求められている。
　そこで本章では，中小企業金融における経営改善支援のモニタリングについて，経営改善計画策定支援事業の実務，モニタリングにおける3つの視点(財務・事業・資金繰り)，金融機関との信頼関係の再構築について論じることとする。

2 モニタリングとは

2.1 経営改善計画策定支援事業におけるモニタリング

前章でふれた経営改善計画策定支援事業において、申請者および認定支援機関は、経営改善計画の記載に基づき、計画策定後3年間のモニタリングに取り組み、その実施状況について認定支援機関において共有し、支援センターに報告することが義務づけられ、モニタリング報告書等の提出をしなければならない（中小企業庁 2015, 5-6）。

モニタリング報告において、提出する書類は金融機関毎にそれぞれ取扱いが異なるので、公表されている経営改善計画策定支援事業におけるモニタリング報告書（図表12-1）に基づきモニタリングの実務を以下で説明する。

このモニタリング報告書では、主に以下の項目の記載が求められている。

① **経営改善計画での具体的施策（アクションプラン）**
経営改善計画書に記載した「事業者の課題と具体的施策（アクションプラン）の内容」と「経営改善計画の具体的施策（アクションプラン）の実施時期ごとの内容」を記載する。

② **モニタリング実施時の具体的施策の進捗状況**
報告書には、「モニタリング実施毎に、経営改善計画に記載した具体的施策の実施状況等について記載する」とあり、事業者では「具体的施策の進捗状況」「月次の決算状況と年度決算の着地見込」「資金繰りの状況」を、支援する認定支援機関では、「経営改善の状況」「経営改善に向けた指導内容」「今後の課題と考慮事項」「その他の記載」が求められる。

③ **モニタリング実施時の具体的施策の実施状況**
報告書には、「モニタリング実施毎に、経営改善計画に記載した具体的施策の実施状況等について記載する」とあり、計画時の財務数値と決算時の財務数値、計画と実績の乖離値を記載する。財務数値として、売上高、営業利益、経常利益、当期利益、減価償却費、簡易CF（キャッシュフロー）（経常利益＋減価償却費－法人税等）、現預金残高、金融機関債務残高、資本性借入金、運転資金相当額、差引要償還債務残高、CF倍率、純資産額（帳簿）、純資産額

第12章　モニタリング

図表12-1　モニタリング報告書

〇事業者（申請者）の概要
事業者（申請者）又は認定支援機関は、経営改善計画書に記載した「事業者（申請者）の概要を記載する。

対象先	株式会社A社	支店名					
連絡先	…―…―…	住所	…市…町				
業種	製造業	設立年月日	平成8年5月1日		年商	70	百万円
事業内容	建設機械部品製造	代表者	B氏		年齢	63	歳
資本金	8百万円	従業員数	10名（3名）				
主要金融機関	①C銀行	（うちパート人員数）					
事業内容・沿革	平成3年B氏が個人事業として開業、平成8年5月法人設立。現在に至る。						
金融機関	①C銀行	②D信用金庫	③E信用組合	④F銀行	⑤		
株主構成	名前	株数	関係	役員構成	名前	役職	
	B氏	6,000	本人		B氏	代表取締役	
	G氏	2,000	弟		G氏	取締役	
	計	8,000					

〇経営改善計画の骨子
事業者（申請者）又は認定支援機関は、経営改善計画書の骨子について簡潔に記載する。

主要取引先2社の売上高に占める割合が非常に高いが、受注額が減少傾向にある。営業力を強化し受注額を増やすと同時に、新たな取引先を開拓し新たな受注増に対応するため、中古機械設備（15百万円）を導入。機械オペレーターを1名採用し対応する。また多品種少量生産に対応するため、外注先との連携を強化し、競争力を一層高める。
機械設備購入資金については、既存借入金を含めた30百万円を新規借入金として、E信用組合に1年据置後10年分割返済の融資を依頼する。
返済はFCFの80％として各金融機関の残高按分にて実施。

〇経営改善計画での具体的施策（アクションプラン）
事業者（申請者）又は認定支援機関は、経営改善計画書に記載した「事業者の課題と具体的施策（アクションプラン）の内容」と「経営改善計画の具体的施策（アクションプラン）の実施時期ごとの内容」を記載する。

事業者の課題と具体的施策の内容

	事業者の課題	実施時	経営改善計画の具体的施策の内容
1	売上の増加	平成26年9月から	従業員増（1名）並びに設備投資により、既存2社からの受注増（約8,000千円／年）に対応する。
2	新たな取引先の開拓（営業力）	平成27年9月から	社長自ら営業し、当社の技術力をPRし、新たな取引先を開拓する。
3	中古機械設備の購入（生産性向上）	平成26年4月から	受注増に対応し生産性を高めるために中古機械を購入（価格15百万円）する。
4	業務拡大による従業員採用予定	平成26年4月から	新たに購入する機械を操作する従業員を新規採用する。
5	経費削減（社長給与，地代，リース料）	平成26年9月から	平成26年9月からリース終了により2,787千円／年削減。27年9月から社長給与と地代を1,000千円／年減額。
6	外注先との連携強化	実施中	当社の品質基準を満たす既存の外注先との連携強化、および新規開拓を行う。

経営改善計画の具体的施策の実施時期ごとの内容

	経営改善計画の具体的施策の内容	計画0年目 26年8月期	計画1年目 27年8月期	計画2年目 28年8月期	計画3年目 29年8月期	計画4年目 30年8月期	計画5年目 31年8月期
1	従業員増（1名），設備投資。9,600千円／年の売上増。						→
2	新たな取引先の開拓（見込み企業数社あり）						→
3	受注増に向けて機械購入と従業員を採用。						→
4	リース終了により2,787千円／年の削減。						→
5	社長の給与と地代を1,000千円／年削減。						→
6	当社の品質基準を満たす外注先との連携，新規開拓。						→

○モニタリング実施時の具体的施策の進捗状況
事業者（申請者）及び認定支援機関は各モニタリング実施毎に、経営改善計画に記載した具体的施策の実施状況等について記載する。

第1回モニタリング	予定日：平成26年7月23日	開催日：平成26年7月29日
事業者(申請者)記載欄	具体的施策の進捗状況	機械オペレーターとして5月20日に経験者を採用することができました。取引先からの受注要請にも対応可能となり売上高も伸びました。
	月次の決算状況と年度決算の着地見込	当期6月時点で売上高が前年比110%となっており経常利益が3,000千円となっています。残り2か月でも利益は確保できそうです。
	資金繰りの状況	6月回収の5月分は例年稼働日数が少ないので資金繰りが悪化しています。
認定支援機関記載欄	経営改善の状況	4月にE信用組合より15百万円、C銀行より5百万円融資実行がありました。機械購入は物色中。従業員1名採用しました。
	経営改善に向けた指導内容	機械購入に関して機械メーカーに働きかけ早期の購入を指導しました。
	今後の課題と考慮事項	E信用組合からの融資が機械購入ではなく、一部運転資金として流用されているので注意喚起、指導しました。
	その他	

第2回モニタリング	予定日：平成26年10月23日	開催日：平成26年10月28日
事業者(申請者)記載欄	具体的施策の進捗状況	従業員を採用したのみで、その他の施策については何も実施しておりません。
	月次の決算状況と年度決算の着地見込	決算では利益確保となりましたが、売上高は下回ってしまいました。未だ機械購入ができていないので今期の売上増は難しい状況です。
	資金繰りの状況	資産の運用がうまくいかず、設備資金を運転資金にまわすくらいに資金繰りは厳しい状況です。
認定支援機関記載欄	経営改善の状況	機械購入が未実施のため、売上計画が未達成となる可能性があります。
	経営改善に向けた指導内容	従業員増により取引先からの受注要請に対応できる旨を取引先に伝え、受注増を図る営業を行うよう指導しました。
	今後の課題と考慮事項	設備資金が運転資金に使われたため残高が減少しています。今後の経営状況から設備資金に戻すのは無理があるかと思われます。
	その他	

第3回モニタリング	予定日：平成27年1月23日	開催日：平成27年1月30日
事業者(申請者)記載欄	具体的施策の進捗状況	C銀行から社長の個人資産の処分の話があり、不動産業者から情報収集中です。その他については前回から進捗はありません。
	月次の決算状況と年度決算の着地見込	取引先からの受注減と円安による材料費の高騰により12月時点で売上高対前年比20%減少、1,500千円の経常損失です。
	資金繰りの状況	設備資金の残高からC銀行に5百万円返済済で、依然厳しい状況です。12月に返済猶予をC銀行、D信用金庫にお願いしました。
認定支援機関記載欄	経営改善の状況	円安の影響で材料費が高騰し粗利益率が悪化、売上も前年を下回っており月800千円の売上高増が見込まれています。
	経営改善に向けた指導内容	設備資金の運転資金流用により当初の経営改善計画を見直す必要があると判断し、関係金融機関に再提出をお知らせしました。
	今後の課題と考慮事項	経営改善計画再提出に向けて、売上高確保の数字の裏付けの確認をとり、計画にブレがないよう検討します。
	その他	12/12にバンクミーティングを開催し、現状の報告と今後の取り組みについて各金融機関にお伝えしました。

第4回モニタリング	予定日：平成27年4月23日	開催日：平成27年4月30日
事業者(申請者)記載欄	具体的施策の進捗状況	取引先の遊休機械の無償貸与の依頼について、改めて再実行依頼をします。
	月次の決算状況と年度決算の着地見込	3/15付で再度の同意を得た計画の月別売上高は計画値を上回っています。3月末で経常損失は100千円まで圧縮してきました。
	資金繰りの状況	12月から返済猶予されているので今のところ資金繰りに苦労しておりません。
認定支援機関記載欄	経営改善の状況	遊休機械の無償貸与依頼は難航。1月以降、再計画通り、売上高の数字は目標達成している。
	経営改善に向けた指導内容	機械の無償提供について、当初、先方の実行可能との確認により3/15付けの計画書に盛り込んでいるので再度依頼するよう指導しました。
	今後の課題と考慮事項	3/15付けで再度の同意を得た計画が未実施となると、以降の計画も疑義が持たれかねない。よって計画内容は確実に実施する。
	その他	

※第5回以降のモニタリングを開催する場合は、必要に応じて、記載枠を追加する。

第12章 モニタリング

○モニタリング実施時の具体的施策の実施状況
事業者（申請者）及び認定支援機関は各モニタリング実施毎に，経営改善計画に記載した具体的施策の実施状況等について記載する。

計画時の財務数値	計画値					
	26年8月期	27年8月期	28年8月期	29年8月期	年 月期	年 月期
売上高	60,245	68,455	68,455	68,455		
営業利益	▲850	4,387	4,920	8,837		
経常利益	▲4,664	776	1,609	5,926		
当期利益	▲4,736	704	1,537	5,430		
減価償却費	7,016	6,485	5,952	685		
簡易CF（経常利益＋減価償却費－法人税等）	2,280	7,189	7,489	7,689		
現預金残高	8,744	9,940	11,255	12,681		
金融機関債務残高	119,197	114,411	109,149	103,444		
資本性借入金	－	－	－	－		
運転資金相当額	24,485	24,926	25,072	24,864		
差引要償還債務残高	85,968	79,545	72,822	65,899		
CF倍率	37.7	11.1	9.7	8.6		
純資産額（帳簿）	▲57,607	▲56,831	▲55,222	▲49,296		
純資産額（実態：金融支援後）	▲57,492	▲56,716	▲55,107	▲49,181		

決算時の財務数値（実績，見込み）	実績値又は見込み					
	26年8月期	27年8月期	28年8月期	29年8月期	年 月期	年 月期
売上高	62,084					
営業利益	5,341					
経常利益	1,532					
当期利益	1,459					
減価償却費	1,733					
簡易CF（経常利益＋減価償却費－法人税等）	3,192					
現預金残高	6,847					
金融機関債務残高	119,197					
資本性借入金	－					
運転資金相当額	25,972					
差引要償還債務残高	86,378					－
CF倍率	27.1					
純資産額（帳簿）	▲51,411					
純資産額（実態：金融支援後）	▲51,296					－

計画・実績対比	計画と実績の乖離値					
	26年8月期	27年8月期	28年8月期	29年8月期	年 月期	年 月期
売上高	1,839					
（達成率）	103.1%					
営業利益	6,191					
経常利益	6,196					
（達成率）	－32.8%					
当期利益	6,195					
（達成率）	－30.8%					
減価償却費	▲5,283					
簡易CF（経常利益＋減価償却費－法人税等）	912					
現預金残高	▲1,897					
金融機関債務残高	－					
資本性借入金	－					
運転資金相当額	1,487					
差引要償還債務残高	410					
CF倍率	－10.6					
純資産額（帳簿）	6,196					
純資産額（実態：金融支援後）	6,196					

※企業実態に合わせて，モニタリング会議に用いた資料（月次資料等）を添付する。

事務局等記載欄
必要に応じて意見等を記載する。

	担当者	記載欄
サポートセンター	専門相談員	
	センター長	
	協議会統括責任者	
全国本部	PM	

(実態,金融支援後)を記入する。

　ここで簡易 CF は,資金繰りや借入金返済原資として重要な指標となる。この値を基に計算される CF 倍率は,企業が通常返済可能と考えられる借入金の額から10以内が望ましいとされる。この10については,産業活力の再生及び産業活動の革新に関する特別措置法の財務健全化基準の指標として明記されている数値であるとともに,再生支援協議会の実施基本要領においても準用されていることから,過剰債務の算定や再生達成の基準のデファクト・スタンダードとなっている(藤原 2013, 75)。また純資産(実態)については,多額の含み損を抱えた簿価はすでにその意義を失ったものとして,時価ベースで計画を組んでいくべきと考える(藤原 2013, 71-72)ことから実態把握のために再計算する。

　また企業実態に合わせて,モニタリング会議に用いた資料(月次資料等)を添付することとなっている。以上の記載内容からモニタリングにおいては,3つの視点,すなわち財務,事業(アクションプラン),資金繰りの視点があることがわかる。各視点の内容,課題等については,第3節で検討する。

図表12-2　モニタリング報告書(抜粋)

売上高 営業利益 経常利益
当期利益
減価償却費 簡易 CF(経常利益＋減価償却費－法人税等) 現預金残高
金融機関債務残高 資本性借入金 運転資金相当額
差引要償還債務残高
CF 倍率
純資産額(帳簿) 純資産額(実態:金融支援後)

(出所)　中小企業庁ホームページ
http://www.chusho.meti.go.jp/keiei/kakushin/2013/0308KaizenKeikaku.html

なお，中小企業再生支援協議会事業実施基本要領には，再生計画策定支援が完了した案件のフォローアップとして，以下のような計画遂行状況等のモニタリングを行うこととしている（中小企業庁 2014b, 13）。

① 支援業務部門は，主要債権者と連携の上，必要に応じて，外部専門家の協力を得て，再生計画策定支援が完了した後の相談企業の計画達成状況等について，モニタリングを行う。
② 支援業務部門は，相談企業の計画達成状況等について適時・適切なモニタリングの時期を定めるものとする。
③ モニタリングの期間は，企業の状況や再生計画の内容等を勘案した上で，再生計画が成立してから概ね3事業年度（再生計画成立年度を含む。）を目途として，決算期を考慮しつつ，必要な期間を定めるものとする。
④ 支援業務部門は，モニタリングの結果を踏まえ，相談企業に対し，必要に応じ外部専門家の協力を得て，再生計画の達成に向けた助言を行う。
⑤ 支援業務部門は，モニタリングの期間が終了した時には，相談企業の計画達成状況等を踏まえ，その後の支援業務部門のモニタリングの要否を判断する。

2.2 金融機関が行うモニタリングとは

金融機関は，経営改善計画が提出された融資先に対し，その進捗状況を確認するためにモニタリングを行う。すなわち売上，営業利益，経常利益，キャッシュフロー等の目標値に対する達成度合いを測定し，確認する。実績値が当初の計画値と一致または上振れすれば，金融機関や信用保証協会等は経営改善計画の実現可能性は高く，当初計画通りの返済能力があるものと判断する。しかし，経営改善計画との対比で，概ね経常利益が8割に満たない数値の場合，つまり下振れした場合には，金融機関や信用保証協会等と再度アクションプランの練り直しを行い，具体的な業績改善策を検討する必要に迫られる。

2.3 コベナンツの有効性

条件変更等の金融支援が実行されると，経営改善計画書の策定が目的化し，具体的なアクションプランが実施計画どおり実行されない場合が散見される。

この場合，外部からのガバナンスを効かせることが必要となるが，その中でも地域金融機関が主要債権者の立場からモニタリングを行い，必要に応じて「早期着手」を促していくことは実効性が高い方法であると考えられる。

モニタリングを行ううえで，融資契約において財務上の制限の遵守を求めるコベナンツを設定しておくことは大変有効である。しかし，地方・中小企業に対して高度な財務制限を課しても，コベナンツが形骸化してしまうおそれがある。地域金融機関が，貸出先企業の経営上の問題を共通して認識できるような債権者・債務者間のコミュニケーションを実現できるよう，実態に即してコベナンツの内容を設定することが重要となる。

また，経済産業省「今後の事業再生のあり方に関する懇談会報告書」では，コベナンツ違反が生じた場合においても，地域金融機関は，制裁措置を形式的または一義的に発動するのではなく，貸出先企業の状況やコベナンツ違反の具体的事情を考慮して，必要に応じて改善に要する時間的余裕を与えつつも確実に是正を行うことを求めていくべきである（経済産業省 2007, 71），と指摘し，財務情報の把握のためにコベナンツ（融資契約において，事業および財務の報告義務を課す）や経営者のモラルハザードを防ぐしくみとして停止条件付き個人保証（無条件の個人保証ではなく，経営者が誠実に事業を遂行し，借入金の返済に努力していると認められる限り，債務者の事業および財務状況が結果的に悪化したとしても連帯保証債務を負わせないため，連帯保証に「代表者の不誠実さを基礎づける一定のコベナンツ違反が認められた場合」という停止条件を付す）といった対応策を提示している。

企業の課題に対応した具体的な財務コベナンツ例としては，以下のものがあげられる（日本政策投資銀行 2012, 161-162）。企業と金融機関との間の緊張関係を確保し，コベナンツに抵触した場合には，経営改善を促すことが必要となる。

◆償却前経常利益〇百万円以上の確保
◆有利子負債比率〇％以下，原価率〇％の達成等
◆計画に定める利益処分の遵守
◆計画に定める資産処分の履行等

3 モニタリングの3つの視点

3.1 財務のモニタリング

3.1.1 適時・正確な月次決算書の作成

　経営改善計画書を作成した会社には，行動計画を着実に実行し，計画に基づく一定の成果を上げることが求められる。この行動の結果は，財務数値として表れる。この数値と計画の数値を比較するのが「財務のモニタリング」である。ここでは売上高，営業利益，経常利益，キャッシュフロー等が，計画目標に比べてどのような状況で推移しているかを確認する。

　ところで商法19条2項には「商人は，その営業のために使用する財産について，法務省令で定めるところにより，適時に，正確な商業帳簿（会計帳簿及び貸借対照表をいう。）を作成しなければならない。」，また会社法432条には，「株式会社は，法務省令で定めるところにより，適時に，正確な会計帳簿を作成しなければならない。」と規定されている。

　モニタリングにおいては，適時・正確に月次決算書を作成し，必要に応じて金融機関へ提出するが，「決算書の作成を義務づけている本質的な目的は，経営者に決算書を経営判断の資料として使用させ，それによって健全で合理的な経営を遂行せしめることにある。企業状況を正しく把握するためには，基礎となる日常の取引の一切を正確に記帳する必要がある」（河﨑・万代 2012, 102）ことを忘れてならない。自らの経営状況（損益計算書や貸借対照表）や資金繰りの説明能力，具体的には，「期中管理（経営計画や資金計画の作成等）体制の定着」および「金融機関に対する説明能力」（坂本 2015, 5）を意味する財務経営力を経営者は向上させる必要がある。

3.1.2 税理士等の関与による一定の信頼性付与

　金融機関は，モニタリングにおいて提出された財務数値に基づき，さまざまな分析や計画との比較を行う。この基礎となる財務数値に信頼性が欠如すれば，誤った評価，判断が下される可能性が高まることになる。そこで一定の信頼性

の付与が必要となる。大会社であれば公認会計士による一定の監査が義務づけられるため，必然的に監査済みの財務諸表が提出される。しかし中小企業においては，このような強制的な監査等は規定されていない。よって，税理士等の関与による一定の信頼性付与が必要となるが，詳細については第Ⅲ部「中小企業金融における決算書の信頼性」を参照されたい。

3.1.3 管理会計導入による部門別業績管理体制の構築

　企業において，経営改善をすすめ，モニタリングの効果を高めるためには，「戦略を策定し，経営意思決定とマネジメント・コントロール，および業務活動のコントロールを通じて経営者を支援する会計」（櫻井 2015, 11）である管理会計の導入が必須である。

　戦略的な意思決定や資源配分を行うためには，自社の収益の源泉とその状況を的確に把握する必要がある。また，公平な業績評価や人事考課を行うためにも，損益の状況をできるだけ詳細な単位に「細分化」して把握する必要がある。「会計単位」の「細分化」としては，地区別，商品群別，各支店別，社員別，商品別などの単位が想定される（坂本 2015, 163-164）。

　金融機関から経営改善計画書の策定が求められるようになるまで業績不振に陥った原因として，何らかの不採算事業が存在している可能性が高い。業績改善を図るには，不採算事業からの撤退および改善の可能性の有無を検討する必要がある。もっとも業績不振の会社は，この不採算事業の特定化や検討がそもそも自社内でなされていない場合が多い。よって会計単位を細分化して，部門別の業績管理体制を構築する必要がある。

　部門別業績管理の効果としては，次の項目があげられる（坂本 2015, 168）。

◆月別および累計値の部門別損益と全体損益が明らかになる。
◆部門ごとに，売上高，限界利益，経常利益などの達成状況がわかる。
◆定量的管理要因による部門別評価が，公平に行われる。

　また，第11章でふれた「認定支援機関による経営改善計画策定支援事業」は，借入金の返済負担等，財務上の問題を抱えていて金融支援が必要な中小企業・

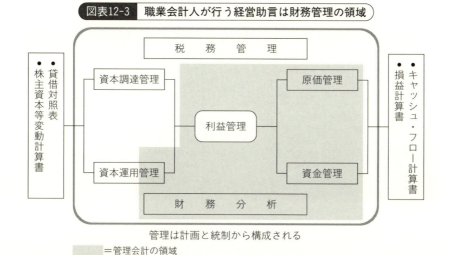

(出所) 坂本 (2015), 17

小規模事業者を対象としている。よって職業会計人（税理士・公認会計士）が行う経営改善支援業務は，**図表12-3**のように管理会計の領域にとどまらず，資本調達管理まで含めた財務管理の領域となっていることに注意が必要である。より広い領域の経営助言業務が期待されているのである。

3.1.4　業務指標と測定するしくみ

「中小企業の会計を活用した経営の促進事業　会計活用事例集作成委員会」（委員長：河﨑照行・甲南大学共通教育センター教授）においてとりまとめられた「『経営力向上』のヒント～中小企業のための『会計』活用の手引き～」では，全社の業績改善のためには，会社全体の業務プロセスを俯瞰しつつ，部門業務毎に改善指標を設定し，各部門が改善活動に真剣に取り組む必要がある（中小企業庁 2016, 45）として，**図表12-4**のように業務プロセスと情報および主な業務指標を例示している。

また，業務別 KPI（重要業績評価指標）を適正に管理するためには，各部門の業務指標を日次単位で測定するしくみを構築する必要がある（中小企業庁 2016, 46）とし，**図表12-5**のように作業日報等を導入して，日々の活動の詳細を記録す

図表12-4 業務プロセスと情報および主な業務指標の例

業務プロセス	研究開発	営業	受注	調達・生産	物流	回収
情報	開発情報等	見積情報等	受注情報等	発注情報 計画情報等	出荷情報 在庫情報等	売上情報 入金情報等
主な業務指標	図面制作時間 図面手直し時間 試作期間 試作手直し など	引合件数 訪問件数 提案件数 見積件数 商談時間 契約率 など	受注率 受注ミス発生率 受注処理件数 など	発注ミス件数 材料不良率 作業不良率 機械稼働率 材料調達機関 材料在庫量 仕掛品在庫量 サイクルタイム など	完成品在庫量 出荷ミス件数 出荷件数 製品納品期間 など	請求処理件数 債権回収率 など

(出所) 中小企業庁（2016），46 図表3-18-1

図表12-5 稼働率管理の様式例

第●週の結果　●工場（氏名：●●●）

		6日	7日	8日	9日	10日	評価
	当日平均サイクルタイム（秒）	228秒	228秒	228秒	226秒	211秒	―
A製品	稼働時間（H）	13.5H	23.0H	23.5H	24.0H	7.5H	―
	サイクルタイム（秒）	228秒	228秒	228秒	226秒	226秒	○
B製品	稼働時間（H）					9.0H	―
	サイクルタイム（秒）					199秒	○
稼働率	稼働時間計（H）	13.5H	23.0H	23.5H	24.0H	16.5H	△
	最大加工本数	292本	379本	379本	382本	409本	○
	加工可能本数	213本	363本	371本	382本	281本	○
	操業率	73.0%	95.8%	97.9%	100.0%	68.8%	○
	稼働率	55.1%	82.1%	87.3%	99.1%	55.3%	×
	チョコ停発生率	17.9%	13.8%	10.6%	0.9%	13.5%	××
	操業時間	18.5	24.0	24.0	24.0	24.0	○
	稼働時間計	13.5	23.0	23.5	24.0	16.5	○
	実質加工本数	161本	311本	311本	379本	226本	
	勤務時間	24.0	24.0	24.0	24.0	24.0	
	計画停止	5.5					
	段取り替え停止					7.0	×
	…						

第●週の結果

稼働率
××××××××××
××××××××××
×××××××．
チョコ停
××××××××××
×××××××．
稼働率
××××××××××
××．

課題
・○○○○○○○○○○
　○○○○
・○○○○○○○○○○
　○
・○○○○○○○○○○

翌週の施策
① △△△△△△△△△△
　△△△△
② □□□□□□□□□□
　□□□□

(出所) 中小企業庁（2016），46 図表3-18-2

ることが大切である，としている。

3.1.5　中小会計要領の活用～中小会計要領に取り組む事例65選

　経済産業省では，中小企業の抱える諸課題に対し中小企業の実態に即し，中小企業の経営者が容易に理解できる新しい会計ルールとして，2012（平成24）年2月1日に策定された「中小企業の会計に関する基本要領」（以下「中小会計要領」という）を活用して諸課題を解決し，経営を良くした具体的な事例を「中小会計要領に取り組む事例65選」としてとりまとめている。

　中小会計要領は，中小企業の多様な実態に配慮し，その成長に資するため，中小企業が会社法上の計算書類（貸借対照表，損益計算書等）を作成する際に求められている会計処理や注記等を示している。

　中小会計要領の活用により，中小企業の経営者が自社の財務情報や経営状況をタイムリーかつ正確に把握すれば，経営課題の早期発見，早期改善が可能になり，会社の経営戦略を立てる際や投資判断を行う際に非常に役立つ。また，経営者自らが自社の強みを語ることができれば，会社の見える化につながるとともに，金融機関や取引先等への信頼性を高めることになり，新たな取引や融資にもつながるのである。

　「中小会計要領に取り組む事例65選」は，中小企業の抱える諸課題に対し，中小会計要領を活用して経営を良くした企業65社の具体的な成功事例をベストプラクティスとしてとりまとめたものである。事例のとりまとめは，「中小企業の会計を活用した経営の促進に関する事例研究審査委員会」（委員長：河﨑照行甲南大学大学院社会科学研究科教授）において審査が行われ，65社を選定している。今回の取組事例の情報発信により，さらに多くの中小企業が，中小会計要領を自社の経営力の強化や資金調達力の強化等のために活用することによって，事業の発展につなげることが期待される。

　具体的には，**図表12-6**のように内部向けの効果（財務経営力の強化）として，コスト削減（原価管理，コスト削減意識の向上（従業員への教育，会計専門家との連携））や収益拡大（経営戦略への活用，経営改善）が，外部向けの効果（資金調達力の強化，取引の拡大）では金融機関や取引先からの信頼性が向上した，との効果が認められている。

図表12-6 中小会計要領に取り組むことにより得られた効果

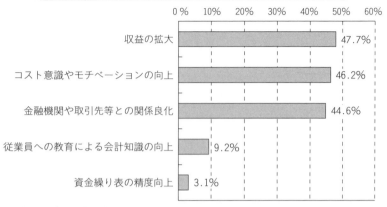

(出所) 中小企業庁 (2014a), 14

Column ⑫ 中小会計要領の導入により,会計を経営戦略に活かしたケース

　財務経営力を高めることで経営課題を発見し,低付加価値から高付加価値へシフトした成功事例が,事例65選 (p.18) で紹介されている。

　「中小会計要領の導入と会計ソフトの導入をすすめ,顧問税理士からの指導を受けることで,経営者自身の財務・会計に関する理解が深まった。中でも,受注情報を分析し,低付加価値加工から高付加価値加工へのシフトを推進するとともに,材料費,外注費などの製造原価をおさえ,利益率の向上を実現。また,高付加価値加工へのシフトを進めたことにより,直近2期間における新規取引先は20社を超え,他業種からの受注による顧客分散効果から,不況に強い体質の構築が実現できた。」

　このように中小会計要領に基づき適時・正確に会計処理を行うと,経営者自身が会社の正しい財務状況をタイムリーに把握することが可能となり,経営計画や経営戦略に活用することができる。経営者は,日々さまざまな意思決定に迫られている。決定する上で「経験と勘と度胸」はもちろん必要だが,そこにこの「正しい財務データ」があれば鬼に金棒である。なぜなら,経営上の判断や意思決定のスピードアップ化と正確性が向上するからである。会計に苦手意識を持っている経営者がいるが,食わず嫌いなだけではないか？　この事例のように会計で会社を強くした事例は数多くある。

3.2 事業のモニタリング

3.2.1 アクションプランの管理

経営改善計画書に記載されたアクションプラン（行動計画）が，予定どおり確実に実行されているか否か，その効果は想定どおりか，等をモニタリングにてチェックする必要がある。なぜならアクションプランが実施され，一定の効果が得られることを前提として経営改善計画は策定されているからである。計画どおり実施されなければ想定される結果を得ることが不可能となる。よって実施していなければ，その理由，今後の取組み予定，計画の変更の要否を即座に確認する必要がある。**図表12-7**は，重点管理する勘定科目毎にアクションプランと数値をリンクさせたものである。

3.2.2 非財務情報の活用

モニタリングにより業績を管理するには，財務諸表から得られる財務数値だけでは限界があるため，財務数値には表れない非財務情報，すなわち経営の現場におけるデータが必要となる。現場データは，財務数値に先行する指標であるから，財務数値を改善するためには，当然，この現場データを効果的に管理し，現場を改善しなければならない。

管理すべき現場データが明確になっていない場合，日常の業務の過程ですでに作成されているデータに着目し，それが経営課題の解決に活用できるか検討することが大切である。現場データは数多くあるため，重要度に応じて管理すべきものに優先順位をつけ，財務数値に対する影響度が高いものに絞り込み，活用する必要がある。

なお，企業の経営者等と金融機関，支援機関等が対話を通じて現状や課題を理解し，個々の企業の経営改善に向けた取組みを促すための手段となる評価手法・評価指標であるローカルベンチマーク（経済産業省 2016，7）では，非財務情報を把握し，対話を深めるための4つの着眼点（経営者，事業，関係者，内部管理体制）を**図表12-8**のとおり例示している。

活動の水準を直接表す非財務情報を利用する実務は，今後ますます盛んになると思われる。とりわけ，非財務情報のなかでも企業価値の創造にかかわる顧

図表12-7 経営改善目標と実施状況の管理表

経営改善目標と実態状況の管理表
関与先名　：株式会社○○菓子店
事業年度　：第○期　平成××年1月1日～平成××年12月31日
目標策定日：平成△△年12月15日

社長	部長	担当者

■経営改善のための重要分析指標

重要分析指標	現状	目標	計算式	第1四半期 (1-3月)		第2四半期 (4-6月)		第3四半期 (7-9月)		第4四半期 (10-12月)	
				(開催日：HXX.4.12)		(開催日：HXX.7.10)		(開催日：H . .)		(開催日：H . .)	
				実績	目標差異	実績	目標差異	実績	目標差異	実績	目標差異
売上高経常利益率	1%	3%	経常利益÷売上高×100	1.4%	1.8%	0.3%	2.7%				

■活動計画（アクション・プラン）

行	対策項目(科目)		課題と改善策		第1四半期 (1-3月)	第2四半期 (4-6月)	第3四半期 (7-9月)	第4四半期 (10-12月)
1	売上高	課題	競合店が5月に出店予定, 下落が見込まれる	実施状況	競合店情報収集	5月に特別値引きセールを実施		
				効果	情報収集に不足あり	出店後前年比94%		
		改善策	競合店対策として対抗策の立案, 来店客数減少の防止策, 差別化商品の開発	対策	値引きセールで対抗	差別化商品を選定し重点販売で対抗		
2	製造・仕入原価	課題	粗利益率の向上を図る（原価管理の徹底化）	実施状況	だんご・クッキーの自社製造割合を拡大	4社に実施		
				効果	外注費の削減効果あり	材料費の削減効果見込みあり		
		改善策	自社製造の強化と仕入業者の再選定	対策	仕入業者相見積りによるコスト削減策	1社業者替え検討		
3	商品在庫	課題	在庫中15%がデッドストック, 回転純化	実施状況	定期的な在庫チェックルールと担当者を決定	処分ルールを検討, 一部商品から試行開始		
				効果	良好（2%低減し13%に）	良好（3%低減し10%）		
		改善策	定期的な在庫チェック強化と早期処分, 目標5%	対策	処分権限を明確にして早期処分の実施を	発注段階にてチェック		
4	人件費	課題	労働分配率が年々増加傾向にある	実施状況	新規採用をパートで	店舗間での配置換え		
				効果	若干	良好		
		改善策	パートの活用と一人当たり生産性の向上	対策	ローテーションの見直し	店長教育マニュアル作成		
5	広告宣伝費	課題	予算は前年同額, 効果的な販売促進策を	実施状況	雑誌広告を止めDMを	5月に対抗チラシ実施		
				効果	あまりない	費用対効果なし		
		改善策	手法の検討, 計画的な実施と効果測定, 見直し	対策	競合店対抗チラシを	効果ある手法の再検討		

（出所）TKC全国会（2004），78

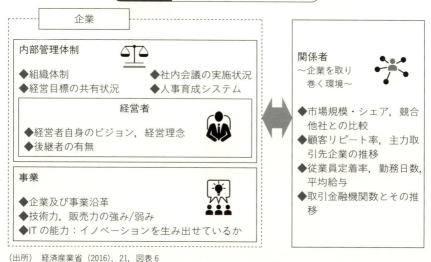

図表12-8 非財務情報の4つの着眼点

(出所) 経済産業省 (2016), 21, 図表6

客満足, 従業員満足, 品質, 市場シェア, 生産性, およびイノベーションといったことがらに関する非財務情報は, ますます重要になるであろう (辻 2015, 31)。

3.3 資金のモニタリング

経営改善期間中の企業において, 資金繰りのモニタリングは非常に重要である。金融機関は, このような状況下における企業には, 原則として新たな資金手当を行うことはない。そのため企業自らが資金繰り実績表, 資金繰り予定表, 月次の支払一覧表・入金一覧表等をもとに資金管理を徹底する必要がある。

業績が当初の計画を超え (上振れ), 資金需要の原因が増加運転資金であれば, 前向きな資金供給として金融機関から新たな資金の調達が可能となる場合がある。しかし, 逆に当初の計画を下回る (下振れ) 場合には, 新たな資金調達はまず不可能となり, 経営改善計画の再作成や事業継続の意義が見出し難い場合には, 転・廃業を検討する場合があるので最大の注意を要する。

4 金融機関との信頼関係の再構築

4.1 信頼の再構築プロセス

多くの中小企業は財務体質が脆弱であるため，金融機関からの借入金に依存せざるを得ない状況が定着している。安定した資金の供給を受ける根底には，企業と金融機関との間に確固たる信頼関係があることが不可欠である。しかし業績の悪化から資金繰りが逼迫し，借入金の返済条件の緩和等を行っている場合には，当然，この信頼関係が著しく毀損する。吉川（2015, 182-183）は，この失った信頼関係を再構築するプロセスを以下のように論じている。

> ① 企業が借入金の返済をできず，金融機関から企業に対する3つの信頼（約束遵守，能力，善意）が失われる。
> ② キャッシュ・フローの生成可能性の判断により，金融機関による企業への潜在的な能力に対する信頼が構築される。
> ③ 正直な会計報告により金融機関による企業に対する約束遵守の信頼が構築され，企業からのメインバンクとしての金融機関に対する善意による信頼が期待される。
> ④ 金融機関のイニシアティブにより再生計画の策定が開始され，企業からのメインバンクとしての金融機関に対する善意による信頼が構築される。また，企業による自発的な改善努力が認められることにより，金融機関による企業に対する善意による信頼が明らかにされる。
> ⑤ 継続的なモニタリング活動を通じて，月次の予測能力と実行能力があるものと判断されれば，顕在的な能力に対する信頼が構築される。
> ⑥ 金融機関と企業による双方の信頼が再構築され，企業再生計画が承認されることで，金融機関は企業に対する融資が可能となり，企業は長期計画の策定を果たして，事業の存続が可能となる。

上記③「正直な会計報告」については決算書の信頼性の確保が必須である。また⑤継続的なモニタリング活動により，企業の財務経営力の向上が認められれば，信頼は構築されるのである。

4.2　企業評価の向上

　苦境に陥っている企業にとって，金融機関による信用格付けをランクアップさせることは，円滑な融資を受けるために必要不可欠である。格付の大部分を占めるのは定量分析項目であるため，顧問税理士などの支援を得て，次のような方法で財務内容の改善を進める必要がある（坂本 2015, 175）。

> ①　現在の信用格付を自己診断する。
> ②　将来の経営改善後の信用格付の内容を確定させる（特に定量分析項目）。
> ③　②に基づいて，長期利益計画・短期利益計画を策定する。
> ④　③と整合性のある資本調達計画・資本運用計画，原価計算，資金計画を策定する。
> ⑤　③④をベースに業績管理体制を構築する。

　また，定量分析項目と定性分析項目を通じて，総合的に企業評価を高めるためには，次の点も留意して金融機関に対して情報の積極的な開示を行い，「情報の非対称性」を解消する必要がある（坂本 2015, 176）。

> ①　中小会計要領や中小指針に準拠した決算書を作成する。
> ②　会計情報の信頼性向上のために，会計参与の導入や税理士法33条の2による書面添付の活用を図る。
> ③　金融機関と常日頃から意思疎通を行い，信用格付等に必要な資料は早めに提供する。
> ④　製品開発力やマーケティング力などの非財務情報（定性情報）について，文書化して示す（例：中小企業新事業活動促進法（筆者注：現在の中小企業等経営強化法）上の経営革新）。

　経営者は，金融機関に対して自社の経営状況（損益計算書や貸借対照表等）や資金繰りの説明をする能力を向上させる必要がある。具体的には「期中管理（経営計画や資金計画の作成等）体制の定着」および「金融機関に対する説明能力」を意味している。この能力が高まれば金融機関からの評価が高まり，資金調達力も自ずと強化されるのである。

5 ITを活用したモニタリング手法

5.1 モニタリングの実務の課題

モニタリングの実務において，従前より企業から金融機関への決算書・申告書等の提出は，紙ベースにて行われている。この場合，資料の依頼，出力，受渡しといった作業レベルのプロセスと数回の接触機会と時間が必要となる。そして資料を入手してから金融機関内での確認，分析等を経て，融資先との面談となるため，激変する経営環境の中，迅速に現状を把握し，計画等の進捗状況を把握しなければならないのにもかかわらず，非常に時間と労力を要することからタイムラグが生じているのが実態である。よってモニタリングの効率性および効果性に課題がある。

5.2 ITを活用したモニタリング手法の一例

ここで第8章にて言及されたフィンテックに対応し，前述したモニタリングの課題解決につながるITを活用したモニタリング手法の一例として，株式会社TKCが開発した「TKCモニタリング情報サービス」をとり上げ考察する（第8章2.3.2もあわせて参照）。このサービスの概念図は，**図表12-9**のとおりである。なお図表中「銀行信販データ受信機能」とは，複数の金融機関（銀行や信販会社）から，インターネットを利用して取引データを自動で受信し，その取引データをもとに仕訳ルールの学習機能を利用して容易に仕訳を計上することが可能となることで，経理業務の効率化が図られる機能である。

「TKCモニタリング情報サービス」は，以下の3つのサービスから成り立っている。

① 決算書等提供サービス

TKCシステム利用企業からの依頼に基づき，法人税の電子申告直後に，融資審査，格付けのために金融機関に対して決算書や申告書等のデータを提供するクラウドサービスである。従来は紙ベースで金融機関に提出していたものを，TKC会員事務所が電子申告後，会社に代わって金融機関に決算書・申告書等の

図表12-9 TKCモニタリング情報サービス

顧問先（融資先）中小企業
- TKC財務会計システム（FXシリーズ等）
- 巡回監査
- TKC会員税理士
- 銀行信販データ受信機能
  - 銀行・信用金庫・信用組合（入出金明細）
  - クレジットカード（支払明細）
  - 電子マネー（支払明細）

TKCモニタリング情報サービス
◆決算書等提供サービス
◆月次試算表提供サービス
◆最新業績開示サービス

利用申込金融機関

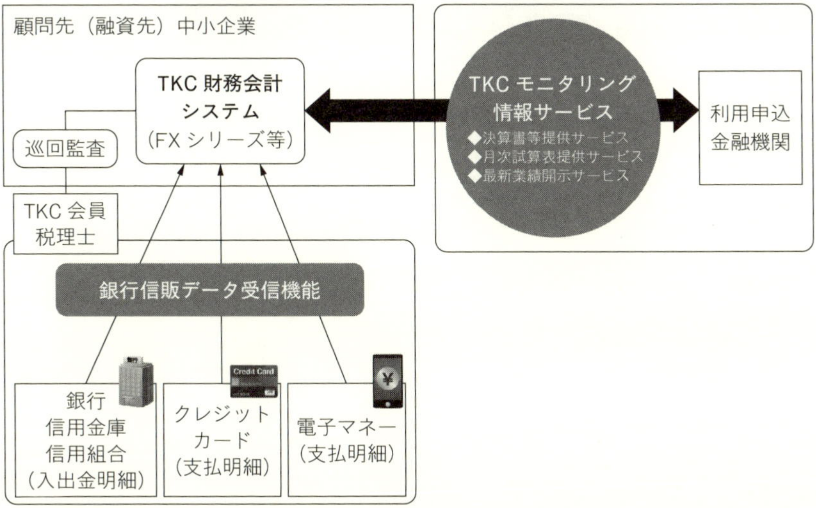

（出所）株式会社TKC

コピーをインターネット経由で提供するものである。金融機関への決算書等の提出が，電子データでスピーディーかつタイムリーに行われることで金融機関との関係がより強化されることが期待される。

② 月次試算表提供サービス

TKCシステム利用企業からの依頼に基づき，TKC会員事務所による巡回監査と月次決算の終了直後に，金融機関に対してモニタリング用の月次試算表等のデータを提供するクラウドサービスである。

③ 最新業績開示サービス

TKCシステム利用企業からの依頼に基づき，TKC会員事務所のホームページを経由して金融機関に対して，その最新業績をオンラインで開示するクラウドサービスである。なおこのサービスでは，当該企業の仕訳帳，総勘定元帳，取引先名，役社員名，役社員の給与等の閲覧は不可となっている。

これらのサービスにより図表12-10のとおり，各種帳表等が提出される。

図表12-10 TKCモニタリング情報サービス　提供帳表

決算書等提供サービス	月次試算表提供サービス	最新業績開示サービス（開発中）
【基本帳表】 ①貸借対照表・損益計算書　株主資本等変動計算書　個別注記表 ②個別注記表付表 ③法人税申告書・別表 ④勘定科目内訳明細書 ⑤法人事業概況説明書 ⑥受信通知（電子申告受付結果） 【オプション帳表】 ①キャッシュ・フロー計算書 ②中小会計要領チェックリスト ③記帳適時性証明書 ④税理士法33条の2第1項に規定する添付書面 ⑤中期経営計画書・次期予算書	【基本帳表】 ①月次決算報告シート ②月次試算表 【オプション帳表】 ①資金繰り実績表 ②損益予算管理月報	【閲覧できるデータの範囲】 仕訳帳，総勘定元帳等，取引先名や役社員名・マイナンバーを個別に確認できるデータ等は，閲覧の対象外

（出所）　株式会社TKCホームページ

5.3　IT活用の効果

5.3.1　省力化と利便性

　前述のとおり財務情報は従前より紙ベースにて提出しているが，ITを活用すれば，財務情報はダイレクトに電子データとして金融機関に届けられるため，確実に省力化が図られると同時に利便性が高まる。

5.3.2　対話の促進

　金融機関は，IT活用により融資先の決算書や月次試算表等のデータを事前にかつタイムリーに収集できるため，経営者との面談時には，すでに分析等を行った財務情報に基づき対話することが可能となる。これにより金融機関と融資先の密着度が高まり，より膝詰めで対話ができる関係構築を図ることができるため，コミュニケーションの質の深化により金融機関に求められているコンサル

ティング機能の発揮やソリューションビジネスの展開につながることが期待できる。

　また決算書・申告書の提出は，会社から金融機関に当初交わされた「銀行取引約定書」に基づき行われるが，会社の経営状況を事業年度中に管理するためにも，期中に月次試算表がタイムリーに提出されることを金融機関は切に望んでいる。なぜなら決算書の場合，1年間という期間の結果であるため，経済状況が激変する昨今においては，期間を短縮化して管理を強化していく必要があるからである。IT活用により月次試算表が毎月，継続して提出されれば，つなぎ目なしの「シームレス管理」が実行できる。これにより資金繰りの状況把握や予測ができるため，融資の提案等をタイムリーに行うことが可能となる。

　経営改善計画書を策定した会社のモニタリングにおいては，期中に月次試算表を提出することが必須であるため，本サービスは当然，有効に機能する。

5.3.3　決算書等の信頼性

　本書には，決算書の信頼性を担保するためには，税理士法33条の2に規定する添付書面やTKC会員事務所による巡回監査実施状況を株式会社TKCが証明する「記帳適時性証明書」が有効であることが随所でとり上げられている。

　しかしこれらが融資審査や事業性評価において的確に評価され，利活用されているか，となると疑問である。一般的には金融機関の担当支店に財務資料等は紙ベースで提出される。同時に書面添付や記帳適時性証明書が合わせて提出されていても，決算書等を金融機関の管理システムに入力する際に，これらの帳表は，一部の金融機関を除き入力項目がないため「企業概要表」には一切表現されてこない。支店では把握していても肝心の本部において，その情報が活用されていないどころか，その存在さえも知らない担当者が散見される。本サービスでは，これらの帳表はオプションとなっているが，会計事務所の支援により，積極的に信頼性を高めるこれらの帳表を提出することで，本部に直接届き，評価の対象となることを期待したい。

　また月次試算表においても，会計事務所による巡回監査を通じて，会計資料や会計記録の適法性，正確性，および適時性の検証が施された後に提出されるため，その信頼性が担保される。

5.3.4 融資先のニーズにタイムリーに対応

金融機関は，融資先から迅速に提供される決算書や月次試算表等のデータを活用し，タイムリーな融資の提案や融資申し込み手続の簡素化など，ITを活用することで利便性向上につながる新たなサービスを開発し提供することが可能となる。本サービスを利用することを条件に無担保・無保証の新たな融資商品を開発した一例として，長野県信用組合の「けんしんの当座貸越　クイックTKC」がある。これにより，「TKCモニタリング情報サービス」利用企業は，有利な条件で資金調達することが可能となる。内容については，**図表12-11**のとおりである。

金融検査マニュアル別冊〔中小企業編〕の事例20では，「債務者が正常な営業を行っていく上で恒常的に必要と認められる運転資金（正常運転資金）に対して，「短期継続融資」で対応することは何ら問題なく，妥当な融資形態の一つであると認められる。」（金融庁 2015，63）と「正常運転資金を供給する場合の融資形態及び正常運転資金の範囲」が明確化されている。これを引用して，金融庁の事業者に向けた小冊子には「短期継続融資を通じた運転資金融資の円滑化」（金融庁 2015，5）の説明があり，無担保・無保証の短期継続融資で運転資金を借りることも可能であることが記載されている。本商品はこれに則した内容となっている。

図表12-11　「けんしんの当座貸越　クイックTKC」商品内容

項　目	内　容
利用いただける方	TKC会員税理士等の関与先企業 ただし，「TKCモニタリング情報サービス」の利用者に限る （業歴2年以上で直近決算が「経常黒字」または「非債務超過」の方）
資　金　使　途	事業資金（運転資金・設備資金）
融　資　限　度　額	500万円以上1億円以内（100万円単位） ただし，上限金額は平均月商の2倍以内
融　資　期　間	6か月ごとの自動更新
返　済　方　法	元金均等返済（返済元金は極度額の1.0%以上，1万円単位）
担　保・保　証　人	原則不要
保証料・事務手数料	不要

（出所）　長野県信用組合ホームページ（https://www.naganokenshin.jp/ck/2/files/info_20161121.pdf）

本例に見られるように，各金融機関が，今後 IT を活用したモニタリングを行うことで，中小企業支援体制の強化と中小企業を支援する独自の融資商品を開発し，中小企業の資金調達の円滑化が促進されることを期待したい。

6 早期経営改善計画策定支援

第11章でふれた従来の経営改善計画策定支援事業では，金融機関による金融支援（条件変更や新規融資）を伴う経営改善計画を支援の対象としているが，中小企業の経営改善への意識を高め，早期段階からの対応を促すため，経営改善計画策定支援事業のスキームを活用し，中小企業が簡易な経営改善（早期経営改善計画の策定）に取り組むことにより，平常時から資金繰り管理や採算管理等が行える支援措置が2017年5月に制定された。

6.1　事業内容

申請者（中小企業）が，認定支援機関たる専門家（以下，「外部専門家」）の支援を受けて早期経営改善計画を策定し，その計画について，金融機関に提出した場合，早期経営改善計画策定にかかる外部専門家の費用が補助される。および早期経営改善計画策定後1年を経過した最初の決算時に，申請者（中小企業）と外部専門家はモニタリングを実施することで，モニタリングにかかる外部専門家の費用が補助（補助率は 2／3 かつ上限20万円（うち，モニタリング費用5万円まで））される。なお早期経営改善計画策定支援の利用申請は，申請が受理された日から1年で失効される。

6.2　申請手続

申請者は，金融機関に早期経営改善計画を策定する旨を説明し，事前相談書を入手して（**図表12-12**①），外部専門家と連名で経営改善支援センターに利用申請する（図表12-12②）。なお金融機関が認定支援機関として計画策定への関与を希望する場合には，申請に連名で加わることもできる。

申請者は，外部専門家の支援を受けて計画を策定し（図表12-12③），金融機関

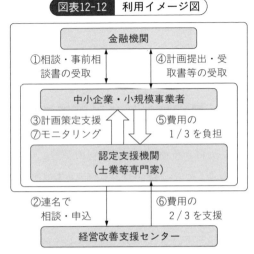

(出所) 中小企業庁（2017b）

に提出する(図表12-12④)。金融機関は普段の業務で使用している受取書等を発行する（図表12-12④）。

申請者は，外部専門家との連名で補助金の支払を申請する。経営改善支援センターは外部専門家に補助金を支払う（図表12-12⑥）。

早期経営改善計画策定後1年を経過した最初の決算時に，外部専門家は計画の実施状況等についてのモニタリングを行い（図表12-12⑦），報告書を作成し，申請者と外部専門家の連名で補助金の申請をする。経営改善支援センターは外部専門家に補助金を支払う。

なお計画の策定およびモニタリングの費用の1/3については，申請者の負担となる（図表12-12⑤）。

6.3　早期経営改善計画策定における作成資料

本事業において作成する資料は，**図表12-13**のとおりである。経営改善計画策定支援事業で求められる資料に比べ，早期段階で必要となる資料に絞られている。

図表12-13　作成資料比較図

経営改善計画策定支援事業	早期経営改善計画策定支援
・債務者概況表	―
・経営課題等の概要	―
・企業集団の状況（グループ相関図）	―
・ビジネスモデル俯瞰図	・ビジネスモデル俯瞰図
・資金繰実績表	・資金実績・計画表
・経営改善計画に関する具体的施策・実施計画及びモニタリング計画	・アクションプラン
・貸借対照表，損益計算書，CF計算書等の計数計画（金融支援（条件変更，新規融資等）含む))	・損益計画
・資産保全表	―
・その他利用申請，支払申請，モニタリング費用申請に必要な書類	・その他利用申請，支払申請，モニタリング費用申請に必要な書類

(出所)　中小企業庁の資料より筆者作成

6.4　対象事業者

　本事業は，資金繰り管理や採算管理など基本的な内容の経営改善の取組みを必要とする事業者が対象となる。すなわち認定支援機関たる専門家の支援を受けることにより，資金実績・計画表やビジネスモデル俯瞰図などの早期の経営改善計画を策定し，金融機関(メイン行または準メイン行)へ提出することで，今後の自己の経営について見直す意思を有する者である。なお無借金経営であっても，決済口座を持つ金融機関などからの事前相談書があれば利用は可能である。ただし申請日時点において経営改善計画等を策定している者および過去に本事業を活用した者は除かれる。

6.5　期待効果

　条件変更等の金融支援に至る前の早期段階で，中小企業の経営課題に対する意識を高め，中小企業が経営改善に取り組みやすい環境が整備されれば，経営改善の加速化が図られる。概して，事業計画や経営計画を策定している中小企業は決して多くない。業績悪化の会社が状況を認識し，自ら経営改善計画を進

んで策定している会社はなおさら少ないのが現状である。一方，毎期，事業計画や経営計画を策定し，モニタリング（予実対比等）を行い，常日ごろから業績管理を行っている会社は総じて業績がよい。このことから資金実績・計画表や損益計画が未策定である事業者が，本事業を通じて計画を策定できるようになれば，業績管理体制（PDCAサイクル）の定着化が図られる。早期に「予防」措置を講ずることで，金融支援を含めた多大な労力を要する「治療」にまで至らないケースが増えることが期待できる。金融機関にとっても経営状況の把握につながる。

また，従来の経営改善計画策定支援事業においては，金融支援が条件とされていたため，経営改善計画の同意を得るためのバンクミーティングの開催や経営改善計画の再作成等，金融機関との調整に時間を要していたため，早期に経営改善に着手できず，業績の悪化がさらに進行したケースも散見された。これでは本末転倒である。本事業は，条件変更等に至る前の早期段階で認定支援機関や金融機関に経営相談を行い，経営改善に向けて早期着手を促すスキームとなっているため，その効果性が期待できる。同時に，金融支援の不要化は，認定支援機関にとって大きな労力の軽減化となるため，支援件数の大幅な増加が期待できよう。

なお，早期経営改善計画策定から浮き彫りにされた事業者の経営課題に対し，その解決に向けて，必要があれば従来の経営改善計画策定支援事業や中小企業再生支援協議会，事業引継ぎ支援センター等を利用することが望まれる。またこれら中小企業支援の専門家の連携や協働体制の構築もあわせて必要に迫られよう。

7 おわりに

　本章は，中小企業金融における経営改善支援のモニタリングについて，経営改善計画策定支援事業の実務，モニタリングにおける視点，金融機関との信頼関係の再構築について論じてきた。その結果，課題および提言は，以下のとおりまとめることができる。

7.1 財務数値の信頼性

　経営改善計画の進捗状況を確認するのがモニタリングの目的であり，それは主に財務数値に基づく評価となる。この数値に信頼性が確保されていることがモニタリングの大前提となる。月次試算表および決算書の信頼性を担保するための方策は第10章を中心に論じられているが，税務の専門家である税理士に与えられた権利である書面添付制度の推進状況が芳しくない現状が危惧される。書面添付は，税務当局はもちろんのこと，金融機関からの評価や信頼性の形成にも大きな影響力を及ぼすことに再認識が必要であろう。

　一方，金融機関にモニタリングや財務数値の提出をする際，書面添付の意義や内容，有効性を説明して理解を求め，モニタリング報告書や企業概要表に記載やチェック欄の設定，記入を依頼することも必要であろう。

　参考までに株式会社TKCでは，図表12-14のように「記帳適時性証明書」を会計システムに要請される記帳の「適時性」を担保するメカニズムとして発行している。この証明書には，書面添付等の有無の表示がある。金融機関にとっても審査等おいて有効なものになるのではなかろうか。詳細については第8章に記載がある。

図表12-14 「記帳適時性証明書」の記載内容の金融機関によるチェック項目

A：「記帳適時性証明書」の内容を金融機関にて審査（チェック）するための欄

B：「会計記帳が継続的になされてきたか？」…会計記帳が継続的になされてきたことを証明するため会計事務所が過去3年間に毎月実施した巡回監査の実績を表示

C：「法人税申告書が決算書に基づいて作成されているか？」…法人税申告書が決算書に基づいて作成されていることを証明

D：「『継続MAS』は利用されているか？」…「継続MAS」（企業の経営改善計画を策定するシステム）の利用状況を表示

E：「『FX2シリーズ』は利用されているか？」…「FX2シリーズ」（企業向けの管理会計システム）の利用状況を表示

F：「『書面添付』が実践されているか？」…税理士法33条の2が規定する書面添付の有無を表示

（出所）　株式会社TKCホームページを一部修正

7.2 非財務情報の有用性

　過去の経営活動の結果を表す財務数値を基にモニタリングは行われるが，企業実態を評価するうえで，財務数値には表れない非財務情報の積極的な活用が望まれる。村本教授は，企業の競争力の源泉としての人材・技術・知的財産（特許，ブランド等），組織力，ネットワーク，戦略等，財務諸表に表れない知的資産を融資の審査において評価し，物的担保・人的保証に替わるものとして位置づけることが重要である，と説いている（村本 2015，44）。

　たとえば，中小企業は，知的資産経営報告書の作成を行い，その内容を金融機関が財務諸表と併行して審査に活用すればよい，また財務諸表がない創業企業には，この知的資産経営報告書のみでも審査対象となる可能性がある，とEU諸国では行われている知的資産の評価を提唱している（村本 2015，44）。また金融庁の金融行政方針における「事業性評価」（取引先企業の事業の内容や成長可能性等を適切に評価。第6章参照）においてもこれは有用であろう。

7.3 モニタリングによるコミュニケーション

　金融庁は，地域金融機関が行う地域密着型金融に関して，年1回，取組み実績や利用者等の評価についてとりまとめ，公表している。モニタリングに関しては，以下のコメントがあった。

> 「密度の高いコミュニケーションを通じたモニタリングの実施により取引先の経営状況等を継続的に把握する等の取組みを通じて，信用リスク管理の強化が図られている。」
> 「取引先に対する経営改善支援等の取組みを通じて行員の融資審査能力の向上が図られ，融資の際にも取引先から得られた定性情報も十分に反映した与信判断が行えるようになってきた。」（金融庁 2009）
> 「小規模事業者に対しては，貸出後のフォローを行っていないが，定期的なモニタリングにより早め早めにアドバイス等を行い，事業者の改善を促してほしい。」（金融庁 2012）

以上からわかるように，中小企業と金融機関の良好な信頼関係の保持のためには，信頼性が確保された財務数値および非財務情報を把握し，コミュニケーションがとれる場面が非常に大切になる。本章では，経営改善計画書の策定を求められる企業価値が毀損した企業におけるモニタリングを中心に論じてきたが，融資先からの決算書の徴求や新規貸出時の決算書および直近の試算表の徴求においても，企業の実態を把握するべく有用な情報の収集に努める必要がある。定期的なモニタリングを通じて，適時に企業の状況を把握できれば，金融機関によるコンサルティング機能の発揮が期待できる。業績が悪化してからの「治療」ではなく，定期的なモニタリングによる「予防」としての意味合いもあるのではなかろうか。

　加えて前述したモニタリングの手法としてITを活用すれば，会計事務所が企業からの委託に基づき，金融機関に対して信頼性の高い決算書や月次試算表，資金繰り実績表，最新業績等といった財務データをインターネットでタイムリーに提供することが可能となる。企業と金融機関の利便性が高まると同時に連携が強化され，対話の質が高まることで企業を支援する体制がより強固なものになることが期待できる。

● 参考文献

河﨑照行・万代勝信編著．2012．『詳解　中小企業の会計要領』中央経済社．
金融庁．2009．「平成20年度における地域密着型金融の取組み状況について」．
金融庁．2012．「地域金融機関の地域密着型金融の取組等に対する利用者等の評価に関するアンケート調査結果等の概要」．
金融庁．2015a．「平成27 事務年度　金融行政方針」．
金融庁．2015b．「事業者の皆様へ　円滑な資金供給の促進に向けて」．
金融庁．2015c．「金融検査マニュアル別冊（中小企業融資編）」．
経済産業省．2007．「今後の事業再生のあり方に関する懇談会報告書」．
経済産業省．2016．「地域企業　評価手法・評価指標検討会中間とりまとめ～ローカルベンチマークについて～」．
坂本孝司．2008．『会計で会社を強くする』TKC出版．
坂本孝司．2011．『会計制度の解明－ドイツとの比較による日本のグランドデザイン』中央経済社．
坂本孝司．2013．『「中小会計要領」対応版　会計で会社を強くする』TKC出版．

坂本孝司．2015．『中小企業の財務管理入門－財務で会社を強くする』中央経済社．
櫻井通晴．2015．『管理会計（第6版）』同文舘出版．
産業再生機構．2006．『事業再生の実践　第Ⅲ巻』商事法務．
中小企業基盤整備機構．2012．「中小企業における金融機能と経営支援機能の連携のあり方に関する調査」．
中小企業庁．2011．「金融と経営支援の一体的な推進」．
中小企業庁．2013．「認定支援機関による経営改善計画策定支援事業　認定支援機関等向けマニュアル・FAQ」．
中小企業庁．2014a．「中小会計要領に取り組む事例65選」．
中小企業庁．2014b．「中小企業再生支援協議会事業実施基本要領」．
中小企業庁．2014c．「「中小企業再生支援協議会事業実施基本要領」Q&A」．
中小企業庁．2015．「認定支援機関による経営改善計画策定支援事業に関する手引き」．
中小企業庁．2016．「「経営力向上」のヒント～中小企業のための「会計」活用の手引き～」．
中小企業庁．2017a．「経営改善計画策定支援事業（いわゆる405事業）を活用した「早期経営改善計画（経営計画等）策定支援」について」．
中小企業庁．2017b．「認定支援機関による経営改善計画策定支援事業(早期経営改善計画策定支援）認定支援機関等向けマニュアル・FAQ」．
辻正雄．2015．『会計基準と経営者行動－会計政策の理論と実証分析』中央経済社．
日本政策投資銀行．2012．『コンサルティング実務体系－企業ライフステージ別アプローチ』きんざい．
TKC全国会創業・経営革新支援委員会．2004．『平成16年【後期】経営革新実務研修会テキスト』TKC全国会．
TKC全国会創業・経営革新支援委員会．2012．『実践！経営助言』TKC出版．
TKC全国会中小企業支援委員会．2014．『部門別業績管理で次の打ち手を探ろう！』TKC出版．
TKC全国会中小企業支援委員会．2015．『これならできる！金融機関と一緒に行うモニタリング』TKC出版．
藤原敬三．2013．『実践的中小企業再生論［改訂版］～「再生計画」策定の理論と実務～』きんざい．
村本孜．2015．『中小企業支援・政策システム－金融を中心とした体系化－』蒼天社出版．
吉川晃史．2015．『企業再生と管理会計－ビジネス・エコシステムから見た経験的研究』中央経済社．

（増山　英和）

| 特別収録 | 中小企業金融における会計の役割と税理士の職責
――金融庁 三井秀範検査局長に聞く |
|---|---|

TKC全国会 会長　坂本孝司

　本年は，中小会計要領の普及・啓発を最重点に取り組んでいくことは既に『TKC会報』でも申し上げたとおりです。そこで，今回の巻頭言では，「中小企業金融における会計の役割と税理士の職責」という観点から，「なぜ，中小会計要領を推進するのか？」について述べたいと思います。

　昨秋の第126回TKC全国会理事会において「金融モニタリングの現状と課題――地域金融を中心に」と題し，ご講演いただいた金融庁三井秀範検査局長へ私がお聞きしたご質問に対する三井局長のお話をご紹介しながら，金融行政方針や地域金融機関の取組みをわれわれがしっかりと認識するとともに，今後，地域金融機関と税理士が連携していく中での中小企業における会計の啓発についても考えたいと思います。

1　金融庁は中小会計要領の活用を監督指針で明示している

　金融庁の『中小・地域金融機関向けの総合的な監督指針』の中で，中小会計要領の活用について次のように記載されています。

> Ⅱ-5-2-1　顧客企業に対するコンサルティング機能の発揮
> 　顧客企業の事業拡大や経営改善等に当たっては，まずもって，当該企業の経営者が自らの経営の目標や課題を明確に見定め，これを実現・解決するために意欲を持って主体的に取り組んでいくことが重要である。
> （参考）　中小企業である顧客企業が自らの経営の目標や課題を正確かつ十分に認

> 識できるよう助言するにあたっては、当該顧客企業に対し、「中小企業の会計に関する指針」や「中小企業の会計に関する基本要領」の活用を促していくことも有効である。

　これは地域金融機関向けの指針ですが、かかる仕組みの中で税理士も大きな役割を担っています。これまで税理士は「税務の専門家」として「納税義務の適正な実現を図る」ことを使命としてきたことに加え、新たに「中小企業金融に関する専門家」という使命も担うことになったのです。
　前回のご講演の中で三井局長からは、「金融機関主体の多様な創意工夫を促す検査・監督のあり方へ見直す」と伺いました。そこで三井局長には最初に次の点をお伺いしました。

◆検査・監督のあり方の見直しについて

　坂本　前回の三井局長のご講演の中で、「金融機関が融資をする際に、担保や保証に過度に依存する、バランスシートの健全性ばかりを重視する、資産査定に専ら集中する、等の傾向を問題視し、将来の収益性を重視し、そのため金融機関が顧客企業との対話を通じて課題を見つける取組みへと見直しを図る」とのお話がありました。この点についてその後の進捗や動向等があればお教えいただけないでしょうか？
　三井　地域金融機関による金融仲介機能の質は、地域経済の浮沈に関わるといっても過言ではありません。昨年、金融庁が行った企業751社へのヒアリングや2,460社へのアンケート調査では、企業が金融機関に求めるニーズは、融資金利の低さよりも、企業の事業内容や当該事業をめぐる市場環境に対する深い理解が上位に挙がっていました。
　他方、金融機関の収益性は、金利低下に伴う長短金利差の縮小を背景に低下傾向が続いていますが、その低下の程度には金融機関間でバラツキが見られます。このバラツキの要因を分析してみますと、昨年9月の「金融レポート」で紹介させていただきましたが、

　ⅰ．地元の中小企業等の顧客基盤を中心に小口分散化した融資サービスを提供する。

ii．地元顧客を良く理解することで，経営状況が悪化した企業に対して有効な経営支援を行い，取引先企業の突発破たんも未然に防ぐ。

iii．これらにより，貸出金利回りの低下を抑えつつ，相応の収益を確保する。

といった特色を持つ地域金融機関の方が，市場金利の低下の影響を相対的に受けにくく，より安定的な経営を実現している姿が窺えました。

人口の減少・高齢化が進展し，また，低金利下でイールドカーブのフラット化が進む中で，多くの金融機関が量的拡大モデルに依拠し続けることは困難と思われることから，例えば，金融機関としても，経費の効率化や有価証券運用，金融商品販売による収益確保策をとるところも見られます。具体的にどのような経営方針を採って収益を確保していくか自体は経営判断ですが，やはり，地域金融機関では，地域の顧客を相手にした貸出が収益の大部分を占めており，地元の顧客基盤をいかに育んでいくかは地域金融機関にとって重要と考えられます。具体的には，取引先企業と密接に対話し，その生産性向上に資する適切なアドバイスを行い，必要なファイナンス面の支援をすることが，地元の顧客と地域経済の基盤を強固にし，このことが自らの収益基盤の強化，ひいては健全性維持にも寄与するという形で，マイケル・ポーターの言うところの「共通価値の創造」にもつながるのではないかと考えられるところです。

実際，多くの金融機関において「顧客へのソリューションの提供や地域経済への貢献」が経営理念に掲げられています。金融機関のモニタリングにおいては，このような経営理念を実現するために，具体的にいかなる経営計画が作られ，それをどのような業績評価や融資審査態勢などによって組織全体に浸透させ，金融商品・サービスの提供が行われているかを，顧客企業の意見も聞きながら，金融機関との間で継続的に対話をしていくこととしております。

2 認定支援機関である金融機関と税理士の連携が中小企業の経営支援の鍵を握る

中小企業の経営支援は，地域経済の再活性化，ひいてはわが国経済の再興のために重要な課題です。これに関連し，認定支援機関制度が創設され，その中心的な役割を果たす税理士と並び，ほとんどの金融機関が認定支援機関となっ

ています。そこで三井局長に次の点をお伺いしました。

◆**金融機関と税理士が連携した経営支援について**

坂本　多くの金融機関は認定支援機関でもあるわけですが，地域における中小企業の経営支援の観点から，金融機関および税理士の連携や協働についてどのように考えていますか？

三井　金融機関の取引先企業の中には，人口減少や産業構造の変化等の環境変化により事業の生産性向上や再構築などを行う必要がある先が少なくないと思われます。金融機関としては，そういった企業との間で日頃から密接に対話を行い，事業改善や生産性向上に資するアドバイスを行い，必要なファイナンス面での支援を行うことが企業にとって有益であるのみならず，金融機関にとっても結局は自らの顧客基盤の強化につながり得るものと考えられます。こうした経営支援にあたっては，税理士をはじめ外部専門家との連携が重要であるとともに，債務者である企業から見ると，税理士は，債権者である銀行とは別の立場で，むしろ身近に様々な経営課題を相談できる相手と考えられます。

こうしたことから，企業の経営・財務の内容を熟知し，かつ，独立した立場でおられる税理士の方々が金融機関とも連携しながら企業の経営改善支援に尽力されることは，中小企業の生産性向上，ひいては地域経済の発展にも大きな意義があると思います。

3　事業性評価の入口は月次決算による正しい会計

現在，金融機関は事業性評価(融資)に力を入れています。昨秋，金融庁から発表された「金融仲介機能のベンチマーク」では，この事業性評価融資の実施件数も項目の1つとなっています。われわれは職業会計人の立場から，この事業性評価の入口は月次決算による正しい会計であり，それを行うのが税理士の職責の1つだと考えています。そこで三井局長に次の点をお伺いしました。

◆**事業性評価融資先の選定と税理士を活用した会計の有効性について**

坂本　金融機関が全ての融資先に事業性評価をすることは現実的でなく，企

業のライフステージ毎や規模等でメリハリをつける必要があると推測します。その際，日頃，対話ができていない融資先である場合でも，早めに経営上の問題点等に気がつけるような仕組みが必要だと思います。そのような企業について，金融機関が税理士など専門家と連携して，月次決算に基づく有益な会計データをもっと活用することはできないでしょうか？

三井 金融庁は，地域経済の成長性と地域金融機関の健全性・収益性には密接な相関関係があることを踏まえ，リレーションシップバンキングの進展を地域金融行政の重要な課題と位置づけ，取り組んでまいりました。このような観点から，金融機関として，担保・保証への依存から脱却し，事業性に着目したファイナンスやソリューションを提供していくためには，目利き力を鍛え，将来の事業性を総合的に評価するスキルを高めていく必要があります。そのためには，市場環境や競争条件を含む事業に対する深い理解や知見を更に深めつつ，日頃からのリレーションに基づき定量・定性の両面から総合的な将来のキャッシュフローを的確に分析・評価し，それを融資審査に反映させていくことやソリューションの提供につなげていくことが求められているのではないでしょうか。

その意味で，おっしゃっているような取組みは，将来の事業性を評価し，それを融資やソリューションの提供に結び付けていくための1つの方策として有用と思われます。

4 金融機関が作成する実態バランスシートと中小会計要領の違い

次に押さえるべきことは，金融機関が作成する実態バランスシートと中小会計要領の違いについてです。中小会計要領の主な目的は次の4点です。

① 経営者自身が自社の経営状況を把握しやすくするため
② 中小企業の利害関係者である金融機関，取引先，株主等への情報提供のため
③ 中小企業の実務に配慮（会計と税制の調和を図った会計基準）するため
④ 計算書類の作成負担を最小限に留め，中小企業に過度な負担を課さないため

これに対し，金融機関は自己査定のために実態バランスシートを作成します。例えば，「ゴルフ会員権の時価が下がっている」「この土地は仕入れ値から時価が半分になっている」といった事象があれば，金融機関はそれらを含み損と見て実態修正を行います。一方，中小会計要領では「税制との調和を図る（取得原価主義を採用）」という観点から，税法が損金として認めない含み損は原則として損失と認識（計上）しません。

このあたりを押さえて金融機関と話をしないと（税理士の作る決算書は信用ならぬ等の）誤解を生じさせることになります。では，含み損はどう見ればよいかというと，「申告書と併せて科目内訳書を見てください。それをご覧になって実態財務評価をしてください」と説明すればよいのです。そこで三井局長に次の点をお伺いしました。

◆中小企業の会計の性格について

坂本 金融機関の皆様に中小企業の会計の性格（会計処理の判断には「一定の幅」があること）を正しく理解してもらうためにはどのような働きかけが必要でしょうか？

三井 ご指摘のとおり，金融機関は融資判断にあたって実態バランスシートを分析・作成すると思います。一方，中小企業においては，その実態を踏まえ，「中小企業の会計に関する基本要領」などが策定されています。中小企業としては，そうした様々な資源の制約の下で，税理士などの専門家の助力をも得ながら，まずは，帳簿をつけ，それに基づき「中小会計要領」や「中小企業の会計に関する指針」などに則って適切な財務諸表を作成することが出発点になります。

金融機関が担保・保証に過度に依存することなく，事業性に着目して適切な金融仲介機能を発揮するためには，金融機関は，単に過去のバランスシートに着目して実態バランスシートを作れば足りるということではなく，むしろ，目利き力をつけ，企業の事業性・将来性を見極め，定量的・定性的な材料を総合的に分析・評価し，将来のキャッシュフローを適切に評価して融資判断を行う力が求められると考えます。

比喩的に申し上げれば，こうした企業の本業支援にあたっては，当該企業の

過去の経営の成果の数値である財務諸表の正確な作成に止まらず、そうした事業から得られる将来のキャッシュフローを的確に見積もっていく、更に申し上げれば、その企業の有する有形・無形の資産を用いて事業構造の改革も見込んだ場合にいかなるキャッシュフローを得られるポテンシャルがあるか、その意味でも企業のフェアバリュー（一種の時価）とでもいうべき価値を的確に見極め、それに対して担保・保証に過度に依存しない融資をしていくということが期待されているのではないでしょうか。このことは、事業再生の局面では特に意識されるものと思われます。

こうした中で、企業・税理士・金融機関の3者がそれぞれの役割を果たし、いわばウィン・ウィンの関係を構築していくことが望まれます。

5 最後に

最後に、三井局長に次の点をお伺いしました。

◆職業会計人への期待

坂本 われわれ職業会計人である税理士に対する期待、近未来に向けたメッセージをいただけますか？

三井 これまで申し述べたことと重複しますが、金融庁としては、これまでも、金融機関が地域において、経営改善が必要とされる企業に対し、地域の外部専門家・外部機関等とのネットワークも活用して、コンサルティング機能を組織的・継続的に発揮するよう促してきたところです。先般、金融機関が事業性評価に基づく融資や本業支援の取組み状況について自己点検・自己評価等を行うためのツールとして策定・公表しました「金融仲介機能のベンチマーク」においても「外部専門家を活用して本業支援を行った取引先数」を盛り込んでいます。企業の事業・財務に精通された税理士の皆様におかれましては、企業の本業支援等に関する専門的知見を一層磨かれ、金融機関との連携を通じて企業の経営改善支援等に一層ご尽力いただき、ひいては地域経済の発展にご貢献されることを心から期待しております。

また、金融庁では、金融機関が担保・保証に過度に依存した融資姿勢から転

換し，企業の事業を見た融資・本業支援等を進めていく観点から，「経営者保証に関するガイドライン」の活用を促しています。ガイドラインでは，経営者保証に依存しない融資のための債務者企業サイドの対応として「中小企業の会計に関する基本要領」等に拠った信頼性のある計算書類の作成などを通じた法人と経営者との関係の明確な区分・分離，決算書上の各勘定明細の提出などを通じた債権者への適時適切な情報開示，こうした対応状況について税理士等の外部専門家による検証の実施などが掲げられています。

また，ガイドラインの活用事例を見ますと，取締役会に顧問税理士が監査役として参加し，一定のけん制機能の発揮による社内管理態勢の整備が図られていることも併せ考慮された結果，事業承継の際に前経営者からの保証を解除するとともに，新経営者に対しても新たな保証を求めないこととした事例があります。経営者保証に依存した融資からの脱却という面からも税理士の皆様方のご尽力・ご活躍を期待しています。

三井秀範（みつい・ひでのり）氏
愛知県出身。1983年東京大学法学部卒業，大蔵省（現財務省）入省。2000年スタンフォード大学ロースクール等へ留学。2001年〜金融庁にて，参事官（監督局担当，信用・官房担当），兼務で内閣府企業再生支援機構担当室次長，総務企画局総括審議官等を歴任。2015年7月検査局長（現職）。

（TKC会報2017年4月号（第531号）・巻頭言より転載）

資 料

中小企業の決算書・税務申告書等のサンプル

　中小企業金融に関して，より正確な理解をいただくために，融資にあたって法人企業が金融機関に提出する各種資料のサンプル（中小会計要領に基づき作成された決算書および法人税申告書サンプルである『中小会計要領対応 TKC 標準決算書サンプル（平成28年版）』TKC 全国会）を以下に掲載する。
　その理由は次のとおりである。

◆中小企業に関する融資実務への理解
　本書で強調されたように，中小企業が信頼性の高い決算書を作成し，経営に活かすことは企業自身のみならず金融機関等のステークホルダーからも求められている。しかしながら，「第3章　金融検査マニュアルと金融機関の自己査定」で示したように，融資実務において，中小企業が金融機関に提出する資料は決算書だけではない。一般的にはその他に，①税務申告資料である法人税申告書（別表1，別表4，別表5等），②主要勘定科目の内訳書（売掛金，棚卸資産，借入金等），③法人事業概況説明書（期末従事員等の状況，電子計算機の利用状況，経理の状況，帳簿類の備付状況，税理士の関与状況，月別の売上高等の状況）の控え，可能であればキャッシュフロー計算書などの財務書類も同時に提出される。
　しかしながら，税務会計や租税法の研究者など一部の識者を例外として，融資審査にあたって，法人税申告書，主要勘定科目の内訳書，法人事業概況説明書などの提出が求められていることや，その書式・記載の内容まで理解している識者がどれほど存在しておられるのかについては，疑問符がつく。

◆中小企業の経理実務への理解
　一部に，「中小企業の決算書にはその信頼性に問題がある」との指摘がある。

極端な例としては，「そもそも決算書自体が存在するのか」という疑問を持たれている識者も散見される。

しかしそれは大きな誤解である。適正申告の前提となる青色申告制度の法人税における普及割合は90％を超えている。これは，わが国では，中小・零細企業に至るまで青色申告に従った帳簿書類の備付けが普及・浸透していることを意味する。一例を挙げれば，付加価値税（わが国では消費税）の課税計算にはインボイス方式と帳簿方式の2つの計算方式があるが，帳簿方式を採用している国は世界でわが国だけであり，このことからもその事実を確認できる。

* 1 青色申告制度とは，税務署長の承認を受けて，所定の帳簿書類を備え付け，青色の申告書で申告を行う制度であり，適正な記帳を行うことを条件に，所得金額，税額の計算および課税手続において納税者に一定の特典を付与することとしている。
* 2 「帳簿」には，たとえば総勘定元帳，仕訳帳，現金出納帳，売掛金元帳，買掛金元帳，固定資産台帳，売上帳，仕入帳などがあり，「書類」には，たとえば棚卸表，貸借対照表，損益計算書，注文書，契約書，領収書などがある。

◆「信頼性ある財務データ」への理解

中小企業金融における最大の課題である「情報の非対称性」を解消する代表的な手段として，税理士法33条の2による書面添付制度がある。会計学・税務会計論・租税法の文献でこの書面添付の具体的な内容について触れているものは皆無といってよい。そこで，本サンプルには，税理士法33条の2による添付書面の「書式」とともに，その具体的な「記載例」も提示した。

わが国の中小企業金融の今後のあり方，さらには，中小企業金融における「会計」と「職業会計人（税理士，公認会計士）」の役割を検討するに当たって，融資実務および経理実務に関する正確な理解が不足したまま行われることがあってはならないはずである。

関係諸氏におかれては，添付した各種資料のサンプルを適宜参照いただき，中小企業金融に関する，より正確な理解を賜ることができれば幸いである。

(坂本　孝司)

＜資料の目次＞

1．記帳適時性証明書・254

2．決算報告書

(1) 決算報告書（表紙）・255
(2) 貸借対照表・256
(3) 損益計算書・258
(4) 販売費及び一般管理費の計算内訳・たな卸資産の計算内訳・259
(5) 製造原価報告書・260
(6) 株主資本等変動計算書・261
(7) 個別注記表・262
(8) 個別注記表付表・264
(9) 3期比較キャッシュフロー計算書・265
(10) 中小企業の会計に関する基本要領チェックリスト・266

3．勘定科目内訳明細書

(1) 勘定科目内訳明細書（表紙）・269
(2) 預貯金等の内訳書・270
(3) 受取手形の内訳書・271
(4) 仮受金／源泉所得税預かり金の内訳書・272
(5) 借入金及び支払利子の内訳書・273
(6) 役員報酬手当等及び人件費の内訳書・274

4．減価償却内訳明細書

(1) 旧定率法・定率法による固定資産減価償却内訳明細書・275
(2) 翌期概算償却費計算書（種類別・原価区分別内訳明細書）・276

5．税務申告書

(1) 確定申告の税額計算報告書・277
(2) 次期中間申告税額の試算表・278
(3) 法人税申告書・279
(4) 消費税申告書・283
(5) 法人税・復興特別法人税・消費税の電子申告完了報告書・284
(6) 法人税等の受信通知・286
(7) 法人事業概況説明書・287
(8) 地方税申告書・289
(9) 都道府県税・事業税・地方法人特別税・市町村民税の電子申告完了報告書・290
(10) 都道府県民税・事業税等の受付通知・292

6．書面添付

(1) 税理士法33条の2第1項に規定する添付書面・293

(2)　税務代理権限証書・296
　(3)　基本約定書・297
　(4)　完全性宣言書・299
　(5)　3期比較財務諸表・301
　(6)　3期比較経営分析表・302
　(7)　書類範囲証明書・303
　(8)　書類範囲証明書付表・304
　(9)　棚卸資産証明書・305
　(10)　負債証明書・306
　(11)　源泉所得税チェック表・307

7．経営分析報告書（省略）
8．経営計画書（省略）

第27期
決算報告総括書

商　　号	株式会社　ＳＣＧ印刷
代表者名	野田　勝美
所 在 地	栃木県鹿来市鳥島町１１１－１
自	平成 27 年 4 月 1 日
至	平成 28 年 3 月 31 日

目　次

1．記帳適時性証明書
2．決算報告書
　(1) 決算報告書（表紙）
　(2) 貸借対照表
　(3) 損益計算書
　(4) 販売費及び一般管理費の計算内訳・たな卸資産の計算内訳
　(5) 製造原価報告書
　(6) 株主資本等変動計算書
　(7) 個別注記表
　(8) 個別注記表付表
　(9) 3期比較キャッシュフロー計算書
　(10) 中小企業の会計に関する基本要領チェックリスト
3．勘定科目内訳明細書
　(1) 勘定科目内訳明細書（表紙）
　(2) 預貯金等の内訳書
　(3) 受取手形の内訳書
　(4) 売掛金（未収入金）の内訳書
　(5) 仮払金／貸付金及び受取利息の内訳書
　(6) 棚卸資産の内訳書
　(7) 有価証券の内訳書
　(8) 固定資産（土地、土地の上に存する権利及び建物に限る。）の内訳書
　(9) 支払手形の内訳書
　(10) 買掛金（未払金・未払費用）の内訳書
　(11) 仮受金／源泉所得税預かり金の内訳書
　(12) 借入金及び支払利子の内訳書
　(13) 土地の売上高等の内訳書
　(14) 役員報酬手当等及び人件費の内訳書
　(15) 地代家賃等／工業所有権等の使用料の内訳書
　(16) 雑益、雑損失等の内訳書
4．減価償却内訳明細書
　(1) 旧定率法・定率法による固定資産減価償却内訳明細書
　(2) 翌期概算償却費計算書（種類別・原価区分別内訳明細書）
5．税務申告書
　(1) 確定申告の税額計算報告書
　(2) 次期中間申告税額の試算表
　(3) 法人税申告書
　(4) 消費税申告書
　(5) 法人税・復興特別法人税・消費税の電子申告完了報告書
　(6) 法人税等の受信通知
　(7) 法人事業概況説明書
　(8) 地方税申告書
　(9) 都道府県税・事業税・地方法人特別税・市町村民税の電子申告完了報告書
　(10) 都道府県民税・事業税等の受付通知
6．書面添付
　(1) 税理士法33条の2第1項に規定する添付書面
　(2) 税務代理権限証書
　(3) 基本約定書
　(4) 完全性宣言書
　(5) 3期比較財務諸表
　(6) 3期比較経営分析表
　(7) 書類範囲証明書
　(8) 書類範囲証明書付表
　(9) 棚卸資産証明書
　(10) 負債証明書
　(11) 源泉所得税チェック表
7．経営分析報告書
　(1) 経営分析報告書（表紙）
　(2) 10期比較要約貸借対照表
　(3) 10期比較自己資本グラフ
　(4) 10期比較変動損益計算書
　(5) 10期比較変動損益計算書グラフ
　(6) 10期比較科目別売上高推移グラフ
　(7) 10期比較総資本と借入金と償却前営業利益グラフ
　(8) 10期比較経営分析表
　(9) 10期比較同業他社(BAST)比較生産性分析グラフ
　(10) 10期比較企業格付推移グラフ（定量格付）
　(11) 資金源泉使途対応表(1)
　(12) 資金源泉使途対応表(2)
8．経営計画書
　(1) 5か年目標変動損益計算書
　(2) 5か年目標損益計算表
　(3) 5か年目標貸借対照表
　(4) 5か年予測キャッシュ・フロー計算書
　(5) 目標変動損益計算書（年次）
　(6) 目標損益計算書（年次）
　(7) 予測貸借対照表
　(8) 資金繰り計画表（月次）

当社における税理士関与形態

当社は、税理士法人　TKCコンピュータ会計事務所と顧問契約を締結しており、その関与形態は次の通りです。
(1) 月次決算　上記1.の記帳適時性証明書で明らかな通り、毎月巡回監査を受け、月次決算書の作成を依頼しています。
(2) 年次決算　本決算にあたり、決算巡回監査を受け、決算書の作成を依頼しています。
(3) 申告書　法人税、地方税及び消費税申告書の作成並びに税務代理を委任しています。

作成支援	税理士法人　TKCコンピュータ会計事務所
〒000-0000	栃木県鹿来市西鹿来町１１１－１
ＴＥＬ	000-000-0000
ＦＡＸ	000-000-0000
E-mail	sample@tkcnf.or.jp
ＵＲＬ	http://www.tkc.jp/

254

〔原本PDF〕

記帳適時性証明書
(会計帳簿作成の適時性(会社法第432条)と電子申告に関する証明書)

第 8926156420 号

発行日：平成28年 5月13日

税理士法人　TKCコンピュータ会計事務所　殿

株式会社ＴＫＣ
代表取締役社長　角　一幸

貴事務所の関与先企業　株式会社　ＳＣＧ印刷　　（法人番号：7123456789012）殿の
会計帳簿作成の適時性及び継続性並びに月次決算の実施日及び決算書と法人税申告書等の作成に関して
次の事実を証明します。

1. 「資料１：過去３年間における月次決算及び年次決算の状況」について　　　　　　　　　　（審査）Y N
   ① ＴＫＣ会員は「ＴＫＣ全国会行動基準書」に基づいて、会計記録の適法性等を確保するため毎月、関与先
   に出向き巡回監査することが求められています。貴事務所の実施状況は資料１のとおりです。
   ② 「監査対象月」は貴事務所が巡回監査を行った会計期間、「仕訳数」は当月の試算表に計上された仕訳の
   件数、「データ処理日」は月次決算が完了した日を示しています。
   ③ 「決算書に付した番号」（17行目）は、書面の「決算報告書」に付した番号で、これと同一の番号が印刷
   されている貸借対照表及び損益計算書の期末科目残高と会計帳簿の損益計算書と完全に一致しています。

2. 「資料２：前期（第27期）の法人税申告書の作成状況」について
   ① ＴＫＣシステムは会計帳簿（仕訳帳・元帳・月次の試算表）及び決算書の作成、これに続く法人税申告書・
   消費税申告書の作成、さらには国税と地方税の電子申告まで一気通貫となっています。
   ② 前期の決算書に計上された「税引き後当期純利益（損失）」（資料１の18行目Ⓐ）と前期の法人税申告書
   別表４の「当期利益又は当期欠損の額(1)」（資料２の２行目Ⓑ）とは完全に一致しており、貴関与先殿の法
   人税申告書は当該決算書に基づいて作成されています。

3. 税理士法第33条の２に定める書面添付（「決算申告確認書」の提出）の実践について
   ＴＫＣ会員は「ＴＫＣ全国会行動基準書」により、税務申告書の提出に当たっては、税理士法第33条の２
   に基づく書面を添付することが求められています。貴事務所の実績は資料３（3行目）のとおりです。

4. ＴＫＣ財務会計システムの継続利用期間について
   ① 貴関与先の財務データは、平成5年4月分から継続して利用しており、利用期間は23年 0か月となります。
   ② この利用期間において過去仕訳及び科目残高の遡及的な修正・追加・削除の処理はなされていません。

5. この証明書の真正性は、ＴＫＣ全国会ＨＰ（http://www.tkc.jp/）から確認できます。
   なお、そこでは事務所名と商号の表示を省略しています。（掲載期限：平成29年 5月31日）　　　以上

資料１：過去３年間における月次決算（◎翌月／○翌々月／無印遅れ／期首月と期末月は調整）及び年次決算の状況

年月	第25期	平成25年 4月 1日～平成26年 3月31日			第26期	平成26年 4月 1日～平成27年 3月31日			第27期	平成27年 4月 1日～平成28年 3月31日		
	監査対象月	仕訳数	データ処理日	注	監査対象月	仕訳数	データ処理日	注	監査対象月	仕訳数	データ処理日	注
1	平成25年 4月	848	平成25年 5月22日	◎	平成26年 4月	892	平成26年 5月23日	◎	平成27年 4月	982	平成27年 5月22日	◎
2	平成25年 5月	817	平成25年 6月14日	◎	平成26年 5月	854	平成26年 6月11日	◎	平成27年 5月	941	平成27年 6月12日	◎
3	平成25年 6月	789	平成25年 7月12日	◎	平成26年 6月	840	平成26年 7月10日	◎	平成27年 6月	933	平成27年 7月14日	◎
4	平成25年 7月	803	平成25年 8月17日	◎	平成26年 7月	868	平成26年 8月19日	◎	平成27年 7月	956	平成27年 8月18日	◎
5	平成25年 8月	774	平成25年 9月13日	◎	平成26年 8月	831	平成26年 9月17日	◎	平成27年 8月	964	平成27年 9月16日	◎
6	平成25年 9月	791	平成25年10月15日	◎	平成26年 9月	828	平成26年10月21日	◎	平成27年 9月	927	平成27年10月16日	◎
7	平成25年10月	753	平成25年11月13日	◎	平成26年10月	846	平成26年11月18日	◎	平成27年10月	940	平成27年11月13日	◎
8	平成25年11月	803	平成25年12月14日	◎	平成26年11月	861	平成26年12月16日	◎	平成27年11月	955	平成27年12月16日	◎
9	平成25年12月	826	平成26年 1月17日	◎	平成26年12月	873	平成27年 1月14日	◎	平成27年12月	963	平成28年 1月15日	◎
10	平成26年 1月	785	平成26年 2月14日	◎	平成27年 1月	855	平成27年 2月17日	◎	平成28年 1月	976	平成28年 2月17日	◎
11	平成26年 2月	819	平成26年 3月15日	◎	平成27年 2月	879	平成27年 3月17日	◎	平成28年 2月	970	平成28年 3月15日	◎
12	平成26年 3月	834	平成26年 4月17日	◎	平成27年 3月	887	平成27年 4月18日	◎	平成28年 3月	991	平成28年 4月18日	◎
13	年次決算	20	平成26年 5月13日		年次決算	19	平成27年 5月15日		年次決算	21	平成28年 5月13日	
14												
15												
16												
17	決算書に付した番号		V15885		決算書に付した番号		W36931		決算書に付した番号		Y76290	
18	税引き後当期純利益（損失）		798,994円		税引き後当期純利益（損失）		5,507,735円		税引き後当期純利益（損失）	Ⓐ	4,479,345円	

(注) 前期（第27期）の決算書の個別注記表には、中小会計要領に準拠している旨の記述があります。

資料２：前期（第27期）の法人税申告書の作成状況

1	法人税申告書の作成及び提出方法	平成28年 5月13日	法人税申告書はＴＫＣシステムで作成され電子申告されています。
2	別表４の「当期利益又は当期欠損の額(1)」	Ⓑ	4,479,345円	Ⓐ と Ⓑ は一致しており、申告書は決算書に基づいています。
3	別表１の「法人税額（2）」		864,750円	

資料３：前期（第27期）のＫＦＳの利用状況

1	Ｋ：継続ＭＡＳ（経営計画）	◎利用　○未利用
2	Ｆ：ＦＸシリーズ（自計化）	◎利用　○未利用
3	Ｓ：書面添付（税理士法33-2）	◎実践　○未実践

■ＴＫＣ全国会登録情報

1	会員氏名	税理士法人　ＴＫＣコンピュータ会計事務所
2	入会日（経過年数）	平成 2年10月14日　（25年 6か月）
3	経営革新等支援機関	◎認定　○未認定
4	事務所ホームページ	http://www.tkcomputerao.co.jp/

ＴＫＣ©2015

資料　中小企業の決算書・税務申告書等のサンプル

第 2 7 期

決 算 報 告 書

平成 2 7 年　4 月　1 日から

平成 2 8 年　3 月 3 1 日まで

株 式 会 社　　S C G 印 刷
（法人番号：7123456789012）

Y76290　←この番号が記帳適時性証明書に記載されます。
　　　　同一の番号が印刷されている貸借対照表、損益計算書は、会計帳簿の期末勘定科目残高と完全に一致しています。

貸借対照表

株式会社　ＳＣＧ印刷

平成２８年　３月３１日現在

代表者　野田　勝美

(単位：円)

科目		前期額	構成比		決算額	構成比
（資産の部）						
Ⅰ　流動資産	(	75,899,024)(	52.7)	(	71,302,595)(	51.3)
現金及び預金		33,689,833	23.4		29,419,173	21.2
受取手形		6,571,260	4.6		6,333,552	4.6
売掛金		29,398,140	20.4		30,772,062	22.1
たな卸資産		6,426,692	4.5		5,141,808	3.7
前渡金		187,000	0.1		187,000	0.1
未収入金		176,099	0.1		0	0.0
貸倒引当金	△	550,000	0.4	△	551,000	0.4
Ⅱ　固定資産	(	68,188,302)(	47.3)	(	67,786,173)(	48.7)
有形固定資産	(	46,715,852)(	32.4)	(	44,714,036)(	32.1)
建物		8,766,416	6.1		8,022,418	5.8
機械及び装置		7,205,366	5.0		5,067,579	3.6
車両運搬具		157,027	0.1		78,516	0.1
工具、器具及び備品		549,709	0.4		1,418,856	1.0
一括償却資産		37,334	0.0		126,667	0.1
土地		30,000,000	20.8		30,000,000	21.6
無形固定資産	(	992,001)(	0.7)	(	987,001)(	0.7)
ソフトウェア		910,001	0.6		905,001	0.7
電話加入権		82,000	0.1		82,000	0.1
投資その他の資産	(	20,480,449)(	14.2)	(	22,085,136)(	15.9)
投資有価証券		3,000,000	2.1		3,000,000	2.2
出資金		500,000	0.3		500,000	0.4
積立保険料		16,422,854	11.4		18,123,936	13.0
長期前払費用		557,595	0.4		461,200	0.3
Ⅲ　繰延資産	(	0)(	0.0)	(	0)(	0.0)
資産の部合計		144,087,326	100.0		139,088,768	100.0

株式会社 ＳＣＧ印刷

(単位：円)

科　　目	前期額	構成比	決算額	構成比
（負債の部）				
Ⅰ 流動負債	(64,019,123)	(44.4)	(63,545,720)	(45.7)
支払手形	2,902,932	2.0	4,034,448	2.9
買掛金	11,317,590	7.9	12,449,052	9.0
短期借入金	26,946,255	18.7	26,989,079	19.4
1年以内返済長期借入金	8,496,000	5.9	8,496,000	6.1
未払金	6,489,228	4.5	7,361,013	5.3
未払法人税等	1,697,300	1.2	566,000	0.4
未払消費税等	4,686,600	3.3	1,870,200	1.3
預り金	353,218	0.2	279,928	0.2
賞与引当金	1,130,000	0.8	1,500,000	1.1
Ⅱ 固定負債	(46,704,500)	(32.4)	(37,700,000)	(27.1)
長期借入金	36,779,000	25.5	28,283,000	20.3
長期未払金	9,925,500	6.9	9,417,000	6.8
負債の部合計	110,723,623	76.8	101,245,720	72.8
（純資産の部）				
Ⅰ 株主資本	(33,363,703)	(23.2)	(37,843,048)	(27.2)
1. 資本金	25,000,000	17.4	25,000,000	18.0
2. 資本剰余金	(0)	(0.0)	(0)	(0.0)
3. 利益剰余金	(8,363,703)	(5.8)	(12,843,048)	(9.2)
(1)利益準備金	200,000	0.1	200,000	0.1
(2)その他利益剰余金	(8,163,703)	(5.7)	(12,643,048)	(9.1)
別途積立金	15,000,000	10.4	15,000,000	10.8
繰越利益剰余金	△ 6,836,297	4.7	△ 2,356,952	1.7
Ⅱ 評価・換算差額等	(0)	(0.0)	(0)	(0.0)
Ⅲ 新株予約権	(0)	(0.0)	(0)	(0.0)
純資産の部合計	33,363,703	23.2	37,843,048	27.2
負債・純資産の部合計	144,087,326	100.0	139,088,768	100.0

株式会社　ＳＣＧ印刷

損 益 計 算 書

平成２７年　４月　１日から
平成２８年　３月３１日まで

(単位：円)

科　　目	前　期　額		構成比	決　算　額		構成比
Ⅰ 売　上　高	(	214,234,271)(	100.0)(		226,854,454)(	100.0)
印　刷　売　上　高		182,270,741	85.1		184,730,099	81.4
ネット販売・企画売上高		31,992,740	14.9		42,147,710	18.6
売上値引戻り高	△	29,210	0.0	△	23,355	0.0
Ⅱ 売　上　原　価	(	164,632,755)(	76.8)(		169,495,599)(	74.7)
期　首　た　な　卸　高		785,658	0.4		392,829	0.2
商　品　仕　入　高		15,996,472	7.5		20,222,355	8.9
当　期　印　刷　原　価		148,608,454	69.4		149,209,026	65.8
合　　　　　計		165,390,584	77.2		169,824,210	74.9
他　勘　定　振　替　高		365,000	0.2		100,000	0.0
期　末　た　な　卸　高		392,829	0.2		228,611	0.1
売　上　総　利　益		49,601,516	23.2		57,358,855	25.3
Ⅲ 販売費及び一般管理費	(	42,320,547)(	19.8)(		51,809,833)(	22.8)
販売費及び一般管理費		42,320,547	19.8		51,809,833	22.8
営　業　利　益		7,280,969	3.4		5,549,022	2.4
Ⅳ 営　業　外　収　益	(	1,653,310)(	0.8)(		1,734,489)(	0.8)
受　取　利　息		23,358	0.0		39,571	0.0
受　取　配　当　金		110,000	0.1		110,000	0.0
雑　　収　　入		1,519,952	0.7		1,584,918	0.7
Ⅴ 営　業　外　費　用	(	1,394,148)(	0.7)(		1,236,276)(	0.5)
支　払　利　息		1,341,663	0.6		1,236,276	0.5
手　形　売　却　損		52,485	0.0		0	0.0
経　常　利　益		7,540,131	3.5		6,047,235	2.7
Ⅵ 特　別　利　益	(	0)(	0.0)(		0)(	0.0)
Ⅶ 特　別　損　失	(	0)(	0.0)(		0)(	0.0)
税引前当期純利益		7,540,131	3.5		6,047,235	2.7
法人税、住民税及び事業税		2,032,396	0.9		1,567,890	0.7
当　期　純　利　益		5,507,735	2.6		4,479,345	2.0

資料　中小企業の決算書・税務申告書等のサンプル　259

株式会社　ＳＣＧ印刷

販売費及び一般管理費の計算内訳

平成27年　4月　1日から
平成28年　3月31日まで

(単位：円)

科目	前期額	売上高比率	決算額	売上高比率
販売員給与	14,550,810	6.8	17,438,010	7.7
販売員旅費	423,251	0.2	321,509	0.1
広告宣伝費	463,689	0.2	1,225,928	0.5
発送配達費	324,453	0.2	465,857	0.2
自動車経費	1,891,352	0.9	2,021,410	0.9
その他の販売費	484,537	0.2	507,541	0.2
役員報酬	8,400,000	3.9	11,400,000	5.0
事務員給与	3,980,000	1.9	4,790,000	2.1
従業員賞与	1,485,000	0.7	2,141,000	0.9
法定福利費	1,798,519	0.8	2,600,670	1.1
厚生費	609,417	0.3	687,275	0.3
減価償却費	1,182,997	0.6	1,242,486	0.5
事務用消耗品費	10,127	0.0	1,098	0.0
通信交通費	930,244	0.4	1,174,255	0.5
水道光熱費	496,074	0.2	583,375	0.3
租税公課	680,600	0.3	755,000	0.3
寄付金	32,000	0.0	3,000	0.0
接待交際費	814,374	0.4	819,360	0.4
保険料	1,721,450	0.8	1,773,750	0.8
備品消耗品費	389,348	0.2	190,822	0.1
管理諸費	1,177,524	0.5	1,133,932	0.5
雑誌・図書費	119,887	0.1	89,984	0.0
貸倒償却	38,000	0.0	1,000	0.0
雑費	316,894	0.1	442,571	0.2
合計	42,320,547	19.8	51,809,833	22.8

◁

たな卸資産の計算内訳

平成28年　3月31日現在

(単位：円)

科目	前期額	売上高比率	決算額	売上高比率
製品	392,829	0.2	228,611	0.1
原材料	5,980,118	2.8	4,821,633	2.1
仕掛品（半成品）	49,945	0.0	88,564	0.0
貯蔵品	3,800	0.0	3,000	0.0
合計	6,426,692	3.0	5,141,808	2.3

株式会社　ＳＣＧ印刷

印 刷 原 価 報 告 書

平成27年　4月　1日から
平成28年　3月31日まで

(単位：円)

科　　目	前　期　額	構成比	決　算　額	構成比
Ⅰ 材　料　費				
期首材料たな卸高	8,569,811	5.8	5,980,118	4.0
材　料　仕　入　高	43,513,048	29.3	43,935,120	29.4
合　　　　計	52,082,859	35.1	49,915,238	33.4
期末材料たな卸高	5,980,118	4.0	4,821,633	3.2
当　期　材　料　費	46,102,741	31.0	45,093,605	30.2
Ⅱ 労　務　費				
賃　　　　金	24,433,185	16.4	24,980,870	16.7
賞　　与	3,071,000	2.1	4,229,000	2.8
法　定　福　利　費	1,796,000	1.2	1,931,930	1.3
厚　生　費	1,072,204	0.7	992,471	0.7
当　期　労　務　費	30,372,389	20.4	32,134,271	21.5
Ⅲ 経　費				
外　注　加　工　費	59,143,277	39.8	61,208,962	41.0
電　力　費	2,791,836	1.9	3,062,662	2.1
減　価　償　却　費	4,669,475	3.1	2,734,330	1.8
修　繕　費	507,000	0.3	115,000	0.1
租　税　公　課	602,800	0.4	602,800	0.4
賃　借　料	3,838,332	2.6	3,838,332	2.6
消　耗　品　費	415,299	0.3	416,309	0.3
資　料	24,000	0.0	20,230	0.0
雑　費	75,390	0.1	21,144	0.0
当　期　経　費	72,067,409	48.5	72,019,769	48.3
当　期　総　印　刷　費　用	148,542,539	100.0	149,247,645	100.0
期首仕掛品たな卸高	115,860	0.1	49,945	0.0
合　　　　計	148,658,399	100.1	149,297,590	100.0
期末仕掛品たな卸高	49,945	0.0	88,564	0.1
当　期　印　刷　原　価	148,608,454	100.0	149,209,026	100.0

株主資本等変動計算書

株式会社　ＳＣＧ印刷

平成27年 4月 1日から
平成28年 3月31日まで

		前期額（円）	決算額（円）
Ⅰ 株主資本			
1. 資本金			
	当期首残高	25,000,000	25,000,000
	当期変動額	0	0
	当期末残高	25,000,000	25,000,000
2. 利益剰余金			
(1) 利益準備金			
	当期首残高	200,000	200,000
	当期変動額	0	0
	当期末残高	200,000	200,000
(2) その他利益剰余金			
別途積立金			
	当期首残高	15,000,000	15,000,000
	当期変動額	0	0
	当期末残高	15,000,000	15,000,000
繰越利益剰余金			
	当期首残高	-12,344,032	-6,836,297
	当期変動額		
	当期純利益	5,507,735	4,479,345
	当期末残高	-6,836,297	-2,356,952
その他利益剰余金合計			
	当期首残高	2,655,968	8,163,703
	当期変動額		
	当期純利益	5,507,735	4,479,345
	当期末残高	8,163,703	12,643,048
株主資本合計			
	当期首残高	27,855,968	33,363,703
	当期変動額		
	当期純利益	5,507,735	4,479,345
	当期末残高	33,363,703	37,843,048
Ⅱ 評価・換算差額等			
	当期首残高	0	0
	当期変動額	0	0
	当期末残高	0	0
Ⅲ 新株予約権			
	当期首残高	0	0
	当期変動額	0	0
	当期末残高	0	0
純資産の部合計			
	当期首残高	27,855,968	33,363,703
	当期変動額		
	当期純利益	5,507,735	4,479,345
	当期末残高	33,363,703	37,843,048

株式会社　ＳＣＧ印刷

個 別 注 記 表

平成27年　4月　1日から
平成28年　3月31日まで

Ⅰ．この計算書類は、「中小企業の会計に関する基本要領」によって作成しています。
　　なお、「中小企業の会計に関する基本要領」の適用に関するチェックリストも添付しています。

Ⅱ．重要な会計方針に係る事項に関する注記

1．有価証券の評価基準及び評価方法
　(1)その他有価証券
　　　移動平均法による原価法を採用しております。

2．たな卸資産の評価基準及び評価方法
　(1)製品　　　　　　　　売価還元法による原価法を採用しております。
　(2)原材料　　　　　　　最終仕入原価法による原価法を採用しております。
　(3)仕掛品　　　　　　　最終仕入原価法による原価法を採用しております。
　(4)貯蔵品　　　　　　　最終仕入原価法による原価法を採用しております。

3．固定資産の減価償却方法
　(1)有形固定資産
　　　定率法又は旧定率法を採用しております。
　　　ただし、平成10年4月1日以後に取得した建物（附属設備を除く）については旧定額法、平成19年4月1日以後に取得した建物（附属設備を除く）については定額法を採用しております。
　　　なお、取得価額10万円以上20万円未満の資産については、3年均等償却を採用しております。
　(2)無形固定資産
　　　定額法又は旧定額法を採用しております。
　(3)長期前払費用
　　　期間均等償却を採用しております。

4．繰延資産の処理方法
　(1)期間均等償却を採用しております。

5．引当金の計上基準
　(1)貸倒引当金
　　　債権の貸倒損失に備えるため、法人税法に規定する法定繰入率により計算した回収不能見込額を計上しております。
　(2)賞与引当金
　　　従業員賞与の支給に備えるため、将来の支給見込額のうち当期負担額を計上しております。

6．消費税等の会計処理
　　　消費税等の会計処理は税抜方式を採用しております。

Ⅲ．貸借対照表等に関する注記

1．担保提供資産等
　(1)担保提供資産
　　　1)土地　　　　　　　　　　　　　　　30,000,000円

2．有形固定資産の減価償却累計額　　　　　221,976,631円

3．受取手形裏書譲渡高　　　　　　　　　　　　　　　0円

4．受取手形割引高　　　　　　　　　　　　　　　　　0円

Ⅳ．株主資本等変動計算書に関する注記

1．発行済株式総数　　　　　　　　　　　　　　　500株

V. 一株当たり情報に関する注記
1. 一株当たり純資産額は、75,686.09円であります。
2. 一株当たり当期純利益は、8,958.69円であります。

VI. その他の注記
1. 取締役からの借入金　　　　短期借入金　　6,989,079円

以　上

商号　株式会社　ＳＣＧ印刷

個別注記表・付表

平成27年 4月 1日から
平成28年 3月31日まで

Ⅰ．「中小企業の会計に関する基本要領」の適用に関する補足事項（退職給付関連）
当社は、従業員の退職金支給に備えて、独立行政法人勤労者退職金共済機構が運営する中小企業退職金共済に加入し、掛金を費用処理しております。この共済では、将来の退職給付について、拠出以後に追加的な負担が生じないため、当社では退職給付引当金は計上しておりません。

Ⅱ．経営計画の策定等に関する状況
1. 当社は、税理士法人　ＴＫＣコンピュータ会計事務所の協力のもと、以下の通り中期経営計画を策定しています。
   計画の名称：5か年中期経営計画書
   策　定　日：平成27年11月25日
   計画期間　：平成28年　4月　1日　～　平成33年　3月31日
2. 当社では、上記の中期経営計画に基づき、当期の単年度予算（月次ベース）を策定しています。
   また、毎月の予算達成状況は、翌月に開催する取締役会に報告されています。
3. 当社では、業績達成状況の確認と打ち手の検討のため、税理士法人　ＴＫＣコンピュータ会計事務所の同席のもと、四半期ごとに「業績検討会」を開催しています。当期の「業績検討会」の開催状況は以下の通りです。
   第1回：平成27年　7月21日
   第2回：平成27年10月16日
   第3回：平成28年　1月15日

Ⅲ．リスク・マネジメントの状況
1. 当社は、取引先の倒産等のリスクに備え、独立行政法人中小企業基盤整備機構が運営する経営セーフティ共済（中小企業倒産防止共済）制度に加入しております。
2. 当社は、役員の死亡等のリスクに備え、大同生命保険株式会社を引受保険会社とするＴＫＣ企業防衛制度（生命保険契約）に加入しております。
3. 当社の役員は、将来の退職に備え、独立行政法人中小企業基盤整備機構が運営する小規模企業共済に加入しております。

Ⅳ．税理士（税理士法人）による巡回監査及び書面添付（税理士法33の2①）の実施状況
1. 当社は、ＴＫＣ全国会員である税理士法人　ＴＫＣコンピュータ会計事務所と顧問契約を締結しております。
   当社は、当契約に基づき、会計記録の適法性を確保するための指導（巡回監査）を受けた上で、月次決算及び年次決算を実施しております。
2. 当社の月次決算及び年次決算の実施状況は、株式会社ＴＫＣが発行する「記帳適時性証明書」で確認できます。
3. 当社の作成した税務申告書には、税理士法人　ＴＫＣコンピュータ会計事務所が作成した「税理士法第33条の2第1項に規定する添付書面」が添付されています。

Ⅴ．特記事項
1. 当計算書類は、電子帳簿保存法に準拠した自計化システムを使用しています。
2. 当社が販売している「電子カルテ・ネットワークシステム」が、29年度より鹿来市で採用されることに決定しました。

以　上

資料　中小企業の決算書・税務申告書等のサンプル

3期比較キャッシュ・フロー計算書

株式会社　SCG印刷

(単位：千円、千円未満切り捨て)

項目名		25年4月から 26年3月まで	26年4月から 27年3月まで	27年4月から 28年3月まで
I 営業活動によるキャッシュ・フロー	税引前当期純利益	1	1,784	7,540	6,047
	減価償却費	2	6,551	5,852	3,976
	貸倒引当金の増減額	3	180	38	1
	賞与引当金の増減額	4	-82	156	370
	退職給付引当金の増減額	5	0	0	0
	その他の引当金の増減額	6	0	0	0
	受取利息及び受取配当金	7	-153	-133	-149
	支払利息等	8	1,230	1,394	1,236
	為替差損益	9	0	0	0
	固定資産等売却益	10	0	0	0
	固定資産等除売却・評価損	11	0	0	0
	売上債権の増減額	12	3,611	2,024	-1,136
	たな卸資産の増減額	13	-927	3,051	1,284
	仕入債務の増減額	14	3,200	-3,026	2,262
	未払消費税等の増減額	15	-214	3,153	-2,816
	割引手形等の増減額	16	-1,400	-7,477	0
	その他の流動資産・負債等の増減額	17	-1,562	661	1,070
		18			
		19			
	役員賞与の支払額	20	0	0	0
	小計	21	12,218	13,232	12,147
	利息及び配当金の受取額	22	153	133	149
	利息等の支払額	23	-1,230	-1,394	-1,236
		24			
		25			
	法人税等の支払額	26	-220	-979	-2,699
	営業活動によるキャッシュ・フロー	27	10,920	10,991	8,362
II 投資活動によるキャッシュ・フロー	有価証券の増減額	28	0	0	0
	有形固定資産等の取得による支出	29	-112	-800	-1,970
	有形固定資産等の売却による収入	30	0	0	0
	投資有価証券の増減額	31	0	0	0
	貸付金の増減額	32	600	0	0
	その他の固定資産等の増減額	33	-1,854	-5,437	-3,048
		34			
		35			
		36			
	投資活動によるキャッシュ・フロー	37	-1,366	-6,237	-5,018
III 財務活動によるキャッシュ・フロー	短期借入金の増減額	38	-720	6,784	42
	ﾌｧｲﾅﾝｽ･ﾘｰｽ債務等の返済による支出	39	-508	-508	-508
	長期借入金等の増減額	40	-8,496	-5,148	-8,496
	資本金の増減額	41	0	0	0
	配当金の支払額	42	0	0	0
	その他の固定負債等の増減額	43	0	0	0
		44			
	財務活動によるキャッシュ・フロー	45	-9,724	1,127	-8,961
IV	現金及び現金同等物に係る為替換算差額	46	0	0	0
V	現金及び現金同等物の増減額	47	-170	5,882	-5,617
VI	現金及び現金同等物期首残高	48	4,666	4,495	10,378
VII	資金範囲の変更に伴う調整額	49	0	0	0
VIII	現金及び現金同等物期末残高	50	4,495	10,378	4,760

注：貸借対照表上の「現金及び預金」とキャッシュ・フロー計算書上の「現金及び現金同等物」との調整は以下の通りです。

項目名		26年3月31日	27年3月31日	28年3月31日
貸借対照表上の「現金及び預金」	(1)	24,075	33,689	29,419
資金に該当しない「預金」	(2)	19,579	23,311	24,658
預入期間が3か月を超える定期預金	(3)	0	0	0
有価証券のうち、資金に加算した金額	(4)	0	0	0
現金及び現金同等物 (1-2-3+4)		4,495	10,378	4,760

(注)キャッシュ・フロー計算書は会社法上の計算書類ではありませんが、参考資料として出力しています。

日本税理士会連合会

「中小企業の会計に関する基本要領」の適用に関するチェックリスト

【平成27年4月公表】

[会 社 名] 株式会社 ＳＣＧ印刷

代表取締役 野田 勝美   様

私は、貴社の平成 27 年 4 月 1 日から平成 28 年 3 月 31 日までの事業年度における計算書類等への「中小企業の会計に関する基本要領」（以下「中小会計要領」という。）の適用状況に関して、貴社から提供された情報に基づき、次のとおり確認を行いました。

平成 28 年 5 月 13 日

税 理 士 堤 敬士   ㊞ 登録番号 789012
[事務所の名称及び所在地]

税理士法人　ＴＫＣコンピュータ会計事務所
栃木県鹿来市西鹿来市１５８－１   税理士法人番号 12345

[連絡先電話番号] （ 0000 ） 00 － 0000

No.	勘定項目等	確 認 事 項	残高等	チェック	
1	収益、費用の基本的な会計処理	収益は、原則として、製品、商品の販売又はサービスの提供を行い、かつ、これに対する現金及び預金、売掛金、受取手形等を取得した時に計上され、費用は、原則として、費用の発生原因となる取引が発生した時又はサービスの提供を受けた時に計上されているか。		YES	NO
		収益とこれに関連する費用は、両者を対応させて期間損益が計算されているか。		YES	NO
2	資産、負債の基本的な会計処理	資産は、原則として、取得価額で計上されているか。		YES	NO
		負債のうち、債務は、原則として、債務額で計上されているか。		YES	NO
3	金銭債権及び債務	預貯金は、残高証明書又は預金通帳等により残高が確認されているか。		YES	NO
		金銭債権がある場合、原則として、取得価額で計上されているか。	無	有	NO
		金銭債務がある場合、債務額で計上されているか。	無	有 YES	NO
		受取手形割引額及び受取手形裏書譲渡額がある場合、これが貸借対照表の注記とされているか。	無	有 YES	NO
4	貸倒損失	法的に消滅した債権又は回収不能な債権がある場合、これらについて貸倒損失が計上されているか。	無	有 YES	NO
	貸倒引当金	回収不能のおそれのある債権がある場合、その回収不能見込額が貸倒引当金として計上されているか。	無	有 YES	NO
5	有価証券	有価証券がある場合、原則として、取得原価で計上され、売買目的の有価証券については、時価で計上されているか。	無	有 YES	NO
		時価が取得原価よりも著しく下落した有価証券を保有している場合、回復の見込みがあると判断されたときを除き、評価損が計上されているか。	無	有 YES	NO
6	棚卸資産	棚卸資産がある場合、原則として、取得原価で計上されているか。	無	有 YES	NO
		時価が取得原価よりも著しく下落した棚卸資産を保有している場合、回復の見込みがあると判断されたときを除き、評価損が計上されているか。	無	有 YES	NO

資料　中小企業の決算書・税務申告書等のサンプル　267

No.	勘定項目等	確認事項	残高等	チェック	
7	経過勘定	経過勘定がある場合、前払費用及び前受収益は、当期の損益計算に含まれず、また、未払費用及び未収収益は、当期の損益計算に反映されているか。 (注)金額的に重要性の乏しいものについては、受け取った又は支払った期の収益又は費用として処理することも認められます。	無	有	
				YES	NO
8	固定資産	固定資産がある場合、原則として、取得原価で計上されているか。	無	有	
				YES	NO
		有形固定資産は、定率法、定額法等の方法に従い、無形固定資産は、原則として定額法により、相当の減価償却が行われているか。 (注)「相当の減価償却」とは、一般的に、耐用年数にわたって、毎期、規則的に減価償却を行うことが考えられます。	無	有	
				YES	NO
		固定資産について、災害等により著しい資産価値の下落が判明した場合は、相当の金額が評価損として計上されているか。	無	有	
				YES	NO
9	繰延資産	資産として計上した繰延資産がある場合、その効果の及ぶ期間で償却されているか。	無	有	
				YES	NO
		法人税法固有の繰延資産がある場合、長期前払費用等として計上され、支出の効果の及ぶ期間で償却されているか。	無	有	
				YES	NO
10	リース取引	リース取引に係る借手である場合、賃貸借取引又は売買取引に係る方法に準じて会計処理が行われているか。	無	有	
				YES	NO
11	引当金	将来の特定の費用又は損失で、発生が当期以前の事象に起因し、発生の可能性が高く、かつ、その金額を合理的に見積ることができる場合、賞与引当金や退職給付引当金等として計上されているか。 (注)金額的に重要性の乏しいものについては、計上する必要はありません。	無	有	
				YES	NO
		中小企業退職金共済、特定退職金共済等が利用されている場合、毎期の掛金が費用処理されているか。	無	有	
				YES	NO
12	外貨建取引等	外貨建金銭債権債務がある場合、原則として、取引時の為替相場又は決算時の為替相場による円換算額で計上されているか。	無	有	
				YES	NO
		決算時の為替相場によった場合、取引時の円換算額との差額を為替差損益として損益処理されているか。	無	有	
				YES	NO
13	純資産	純資産のうち株主資本は、資本金、資本剰余金、利益剰余金等から構成されているか。		YES	
		期末に自己株式を保有する場合、純資産の部の株主資本の末尾に自己株式として一括控除する形式で表示されているか。	無	有	
				YES	NO
14	注記	会社計算規則に基づき、重要な会計方針に係る事項、株主資本等変動計算書に関する事項等が注記されているか。		YES	
		会計処理の方法が変更された場合、変更された旨、合理的理由及びその影響の内容が注記されているか。	無	YES	
		中小会計要領に拠って計算書類が作成された場合、その旨の記載の有無を確認したか。		YES	
15		すべての取引につき正規の簿記の原則に従って記帳が行われ、適時に、整然かつ明瞭に、正確かつ網羅的に会計帳簿が作成されているか。		YES	
		中小会計要領で示していない会計処理の方法が行われている場合、その処理の方法は、企業の実態等に応じて、一般に公正妥当と認められる企業会計の慣行の中から適用されているか。	無	YES	NO

① 「残高等」の欄については、該当する勘定項目等の残高がない場合又は「確認事項」に該当する事実がない場合は、「無」を○で囲みます。「確認事項」に該当する場合において、中小会計要領に従って処理しているときは、「チェック」欄の「YES」を、中小会計要領に従って処理していないときは、「チェック」欄の「NO」を○で囲みます。
② 「NO」の場合は、「所見」欄にその理由等を記載します。
③ 「所見」欄には、上記のほか、会社の経営に関する姿勢、将来性、技術力等の内容を記載することもできます。

所見	(所見)： 　　当社は、「中小会計要領」に基づいて会計処理を行い、決算書を作成しています。 　　その決算書に基づき作成した申告書も法令の規定に則して作成いたしました。

資料　中小企業の決算書・税務申告書等のサンプル

第27期

勘定科目内訳明細書

平成27年　4月　1日から
平成28年　3月31日まで

1．預貯金等の内訳書
2．受取手形の内訳書
3．売掛金（未収入金）の内訳書
4．仮払金／貸付金及び受取利息の内訳書
5．棚卸資産(商品又は製品、半製品、仕掛品、原材料、貯蔵品)の内訳書
6．有価証券の内訳書
7．固定資産(土地、土地の上に存する権利及び建物に限る。)の内訳書
8．支払手形の内訳書
9．買掛金（未払金・未払費用）の内訳書
10．仮受金／源泉所得税預り金の内訳書
11．借入金及び支払利子の内訳書
12．土地の売上高等の内訳書
13．売上高等の事業所別内訳書
14．役員報酬手当等及び人件費の内訳書
15．地代家賃等／工業所有権等の使用料の内訳書
16．雑益、雑損失等の内訳書

株式会社　SCG印刷

預貯金等の内訳書

商号：株式会社　ＳＣＧ印刷

平成27年 4月 1日～平成28年 3月31日　　　P- 1

金融機関名	種類	口座番号	期末現在高	取引開始日	摘要
	現　金		386,341 円	・・	手元在高
現　金　計			386,341	・・	
足立銀行 鹿来東支店	当座預金	123	47,945	H 2・4・1	
栃高銀行 鹿来支店	〃	866	24,884	H 5・11・1	
日陽銀行 宇高支店	〃	198	27,803	H 6・4・25	
朝日信用金庫 熊谷町支店	〃	58	10,000	H 6・8・1	
当座預金 計			110,632	・・	
足立銀行 鹿来東支店	普通預金	1565	4,214,648	H 2・4・1	
栃高銀行 鹿来支店	〃	5589	3,415	H 5・11・1	
日陽銀行 宇高支店	〃	7845	9,453	H 6・4・25	
朝日信用金庫 熊谷町支店	〃	334	35,858	H 6・8・1	
普通預金 計			4,263,374	・・	
足立銀行 鹿来東支店	定期預金	8569	8,561,817	H28・3・11	満期日 29. 3.11
栃高銀行 鹿来支店	〃	3395	4,223,405	H28・3・5	〃 29. 3. 5
日陽銀行 宇高支店	〃	1897	3,109,155	H28・3・20	〃 29. 3.20
朝日信用金庫 熊谷町支店	〃	5563	4,084,449	H28・3・25	〃 29. 3.25
定期預金 計			19,978,826	・・	
足立銀行 鹿来東支店	定期積金	9006	1,000,000	H27・11・2	満期日 28.11. 2 月額 20万円
栃高銀行 鹿来支店	〃	6113	1,500,000	H27・1・20	〃 29. 1.20 10万円
日陽銀行 宇高支店	〃	3115	400,000	H27・12・15	〃 28.12.15 10万円
朝日信用金庫 熊谷町支店	〃	9978	1,300,000	H27・3・20	〃 30. 3.20 10万円
鹿来市印刷組合	〃		480,000	H24・4・8	旅行積立金 〃 1万円
諸預金 計			4,680,000	・・	
計			29,419,173		

(法0302-1)

受取手形の内訳書

商号：株式会社　ＳＣＧ印刷

平成27年4月1日～平成28年3月31日

振出人	振出年月日 / 支払期日	支払銀行名	金額	割引銀行名等	摘要
㈱白鳳食品工業	H28・1・25 / H28・4・25	足立銀行 本店	1,173,960		印刷売上
㈱大麦若葉食品	H28・1・25 / H28・4・25	足立銀行 本店	1,024,920		〃
㈱白鳳食品工業	H28・2・25 / H28・5・25	足立銀行 本店	1,034,208		〃
㈱大麦若葉食品	H28・2・25 / H28・5・25	足立銀行 本店	952,560		〃
㈱白鳳食品工業	H28・3・25 / H28・6・25	足立銀行 本店	1,033,560		〃
㈱大麦若葉食品	H28・3・25 / H28・6・25	足立銀行 本店	1,114,344		〃
計			6,333,552		

(法0302－2)

仮受金（前受金・預り金）の内訳書

商号：株式会社　ＳＣＧ印刷

平成27年 4月 1日～平成28年 3月31日

科目	相手先			期末現在高	取引の内容
	名称（氏名）	所在地（住所）	法人・代表者との関係		
預り金	鹿来税務署			208,760 円	給料 源泉税
〃	鹿来税務署			5,105	税理士報酬 源泉税
〃	鹿来税務署			3,063	社労士報酬 源泉税
〃	鹿来市役所			63,000	住民税
	預り金計			279,928	
計				279,928	

(法0302-10)

源泉所得税預り金の内訳

年月日	所得の種類	期末現在高	年月日	所得の種類	期末現在高
平成28年3月分	給	208,760 円			円
平成28年3月分	報	5,105			
平成28年3月分	報	3,063			
			計		216,928

資料　中小企業の決算書・税務申告書等のサンプル　273

借入金及び支払利子の内訳書

商号：株式会社　ＳＣＧ印刷

平成27年 4月 1日～平成28年 3月31日　　　P- 1

借入先／所在地（住所）	法人・代表者との関係	期末現在高	期中の支払利子額／利率	借入理由	担保の内容（物件の種類、数量、所在地等）
足立銀行・鹿来東支店／鹿来市鳥島町1-6		15,000,000	44,603／2	運転資金	期日28.7.31 保証協会
栃高銀行・鹿来支店／鹿来市中央2-1		3,000,000	10,595／2	運転資金	期日28.6.28 保証協会
日陽銀行・宇高支店／宇高市宝来町1-1		2,000,000	8,287／2	運転資金	期日28.8.25 保証協会
野田　勝美／鹿来市鳥島町111-1	代表者	6,989,079	0		随時返済 担保なし
			430,214		書換利息支払分等
			493,699		
短期借入金　計		26,989,079			
足立銀行・鹿来東支店／鹿来市鳥島町1-6		2,400,000	55,904／1.9	運転資金	担保：土地
栃高銀行・鹿来支店／鹿来市中央2-1		1,915,000	44,039／1.9	運転資金	担保：土地
日陽銀行・宇高支店／宇高市宝来町1-1		6,720,000	135,099／1.9	運転資金	担保：土地
朝日信用金庫・熊谷支店／鹿来市熊谷町2-1		2,400,000	55,591／1.9	運転資金	担保：土地
日本政策金融公庫・宇高支店／宇高市中央1-2		19,440,000	374,089／1.8	設備資金	担保：土地
日本政策金融公庫・宇高支店／宇高市中央1-2		3,904,000	77,855／1.8	設備資金	担保：土地
長期借入借入金残高　28,283,000／1年以内返済　〃　8,496,000					
計		36,779,000	742,577		
計		63,768,079	1,236,276		

（法0302-11）

税理士法人　ＴＫＣコンピュータ会計事務所

役員報酬手当等及び人件費の内訳書

商号：株式会社　ＳＣＧ印刷

平成27年 4月 1日～平成28年 3月31日　　　P- 1

役員報酬手当等の内訳

役職名 担当業務	氏名 住所	代表者との関係	常勤・非常勤の別	役員給与計	使用人職務分	定期同額給与	事前確定届出給与	利益連動給与	その他	退職給与
						使用人職務分以外				
代表取締役 全般	野田 勝美 鹿来市鳥島町111-1	本人	常	3,400,000		3,400,000	0	0	0	0
専務取締役 全般	野田 泰秀 鹿来市鳥島町111-1	長男	常	8,000,000		8,000,000	0	0	0	0
計				11,400,000		11,400,000	0	0	0	0

人件費の内訳

区分		総額	総額のうち代表者及びその家族分
役員報酬手当		11,400,000	11,400,000
従業員	給料手当	24,228,010	
	賃金手当	28,980,870	
計		64,608,880	11,400,000

(法0302-15)

資料 中小企業の決算書・税務申告書等のサンプル 275

旧定率法・定率法による固定資産減価償却内訳明細書
(平成27年 4月 1日 〜 平成28年 3月31日)

商号：株式会社 SCG印刷

【全登録資産】

種固企業コード	部門	区分(%) 原価・繰入	名称 構造・細目	償却方法	事業年月	数量	取得価額 (5%相当額)	期首帳価額	償却基礎金額	耐用年数 償却率	償却期間	償却限度額 普通償却限度額	特別償却限度額	合計	当期償却額	償却累計額	期末帳簿価額	摘要
【建物】																		
0000000002	001:印刷部	0-100- 0	3.8㍍金属造り事務所	旧定率法 H 8. 4	1.00		(375,000) 7,500,000	2,420,379	2,420,379	34年 0.066	12	159,745		159,745	159,745	5,239,366	2,260,634	
0000000001	001:印刷部	100- 0	3.8㍍金属造り工場	旧定率法 H 1. 5	1.00		(625,000) 12,500,000	5,559,354	5,559,354	26年 0.085	12	472,545		472,545	472,545	7,413,191 12,662,557	5,086,809 7,347,443	
			建物				20,000,000 【新規取得価額】 20,000,000	7,979,733 【中途購入額】				632,290 【加算超過額】	0 【加算超過額】	632,290 【加算税認超過額】	632,290 【加算超過額】	12,662,557	7,347,443	
			種類合計															
【建物附属設備】																		
0000000003	001:印刷部	100- 0	工場電気・給排水設備	旧定率法 H 1. 5	1.00		(125,000) 2,500,000	645,390	645,390	15年 0.142	12	91,645		91,645	91,645	1,946,255	553,745	
0000000004	001:印刷部	100- 0	金属造り事務所 電気・給排水設備	旧定率法 H 8. 4	1.00		(75,000) 1,500,000	141,293	141,293	15年 0.142	12	20,063		20,063	20,063	1,378,770	121,230	
			建物附属設備				4,000,000 【新規取得価額】 4,000,000	786,683 【中途購入額】				111,708 【加算超過額】	0 【加算超過額】	111,708 【加算税認超過額】	111,708 【加算超過額】	3,325,025 3,325,025	674,975	
			種類合計															
【機械及び装置】																		
0000000005	001:印刷部	100- 0	ハイデルベルグ印刷機	旧定率法 H 1. 5	1.00		(2,500,000) 50,000,000	1	1	15年 0.142	12	0		0	0	49,999,999	1	
0000000006	001:印刷部	100- 0	桜野製デジタル印刷版機	旧定率法 H15. 4	1.00		(1,750,000) 35,000,000	1,400,001	1,400,001	10年 0.206	12	349,999		349,999	349,999	33,949,998	1,050,002	
0000000007	001:印刷部	100- 0	東芝製デジタル汎用プリンター	旧定率法 H15. 4	1.00		(750,000) 15,000,000	600,001	600,001	10年 0.206	12	149,999		149,999	149,999	14,549,998	450,002	
0000000008	001:印刷部	100- 0	大型自動ラミネート機	旧定率法 H15. 4	1.00		(1,500,000) 30,000,000	1,200,001	1,200,001	10年 0.206	12	299,999		299,999	299,999	29,099,998	900,002	
0000000009	001:印刷部	100- 0	自動ナンバーリング装置	250%定率法 H19. 4	1.00		35,000,000	1	1	10年 0.250	12	0		0	0	34,999,999	1	
0000000010	001:印刷部	100- 0	制作用マッキントッシュPC250%定率法 H20. 4	1.00			30,000,000	4,005,361	4,005,361	10年 0.250	12	1,337,790		1,337,790	1,337,790	27,332,429	2,667,571	
			機械及び装置				195,000,000 【新規取得価額】 195,000,000	7,205,366 【中途購入額】				2,137,787 【加算超過額】	0 【加算超過額】	2,137,787 【加算税認超過額】	2,137,787 【加算超過額】	189,932,421 189,932,421	5,067,579	
			種類合計															

(注1) 償却累計額の合計のみ上段は期末所有資産のみの合計を表示しています。
(注2) 償却額が機械及び装置欄の上段は、普通償却限度額の合計と増加償却額の割合を表示しています。
(注3) 圧縮記帳額を積立金方式で行っている場合は、TPS1000のメニュー1332 法人税・地方税ワーキングシートのうち、圧縮積立金取崩額を別表4に直接入力してください。

商号：株式会社　ＳＣＧ印刷　(141)

翌期概算償却額計算書（種類別・原価区分別内訳明細書）
（平成28年 4月 1日～平成29年 3月31日）

印刷：平成28年 5月20日 (16:35)　P - 1
（単位：円）

償却資産の名称	取得価額	翌期首帳簿価額	翌期概算償却額 普通償却額	特別償却額	原価区分別内訳 製造原価	販売管理費	営業外費用	翌期末償却累計額	翌期末帳簿価額
[1] 建物									
0000000001　3.8ミリ金属造り工場	12,500,000	5,086,809	36,031 432,378	0 0	36,031 432,378	0 0	0 0	7,845,569	4,654,431
0000000002　3.8ミリ金属造り事務所	7,500,000	2,260,634	12,433 149,201	0 0	0 0	12,433 149,201	0 0	5,388,567	2,111,433
11 建物　計	20,000,000	7,347,443	48,464 581,579	0 0	36,031 432,378	12,433 149,201	0 0	13,234,136	6,765,864
[12] 建物附属設備									
0000000003　工場電気・給排水設備	2,500,000	553,745	6,552 78,631	0 0	6,552 78,631	0 0	0 0	2,024,886	475,114
0000000004　金属造り事務所 電気・給排水設備	1,500,000	121,230	1,434 17,214	0 0	0 0	1,434 17,214	0 0	1,395,984	104,016
12 建物附属設備　計	4,000,000	674,975	7,986 95,845	0 0	6,552 78,631	1,434 17,214	0 0	3,420,870	579,130
[2] 機械及び装置									
0000000005　ハイデルベルグ印刷機	50,000,000	1	0 0	0 0	0 0	0 0	0 0	49,999,999	1
0000000006　桜野製デジタル印刷版機	35,000,000	1,050,002	29,166 349,999	0 0	29,166 349,999	0 0	0 0	34,299,997	700,003
0000000007　東芝製デジタル汎用プリンター	15,000,000	450,002	12,499 149,999	0 0	12,499 149,999	0 0	0 0	14,699,997	300,003
0000000008　大型自動ラミネート機	30,000,000	900,002	24,999 299,999	0 0	24,999 299,999	0 0	0 0	29,399,997	600,003

（注）
1．この帳票は、仮にマスターの年次改更新を行った場合の償却簿価を基礎として、各償却資産ごとの償却額（上段月額、下段年額）及び翌期の期末帳簿価額を計算しています。
（償却方法が「その他」のものは、概算償却額の計算は行いません。）
2．翌期の概算償却額には、当期の特別償却不足額が加算されています。
3．旧定率法または定率法（250%・200%）による償却計算の基礎となる金額には、当期における償却過不足額を加減しています。

TKCコンピュータ会計

資料　中小企業の決算書・税務申告書等のサンプル

平成28年 5月13日

確定申告の税額計算報告書
(第 27期：平成27年 4月 1日～平成28年 3月31日)

株式会社　ＳＣＧ印刷　　　殿

税理士法人　ＴＫＣコンピュータ会計事務所

貴社の当事業年度の申告税額（消費税等・法人税等・地方税）についてご報告申し上げます。

	消費税等	法人税等・地方税	合　計
この申告により納付する税額	1,870,200円	566,000円	2,436,200円
この申告により還付される税額	0	0	0

1．消費税等
納期限：平成28年 5月31日(火)

税　目	当課税期間の税額	中間納税額	申告税額
消費税・地方消費税	6,627,900	4,757,700	1,870,200

2．法人税等・地方法人税
納期限：平成28年 5月31日(火)

税　目	年　税　額	中間納税額	申告税額	還付の内訳 所得税額等	還付の内訳 中間納税額	繰戻還付請求税額
法人税・復興特別法人税	836,200円	557,700円	278,500円	円	円	円
地方法人税	38,000	0	38,000			

法人税の課税標準（所得金額）：　5,765,000円

3．地方税（都道府県民税、事業税、地方法人特別税及び市町村民税）
納期限：平成28年 5月31日(火)

	税　目	年　税　額	既に納付確定した額	納付すべき額	見込納付額	差引税額	今回納付税額
都道府県税	都道府県民税	79,100円	44,300円	34,800円	円	34,800円	34,800円
	（法人税割）	25,600	17,600	8,000		8,000	
	（均等割）	53,500	26,700	26,800		26,800	
	事　業　税	226,000	157,700	68,300		68,300	
	内　外形標準課税・収入割分						
	地方法人特別税	97,600	68,100	29,500		29,500	
	事業税・地方法人特別税計	323,600	225,800	97,800		97,800	
	都道府県税合計	402,700	270,100	132,600		132,600	132,600
	市町村民税	260,500	143,600	116,900		116,900	116,900
	（法人税割）	104,500	65,600	38,900		38,900	
	（均等割）	156,000	78,000	78,000		78,000	
	地方税合計	663,200	413,700	249,500		249,500	249,500

(注1) 都道府県民税・市町村民税の「納付すべき額」「差引税額」は、全都道府県（市町村）を「相殺表示」に統一して金額を表示しています。
(注2) 都道府県民税・市町村民税の「見込納付額」は、均等割額、法人税割額の順に充当しています。

4．当事務所からのご連絡

以　上

平成28年 5月13日

次期中間申告税額の試算表
(第28期：平成28年 4月 1日～平成29年 3月31日)

株式会社　ＳＣＧ印刷　　殿

税理士法人　ＴＫＣコンピュータ会計事務所

当事業年度（平成27年 4月 1日～平成28年 3月31日）の法人税等及び消費税等の申告計算結果に基づき、貴社の次期中間申告税額を試算いたしました。その結果、次期中間申告税額は、法人税等と消費税等を合わせて　　5,738,600円となります。
なお、法人税等と消費税等の内訳は、以下のとおりです。

	納　期　限	第1期中間申告 平成28年 8月31日(水)	第2期中間申告 平成28年11月30日(水)	第3期中間申告 平成29年 2月28日(火)	合　計
法人税等	法　人　税　①		418,000		418,000
	地方法人税　②		18,900		18,900
	事　業　税　③		112,900		112,900
	地方法人特別税　④		48,700		48,700
	都道府県民税　⑤		39,500		39,500
	小計(③+④+⑤)　⑥		201,100		201,100
	市町村民税　⑦		130,200		130,200
消費税等	消　費　税　⑧	1,304,800	1,304,800	1,304,800	3,914,400
	地方消費税　⑨	352,000	352,000	352,000	1,056,000
	小計(⑧+⑨)　⑩	1,656,800	1,656,800	1,656,800	4,970,400
	計 (①+②+⑥+⑦+⑩)　⑪	1,656,800	2,425,000	1,656,800	5,738,600

(注)地方税の次期中間申告税額は、当事業年度の申告計算実績(非分割計算)に基づいて試算しております。
なお、各事業所の従業者数に変動が生じた場合や均等割の税率が改正された場合などは、都道府県民税及び市町村民税の均等割額が変わり、実際の中間申告税額と異なる場合があります。

当事務所からのご連絡

以　上

資料　中小企業の決算書・税務申告書等のサンプル　279

電子申告完了済
[電子申告(受付)]日時：2016/05/13 15:04:36　受付番号：20160513150436299113

FB0602

納税地	栃木県鹿来市鳥島町111-1
	電話（0000）00-0000
(フリガナ)	カブシキガイシャ エスシーシーインサツ
法人名	株式会社　SCG印刷
(フリガナ)	ノダ カツミ
代表者自署押印	野田　勝美
代表者住所	栃木県鹿来市鳥島町111-1

事業種目：印刷業
期末現在の資本金の額又は出資金の額：25,000,000円
同非区分：特定同族会社／同族会社／非同族会社
一般社団・財団法人の区分：非営利型法人／普通法人
経理責任者自署押印：真木　敦子
旧納税地及び旧法人名等：

整理番号：12345678
事業年度（至）：
売上金額：227百万
申告年月日：

平成27年4月1日　事業年度分の法人税　確定申告書
平成28年3月31日　課税事業年度分の地方法人税　確定申告書

翌年以降送付要否：否
適用額明細書提出の有無：有
税理士法第30条の書面提出有：有
税理士法第33条の2の書面提出有：有

この申告書による法人税額の計算

		十億 百万 千 円
1	所得金額又は欠損金額（別表四「47の①」）	5 765 976
2	法人税額（54）又は（55）	864 750
3	法人税額の特別控除額	
4	差引法人税額（2）-（3）	864 750
5	連結納税の承認を取り消された場合等における既に控除された法人税額の特別控除額の加算額	
6	課税土地譲渡利益金額	000
7	同上に対する税額（21）+（22）+（23）	
8	課税留保金額（別表三「37」）	000
9	同上に対する税額（別表三「45」）	
10	法人税額計（4）+（5）+（7）+（9）	864 750
11	仮装経理に基づく過大申告の更正に伴う控除法人税額	
12	控除税額	28 516
13	差引所得に対する法人税額（10）-（11）-（12）	836 200
14	中間申告分の法人税額	557 700
15	差引確定法人税額（13）-（14）	278 500

		十億 百万 千 円
16	所得税の額（別表六（一）「13」）	28 516
17	外国税額（別表六（二）「16」）	
18	計（16）+（17）	28 516
19	控除した金額（12）	28 516
20	控除しきれなかった金額（18）-（19）	
21	土地譲渡税額（別表三（二）「27」）	0
22	同上（別表三（二の二）「28」）	0
23	同上（別表三「23」）	00
24	所得税額等の還付金額（20）	
25	中間納付額（14）-（13）	
26	欠損金の繰戻しによる還付請求税額	
27	計（24）+（25）+（26）	
28	この申告が修正申告である場合のこの申告により納付すべき法人税額	
29	欠損金又は災害損失金等の当期控除額（別表七（一）「4の計」）	0 0
30	翌期へ繰り越す欠損金又は災害損失金（別表七（一）「5の合計」）	

この申告書による地方法人税額の計算

		十億 百万 千 円
32	所得金額に対する法人税額	864 750
33	課税留保金額に対する法人税額	
34	課税標準法人税額（32）+（33）	864 000
35	地方法人税額（58）	38 016
36	課税留保金額に係る地方法人税額（69）	
37	所得地方法人税額（35）+（36）	38 016
38	外国税額の控除額（別表六（二）「48」）	
39	仮装経理に基づく過大申告の更正に伴う控除地方法人税額	
40	差引地方法人税額（37）-（38）-（39）	38 000
41	中間申告分の地方法人税額	
42	差引確定地方法人税額（40）-（41）	38 000

43	この申告による還付金額（41）-（40）	
44	所得の金額に対する法人税額	
45	課税留保金額に対する法人税額	
46	課税標準法人税額（70）	0 00
47	この申告により納付すべき地方法人税額	0 00
	剰余金・利益の配当（剰余金の分配）の金額	
	決算確定の日：平成28年5月13日	

税理士法人　TKCコンピュータ会計事務所
税理士　堤　敬士

TKC
09999141
0414N40

所得の金額の計算に関する明細書

事業年度: 27・4・1 ～ 28・3・31
法人名: 株式会社 SCG印刷
別表四 平二八・二・一以後終了事業年度分

区　分		総　額 ①	処　分 留保 ②	社外流出 ③	
当期利益又は当期欠損の額	1	4,479,345	4,479,345	配当	
				その他	
加算	損金経理をした法人税、地方法人税及び復興特別法人税（附帯税を除く。）	2	557,700	557,700	
	損金経理をした道府県民税（利子割を除く。）及び市町村民税	3	187,900	187,900	
	損金経理をした道府県民税利子割額	4	1,974	1,974	
	損金経理をした納税充当金	5	566,000	566,000	
	損金経理をした附帯税（利子税を除く。）、加算金、延滞金（延納分を除く。）及び過怠税	6			その他	
	減価償却の償却超過額	7				
	役員給与の損金不算入額	8			その他	
	交際費等の損金不算入額	9			その他	
	次葉合計	10	1,765,760	1,765,760		
	小　計	11	3,079,334	3,079,334		
減算	減価償却超過額の当期認容額	12				
	納税充当金から支出した事業税等の金額	13	410,200	410,200		
	受取配当等の益金不算入額（別表八(一)「16」又は「33」）	14			※	
	外国子会社から受ける剰余金の配当等の益金不算入額（別表八(二)「13」）	15			※	
	受贈益の益金不算入額	16			※	
	適格現物分配に係る益金不算入額	17			※	
	法人税等の中間納付額及び過誤納に係る還付金額	18				
	所得税額等及び欠損金の繰戻しによる還付金額等	19			※	
	次葉合計	20	1,411,019	1,411,019		
	小　計	21	1,821,219	1,821,219		
仮計 (1)+(11)-(21)		22	5,737,460	5,737,460	外※	0
関連者等に係る支払利子等の損金不算入額（別表十七(二の二)「25」）		23			その他	
超過利子額の損金算入額（別表十七(二の三)「10」）		24	△		※	△
仮計 ((22)から(24)までの計)		25	5,737,460	5,737,460	外※	
寄附金の損金不算入額（別表十四(二)「24」又は「40」）		26			その他	
沖縄の認定法人の所得の特別控除額（別表十(一)「9」又は「13」）		27	△		※	△
国際戦略総合特別区域における指定特定事業法人の所得の金額の損金算入額又は益金算入額（別表十二(十二)「7」又は「9」）		28				
法人税額から控除される所得税額（別表六(一)「6の③」）及び復興特別所得税額（別表六(二)付表「5の③」）並びに復興特別法人税申告書別表二「6の①」）		29	28,516		その他	28,516
税額控除の対象となる外国法人税の額（別表六(二の二)「7」）		30			その他	
組合等損失額の損金不算入額又は組合等損失超過合計額の損金算入額（別表九(二)「10」）		31				
対外船舶運航事業者の日本船舶による収入金額に係る所得の金額の損金算入額又は益金算入額（別表十(二〇)、「21」又は「23」）		32			※	
合　計 (25)+(26)+(27)±(28)+(29)+(30)±(31)±(32)		33	5,765,976	5,737,460	外※	28,516
契約者配当の益金算入額（別表九(一)「13」）		34				
特定目的会社等の支払配当又は特定目的信託に係る受託法人の利益の分配の益金算入額（別表十(七)「3」、別表十八(八)「3」又は「8」若しくは「13」）		35	△	△		
非適格合併又は残余財産の全部分配等による移転資産等の譲渡利益額又は譲渡損失額		36				
差引計 ((33)から(36)までの計)		37	5,765,976	5,737,460	外※	28,516
欠損金又は災害損失金等の当期控除額（別表七(一)「4の計」＋(別表七(二)「9」若しくは「21」又は別表七(三)「10」)）		38	△		※	△
総　計 (37)+(38)		39	5,765,976	5,737,460	外※	28,516
新鉱床探鉱費又は海外新鉱床探鉱費の特別控除額（別表十(三)「40」）		40	△		※	△
農業経営基盤強化準備金積立額の損金算入額（別表十二(十四)「10」）		41	△	△		
農用地等を取得した場合の圧縮額の損金算入額（別表十二(十四)「43の計」）		42	△	△		
関西国際空港用地整備準備金積立額の損金算入額（別表十二(十一)「15」）		43	△	△		
中部国際空港整備準備金積立額の損金算入額（別表十二(十二)「10」）		44	△	△		
再投資等準備金積立額の損金算入額（別表十二(十五)「12」）		45	△	△		
残余財産の確定の日の属する事業年度に係る事業税の損金算入額		46	△	△		
所得金額又は欠損金額		47	5,765,976	5,737,460	外※	28,516

資料　中小企業の決算書・税務申告書等のサンプル　281

利益積立金額及び資本金等の額の計算に関する明細書

| 事業年度 | 27・4・1 ～ 28・3・31 | 法人名 | 株式会社　ＳＣＧ印刷 |

別表五(一)　平二十七・四・一以後終了事業年度分

I 利益積立金額の計算に関する明細書

区　分		期首現在利益積立金額 ①	当期の増減 減 ②	当期の増減 増 ③	差引翌期首現在利益積立金額 ①−②+③ ④
利 益 準 備 金	1	200,000 円	円	円	200,000 円
別 途 積 立 金	2	15,000,000			15,000,000
一括評価／貸倒引当金の繰入限度超過額	3	281,019	281,019	265,760	265,760
賞与引当金繰入額否認	4	1,130,000	1,130,000	1,500,000	1,500,000
	5				
	6				
	7				
	8				
	9				
	10				
	11				
	12				
	13				
	14				
	15				
	16				
	17				
	18				
	19				
	20				
	21				
	22				
	23				
	24				
	25				
繰越損益金（損は赤）	26	△6,836,297	△6,836,297	2,356,952	2,356,952
納 税 充 当 金	27	1,697,300	1,697,300	566,000	566,000
未納法人税等 未納法人税、未納地方法人税及び未納復興特別法人税（附帯税を除く。）	28	△985,800	△1,543,500	中間 △557,700　確定 △316,500	△316,500
未納道府県民税（均等割額及び利子割額を含む。）	29	△76,600	△122,874	中間 △46,274　確定 △34,800	△34,800
未納市町村民税（均等割額を含む。）	30	△224,700	△368,300	中間 △143,600　確定 △116,900	△116,900
差 引 合 計 額	31	10,184,922	△5,762,652	△1,240,966	14,706,608

II 資本金等の額の計算に関する明細書

区　分		期首現在資本金等の額 ①	当期の増減 減 ②	当期の増減 増 ③	差引翌期首現在資本金等の額 ①−②+③ ④
資本金又は出資金	32	25,000,000 円	円	円	25,000,000 円
資 本 準 備 金	33				
	34				
	35				
差 引 合 計 額	36	25,000,000			25,000,000

租税公課の納付状況等に関する明細書

事業年度 27・4・1 〜 28・3・31　法人名 株式会社 SCG印刷

別表五(二) 平二十七・四・一以後終了事業年度分

税目及び事業年度				期首現在未納税額 ①	当期発生税額 ②	当期中の納付税額 充当金取崩しによる納付 ③	仮払経理による納付 ④	損金経理による納付 ⑤	期末現在未納税額 ①+②-③-④-⑤
法人税及び地方法人税、復興特別法人税	・・		1						
	26・4・1 〜 27・3・31		2	985,800				985,800	0
	当期分	中間	3		557,700			557,700	0
		確定	4		316,500				316,500
	計		5	985,800	874,200			985,800	557,700	316,500
道府県民税	・・		6						
	26・4・1 〜 27・3・31		7	76,600				76,600	0
	当期分	利子割	8		1,974			1,974	0
		中間	9		44,300			44,300	0
		確定	10		34,800				34,800
	計		11	76,600	81,074			76,600	46,274	34,800
市町村民税	・・		12						
	26・4・1 〜 27・3・31		13	224,700				224,700	0
	当期分	中間	14		143,600			143,600	0
		確定	15		116,900				116,900
	計		16	224,700	260,500			224,700	143,600	116,900
事業税	・・		17						
	26・4・1 〜 27・3・31		18		410,200	410,200			0
	当期中間分		19		225,800			225,800	
	計		20		636,000	410,200			225,800	0
その他 損金算入のもの	利子税		21						
	延滞金(延納に係るもの)		22						
	諸税		23		1,357,800			1,357,800	0
			24						
損金不算入のもの	加算税及び加算金		25						
	延滞税		26						
	延滞金(延納分を除く。)		27						
	過怠税		28						
その他のもの	源泉所得税等		29		28,516			28,516	0
			30						

納税充当金の計算

繰入額	期首納税充当金	31	1,697,300
	損金経理をした納税充当金	32	566,000
		33	
	計 (32)+(33)	34	566,000
取崩額	法人税額等 (5の③)+(11の③)+(16の③)	35	1,287,100
	事業税 (20の③)	36	410,200

取崩額 その他	損金算入のもの	37	
	損金不算入のもの	38	
		39	
	仮払税金消却	40	
	計 (35)+(36)+(37)+(38)+(39)+(40)	41	1,697,300
期末納税充当金 (31)+(34)-(41)		42	566,000

資料　中小企業の決算書・税務申告書等のサンプル

電子申告完了済
[電子申告(受付)日時：2016/05/13 15:04:36　受付番号：20160513150436000200]

GK0303

平成28年 5月13日　鹿来　税務署長殿

納税地	栃木県鹿来市鳥島町111-1
	(電話番号 0000 - 00 - 0000)
(フリガナ)	カブシキガイシャ エスシージーインサツ
名称又は屋号	株式会社　SCG印刷
個人番号又は法人番号	
(フリガナ)	ノダ カツミ
代表者氏名又は氏名	野田　勝美　㊞

自 平成 27年 4月 1日
至 平成 28年 3月31日

課税期間分の消費税及び地方消費税の（確定）申告書

平成二十七年十月一日以後終了課税期間分（一般用）

この申告書による消費税の税額の計算

		十兆千百十億千百十万千百十一円
課税標準額	①	227,121,000 03
消費税額	②	14,308,623 06
控除過大調整税額	③	07
控除対象仕入税額	④	9,087,645 08
返還等対価に係る税額	⑤	1,471 09
貸倒れに係る税額	⑥	10
控除税額小計(④+⑤+⑥)	⑦	9,089,116
控除不足還付税額(⑦-②-③)	⑧	13
差引税額(②+③-⑦)	⑨	5,219,500 15
中間納付税額	⑩	3,746,700 16
納付税額	⑪	1,472,800 17
中間納付還付税額(⑩-⑨)	⑫	00 18
この申告書が修正申告である場合 既確定税額	⑬	19
差引納付税額	⑭	00 20
課税売上割合 課税資産の譲渡等の対価の額	⑮	227,095,519 21
資産の譲渡等の対価の額	⑯	227,858,090 22

この申告書による地方消費税の税額の計算

地方消費税の課税標準となる消費税額 控除不足還付税額	⑰	51
差引税額	⑱	5,219,500 52
譲渡割額 還付額	⑲	53
納税額	⑳	1,408,400 54
中間納付譲渡割額	㉑	1,011,000 55
納付譲渡割額(⑳-㉑)	㉒	397,400 56
中間納付還付譲渡割額(㉑-⑳)	㉓	57
この申告書が修正申告である場合 既確定譲渡割額	㉔	58
差引納付譲渡割額	㉕	00 59
消費税及び地方消費税の合計（納付又は還付）税額	㉖	1,870,200 60

一連番号		翌年以降送付不要 ○
整理番号	1 2 3 4 5 6 7 8	
申告年月日	平成　年　月　日	
申告区分	指導等 庁指定 局指定	
通信日付印 確認印	個人番号カード 通知カード・運転免許証 その他（　　）	身元確認
年　月　日		
指導年月日	相談 区分1 区分2 区分3	
平成		

中間申告の場合の対象期間	自 平成　年　月　日 至 平成　年　月　日

付記事項			
割賦基準の適用	有	○無	31
延払基準等の適用	有	○無	32
工事進行基準の適用	有	○無	33
現金主義会計の適用	有	○無	34
課税標準額に対する消費税額の計算の特例の適用	有	○無	35

参考事項	控除税額の計算方法	課税売上高5億円超又は課税売上割合95％未満	個別対応方式 一括比例配分方式	41
		上記以外 ○	全額控除	

基準期間の課税売上高　192,816千円

区分	課税標準額	消費税額
① 及び② 3％分	千円	円
の内訳 4％分	千円	円
6.3％分	227,121千円	14,308,623円

⑰ 又は⑱ の内訳	区分	地方消費税の課税標準となる消費税額
	4％分	円
	6.3％分	5,219,507円

還付を受けようとする金融機関等	銀行 金庫・組合 農協・漁協	本店・支店 出張所 本所・支所
	預金 口座番号	
	ゆうちょ銀行の貯金記号番号	-
	郵便局名等	

※税務署整理欄

税理士署名押印	税理士法人 TKCコンピュータ会計事務所 税理士　堤　敬士　㊞
	(電話番号 000 - 000 - 0000)

○ 税理士法第30条の書面提出有
○ 税理士法第33条の2の書面提出有

法人税・地方法人税・復興特別法人税・消費税の電子申告完了報告書　P－1

平成28年 5月13日

株式会社　ＳＣＧ印刷　殿

税理士法人　ＴＫＣコンピュータ会計事務所

　ＴＫＣ電子申告システム(e-TAX1000)を用いて、貴社の法人税・地方法人税、消費税の電子申告を完了しましたので、ご報告いたします。なお、貴社は、ダイレクト納付利用届出済みです。

1．電子申告の内容

納税者情報	所轄税務署	鹿来税務署				
	納　税　地	栃木県鹿来市鳥島町１１１－１				
	法 人 名	株式会社　ＳＣＧ印刷				
	代表者氏名	野田　勝美				

法人税地方法人税	電子申告日	平成28年 5月13日（15時04分36秒）	申告の種類	確定申告（30種類）		
	事業年度	平成27年 4月 1日～平成28年 3月31日	電子署名	代表者:(有)・無	経理責任者:有・(無)	

復興特別法人税	電子申告日		申告の種類			
	課税事業年度		電子署名	代表者:有・無	経理責任者:有・無	

消費税	電子申告日	平成28年 5月13日（15時04分36秒）	申告の種類	確定申告（ 4種類）	
	課税期間	平成27年 4月 1日～平成28年 3月31日	電子署名	代表者:(有)・無	
	中間申告対象期間				

2．国税庁（国税受付システム）からの「受信通知」の内容

```
【 法人税・地方法人税の受信通知 】
　提出先：鹿来税務署
　利用者識別番号：1111111111111111
　氏名又は名称：株式会社　ＳＣＧ印刷
　代表者等氏名：野田　勝美
　受付番号：20160513150436299113
　受付日時：平成28年 5月13日（15時04分36秒）
　種目：法人税申告書
　事業年度 自：平成27年04月01日
　事業年度 至：平成28年03月31日
　税目：法人税
　申告の種類：確定
　所得金額又は欠損金額：5,765,976円
　差引確定法人税額：278,500円
　欠損金又は災害損失金等の当期控除額：
　翌期へ繰り越す欠損金又は災害損失金：
　税目：地方法人税
　申告の種類：確定
　課税標準法人税額：864,000円
　差引確定地方法人税額：38,000円
【 消費税の受信通知 】
　提出先：鹿来税務署
　利用者識別番号：1111111111111111
　氏名又は名称：株式会社　ＳＣＧ印刷
　代表者等氏名：野田　勝美
　受付番号：20160513150436000200
　受付日時：平成28年 5月13日（15時04分36秒）
　種目：消費税申告書
　申告の種類：確定
　課税期間 自：平成27年 4月 1日
　課税期間 至：平成28年 3月31日
　課税標準額：227,121,000円
　消費税及び地方消費税の合計（納付又は還付）税額：1,870,200円
```

(e-TAX1000 Copyright(C) TKC)

資料　中小企業の決算書・税務申告書等のサンプル

P - 2
平成28年 5月13日

株式会社　ＳＣＧ印刷　　　　　　　殿

3．電子申告・別途送付書類

行	送 信 ・ 添 付 書 類 名
1	＜ 法人税・地方法人税の電子申告書類 ＞
2	別表一（一）
3	別表一（一）（次葉）
4	別表二
5	別表四
6	別表四（次葉）
7	別表五（一）
8	別表五（二）
9	別表六（一）
10	別表六（一）付表
11	別表十一（一の二）
12	別表十四（二）
13	別表十五
14	別表十六（一）
15	別表十六（二）
16	別表十六（八）
17	適用額明細書
18	貸借対照表
19	損益計算書（製造原価報告書等を含む）
20	株主資本等変動計算書
21	個別注記表
22	預貯金等の内訳書
23	受取手形の内訳書
24	売掛金（未収入金）の内訳書
25	買掛金（未払金・未払費用）の内訳書
26	仮受金（前受金・預り金）の内訳書/源泉所得税預り金の内訳
27	借入金及び支払利子の内訳書
28	役員報酬手当等及び人件費の内訳書
29	法人事業概況説明書
30	税理士法第33条の2第1項に規定する添付書面（法人税・地方法人税）
31	税務代理権限証書
32	＜ 消費税の電子申告書類 ＞
33	消費税申告書(一般用)
34	消費税申告書　付表2
35	税理士法第33条の2第1項に規定する添付書面（消費税）
36	税務代理権限証書
37	＜ 法人税・地方法人税の別途送付書類 ＞
38	減価償却内訳明細書
39	一括償却資産内訳明細書
40	租税公課の納付状況等の明細書
41	償却資産種類別合計表
42	原価区分別償却額集計表
43	＜ 消費税の別途送付書類 ＞
44	勘定科目別の消費税額集計表
45	以上
46	
47	
48	
49	
50	

(e-TAX1000 Copyright(C) TKC)

国税電子申告・納税システム－SU00S100 メール詳細

国税電子申告・納税システム（e-Tax） ログイン中
受付システム

メール詳細

送信されたデータを受け付けました。

なお、後日、内容の確認のため、担当職員からご連絡させていただく場合がありますので、ご了承ください。

■申告等内容

提出先	鹿来税務署
利用者識別番号	1111111111111111
氏名又は名称	株式会社　ＳＣＧ印刷
代表者等氏名	野田　勝美
受付番号	20160513150426329362999113
受付日時	2016/05/13 15:04:26
種目	法人税申告書
事業年度 自	平成27年04月01日
事業年度 至	平成28年03月31日
税目	法人税
申告の種類	確定
所得金額又は欠損金額	5,765,976円
差引確定法人税額	278,500円
欠損金又は災害損失金等の当期控除額	－
翌期へ繰り越す欠損金又は災害損失金	－
税目	地方法人税
申告の種類	確定
課税標準法人税額	864,000円
差引確定地方法人税額	38,000円

送信されたデータは、「ダウンロード（XML形式）」ボタンよりダウンロードすることができます。
個人番号欄に記載された個人番号は、表示されません。

■送付書

添付書類を提出する場合は、送付書の内容を確認・印刷の上、送付書とともに添付書類をご送付ください。

国税電子申告・納税システム（e-Tax）の利用についてアンケートを実施しています。
よろしければご協力ください。

Copyright © NATIONAL TAX AGENCY ALL Rights Reserved.

法人事業概況説明書

FB1005

電子申告完了済　[電子申告(受付)日時: 2016/05/13 15:04:36　受付番号: 20160513150436299113]

整理番号　12345678

法人名	屋号（　　　）株式会社　SCG印刷	事業年度	自 平成 27年 4月 1日　至 平成 28年 3月 31日	税務署処理欄
納税地	〒000-0000 栃木県鹿来市鳥島町111-1　ホームページアドレス	電話番号	(0000) 00-0000	応答者氏名　野田 泰秀

1 事業内容

印刷業

(3) 総支店数 / 主たる所在地
2 支店・海外取引状況 — 上記のうち海外支店数／所在地／従業員数
海外子会社の数／所在地／出資割合(%)

(3) 取引種類：輸入（特手利）／輸入（商品）／○無／取引金額（百万円）
(4) 貿易外取引：有／無／手数料／ロイヤリティー／役務の提供／証券の売買／金銭の貸借／不動産の売買／その他

3 期末従業員の状況（単位：人）

(1) 常勤役員	2
工員	6
営業員	
事務員	
計	14
(2) 日雇のうち代表者親族数	2
日雇のうちアルバイト数	

(2) 賃金の定め方：A個別定額／B全体能力／AB併用
(3) 比也・考課の有無：有／○無

4 電子計算機の利用状況

(1) 利用：○有／無　(2) 電子商取引：有／○無
(2) プログラム：自社作成／一部自社作成／○既製ソフト
(3) 適用業務：給与管理／販売管理／生産管理／○固定資産／○経理管理／(　)
(5) 機種名：東芝 dynabook、富士通 LIFEBOOK（コース本料下略）
(6) 市販会計ソフトの名称：TKCシステム AFX、SX、PX
(7) 委託先：税理士法人 TKCコンピュータ会計事務所　30
(8) LAN：無線LAN／○有線LAN／無
(9) 保存媒体：FD／MO／MT／CD-R／その他（TKCシステム）

5 経理の状況

区分	氏名	代表者との関係
管理者	真木 敦子	○親族／他人
現金	真木 敦子	
小切手		

試算表の作成状況：○毎月／月ごと／決算時のみ
源泉徴収対象所得：○給与／○報酬・料金／利子等／○配当／非居住者／退職
(4) 消費税　経理：税抜／○税込／経費／税抜／税込
売上／仕入／22 7098

6 株主又は株式所有異動の有無：有／○無

7 主要科目（単位：千円）

売上原価のうち		資産の部合計	1390 88
売上（収入）高	226854	現金預金	29419
上記のうち兼業売上（収入）高		受取手形 (貸倒引当金控除前)	6331
売上（収入）原価	169495	売掛金 (貸倒引当金控除前、注2)	30772
期首棚卸高	6142	棚卸資産（末成工事支出金）	5141
原材料費（仕入高）	64057	貸付金	
労務費	29209	建物 (減価償却累計額控除前)	10822
外注費		機械装置 (減価償却累計額控除前)	
期末棚卸高	5138	車両・船舶 (減価償却累計額控除前)	
減価償却費		土地	30000
地代家賃・租税公課		負債の部合計	101324
売上（収入）総利益	57358		
販管費のうち		支払手形	4034
役員報酬	11400	買掛金 (注2)	
従業員給料	24368	個人借入金	
交際費	819	その他借入金	
減価償却費		純資産の部合計	
地代家賃・租税公課			
営業損益	5549	**8 インターネットバンキング等の利用の有無**	
支払利息割引料	1236	(1) インターネットバンキング：○有／無　(2) ファームバンキング：○有／無	
税引前当期損益	6047	**9 役員又は役員報酬等の異動の有無**：○有／無	

10 代表者に対する報酬等の金額　報酬：3400／貸付金：／仮払金：
借入金：6989／受取利息：

11 事業形態

(1) 兼業の状況

(兼業種目)	(兼業割合) %
印刷業	81.3
ネット・企画販売	18.7

(2) 事業内容の特異性

新事業の「ネット販売事業」が順調に推移している。

(3) 売上区分

現金売上 1.0%　掛売上 99.0%

12 主な設備等の状況

ハイデルベルグ印刷機	1	台
森野製デジタル印刷機	1	〃
東芝デジタル汎用プリンター	1	〃
大型自動ラミネート機	1	〃
自動ナンバーリング装置	1	〃
マッキントッシュ制作用PPC	1	〃

13 決済日等の状況

	締切日	決済日
売上	月末	顧客支払日に振込入金
仕入	月末	翌月25日振込支払
外注費	月末	翌月25日振込支払
給料	月末	支給日 翌月10日支払

14 帳簿書類の備付状況

帳簿書類の名称
- 作業指示伝票
- 受注確認簿
- 発注確認簿
- 原材料受払簿
- 製品受払簿

15 税理士の関与状況

(1) 氏名　堤 敬士
(2) 事務所所在地　東京都新宿区揚場町2丁目1番
(3) 電話番号　(03) 3267 - 2951
(4) 関与状況：○申告書の作成　○調査立会　○税務相談　○決算書の作成　□伝票の整理　□補助簿の記帳　○総勘定元帳の記帳　□源泉徴収関係事務

16 加入組合等の状況

栃木県プリント組合
(役職名) 青年部会 理事
栃木県プリント組合
(役職名) 鹿来支部 支部長
営業時間　開店 9 時　閉店 18 時
定休日　毎週(毎月) 土曜日、日曜日(及び祭日)

17 月別の売上高等の状況

(単位：千円)

月別	売上(収入)金額 印刷売上金	売上(収入)金額 ネット・企画販売	仕入金額 商品・材料仕入	仕入金額 消耗品費	外注費	人件費	源泉徴収税額(円)	従事員数(人)
4月	18,852	1,761	5,068	14	7,712	4,690	247,180	14
5月	15,909	3,717	5,105	106	6,027	4,716	250,070	14
6月	15,526	2,539	4,759	13	5,206	5,118	251,975	14
7月	13,274	4,113	4,950	16	4,899	4,982	262,855	14
8月	12,916	3,607	4,154	15	3,355	6,209	319,288	14
9月	16,342	3,465	5,542	15	4,741	4,438	244,240	14
10月	16,221	3,358	5,805	25	5,386	5,042	220,430	14
11月	13,122	4,770	5,271	130	4,360	4,997	214,070	14
12月	20,462	3,763	8,652	19	4,827	9,621	304,817	14
1月	14,135	3,135	5,172	19	4,594	4,915	-22,520	14
2月	12,084	3,651	4,743	20	3,751	4,861	210,620	14
3月	15,881	4,264	4,931	18	6,346	5,383	208,760	14
計	184,730	42,147	64,157	416	61,208	64,978	2,711,785	168
前期の実績	182,270	31,992	59,509	415	59,143	55,919	2,566,552	162

18 当期の営業成績の概要

新規事業の「ネット販売」事業が、サーバー増設・販路拡大努力により対前年131.7%アップと順調に推移して赤字体質を脱却。加えて、ネット販売からの印刷物受注により印刷売上も下げ止まりとなり、給与の増加にもかかわらず黒字決算となった。利益率の高い「ネット販売」の売上割合が増加したので、総利益率も23.1%→25.2%とアップした。

電子申告完了済

[電子申告(受付)日時：2016/05/13 15:06:01　受付番号：R1-2016-77709000]

第六号様式（控用）

整理番号	事務所	区分	管理番号	申告区分
12345678	901	2	345678901	234

平成　年　月　日
栃木県　知事　殿

所在地	栃木県鹿来市鳥島町１１１－１（電話　0000－　00－0000）
事業種目	印刷業
期末現在の資本金の額又は出資金の額（解散日現在の資本金の額又は出資金の額）	25000000
同上が1億円以下の普通法人のうち中小法人等に該当しないもの	非中小法人等
(ふりがな)	かぶしきかいしゃ　えすしーじーいんさつ
法人名	株式会社　ＳＣＧ印刷
期末現在の資本金の額及び資本準備金の額の合算額	25000000
(ふりがな)	のだ　かつみ
代表者自署押印	野田　勝美
経理責任者自署押印	真木　敦子
期末現在の資本金等の額	25000000

平成27年4月1日から平成28年3月31日までの事業年度分又は連結事業年度分の道府県民税・事業税・地方法人特別税の確定申告書

事業税

摘要		課税標準	税率(/100)	税額
所得割	所得金額総額（⑰－⑫）又は別表5⑯ ㉝	5765976		
	年400万円以下の金額 ㉞	4000000	3.4	136000
	年400万円を超え年800万円以下の金額 ㉟	1765000	5.1	90000
	年800万円を超える金額 ㊱	000	6.7	00
	計 ㉞＋㉟＋㊱ ㊲	5765000		226000
	軽減税率不適用法人の金額 ㊳	000		00
付加価値割	付加価値額総額 ㊴			
	付加価値額 ㊵	000		00
資本割	資本金等の額総額 ㊶			
	資本金等の額 ㊷	000		00
収入割	収入金額総額 ㊸			
	収入金額 ㊹	000		00

項目	金額
合計事業税額 ㊲＋㊵＋㊷＋㊹又は㊳＋㊵＋㊷＋㊹ ㊺	226000
平成27年改正法附則第8条又は第9条の控除額 ㊻	00
仮装経理に基づく事業税額の控除額 ㊼	
既に納付の確定した当期分の事業税額 ㊽	157700
租税条約の実施に係る事業税額の控除額 ㊾	
この申告により納付すべき事業税額 ㊺－㊻－㊼－㊽－㊾ ㊿	68300
㊿の内訳　所得割 (51)	68300
付加価値割 (52)	00
資本割 (53)	00
収入割 (54)	00
㊿のうち見込納付額 (55)	
差引 ㊿－(55) (56)	68300

地方法人特別税

摘要	課税標準	税率(/100)	税額
所得割に係る地方法人特別税額 (57)	226000	43.2	97600
収入割に係る地方法人特別税額 (58)	00		00
合計地方法人特別税額（(57)＋(58)） (59)			97600
仮装経理に基づく地方法人特別税額の控除額 (60)			
既に納付の確定した当期分の地方法人特別税額 (61)			68100
租税条約の実施に係る地方法人特別税額の控除額 (62)			
この申告により納付すべき地方法人特別税額 (59)－(60)－(61)－(62) (63)			29500
(63)のうち見込納付額 (64)			
差引 (63)－(64) (65)			29500

所得金額の計算の内訳

項目	金額
所得金額（法人税の明細書（別表4）の(33)）又は個別所得金額（法人税の明細書（別表4の2付表）の(42)） (66)	5765976
加算　損金の額又は個別帰属損金額に算入した所得税額及び復興特別所得税額 (67)	
加算　損金の額又は個別帰属損金額に算入した海外投資等損失準備金勘定への繰入額 (68)	
減算　益金の額又は個別帰属益金額に算入した海外投資等損失準備金勘定からの戻入額 (69)	
減算　外国の事業に帰属する所得以外の所得に対して課された外国法人税額 (70)	
仮計 (66)＋(67)＋(68)－(69)－(70) (71)	5765976
繰越欠損金額等若しくは災害損失金額又は債務免除等があった場合の欠損金額等の当期控除額 (72)	
法人税の所得金額（法人税の明細書（別表4）の(47)）又は個別所得金額（法人税の明細書（別表4の2付表）の(55)） (73)	5765976
決算確定の日	平成28年　5月13日
法第72条の25の4の措置適用を受けようとする税額 (74)	
解散の日	平成　年　月　日
残余財産の最後の分配又は引渡しの日	平成　年　月　日
申告期限の延長の処分（承認）の有無	事業税　㊒・無　法人税　㊒・無
法人税の申告書の種類	（青色）・その他
この申告が中間申告の場合の計算期間	平成　年　月　日から　平成　年　月　日まで
翌期の中間申告の要否	㊢・否
国外関連者の有無	有・無

道府県民税

項目	金額
（使途秘匿金税額等）	
法人税法の規定によって計算した法人税額 ①	864750
試験研究費の額に係る法人税額の特別控除額 ②	
国家戦略特別区域において機械等を取得した場合等の法人税額の特別控除額 ③	
還付法人税額等の控除額 ④	
退職年金等積立金に係る法人税額 ⑤	
課税標準となる法人税額又は個別帰属法人税額 ①＋②＋③－④＋⑤ ⑥	864000
2以上の道府県に事務所又は事業所を有する法人における課税標準となる法人税額又は個別帰属法人税額 ⑦	000
法人税割額（⑥又は⑦×3.2/100） ⑧	27648
外国の法人税等の額の控除額 ⑨	
仮装経理に基づく法人税割額の控除額 ⑩	
利子割額の控除額（控除した金額㉙） ⑪	1974
差引法人税割額 ⑧－⑨－⑩－⑪ ⑫	25600
既に納付の確定した当期分の法人税割額 ⑬	17600
租税条約の実施に係る法人税割額の控除額 ⑭	
既還付請求利子割額が過大である場合の納付額（㉜） ⑮	00
この申告により納付すべき法人税割額 ⑫－⑬－⑭＋⑮ ⑯	8000
均等割　算定期間中において事務所等を有していた月数 ⑰	12月
均等割　53,500円×12/12 ⑱	53500
均等割　既に納付の確定した当期分の均等割額 ⑲	26700
均等割　この申告により納付すべき均等割額 ⑱－⑲ ⑳	26800
この申告により納付すべき道府県民税額 ⑯＋⑳ ㉑	34800
㉑のうち見込納付額 ㉒	
差引 ㉑－㉒ ㉓	34800
東京都の場合の⑥の計算　特別区分の課税標準額 ㉔	000
同上に対する税額 ㉔×/100 ㉕	
市町村分の課税標準額 ㉖	000
同上に対する税額 ㉖×/100 ㉗	
利子割額に関する計算　利子割額（控除されるべき額） ㉘	1974
控除した金額（⑧－⑨－⑩と㉘のうち少ない額） ㉙	1974
控除することができなかった金額 ㉘－㉙ ㉚	0
既に還付を請求した利子割額 ㉛	
既還付請求利子割額が過大である場合の納付額 ㉛－㉚ ㉜	
利子割還付額の均等割への充当	□希望する　□希望しない
還付請求　中間納付額 ㊻	
還付請求　利子割額 ㊼	
還付を受けようとする金融機関及び支払方法	銀行　支店　口座番号（普通・当座）
法人税の期末現在の資本金等の額又は連結個別資本金等の額	25000000
法人税の当期の確定税額又は連結法人税個別帰属支払額	836200

署名押印　関与税理士：税理士法人TKCコンピュータ会計事務所　税理士　堤　敬士（電話　000－000－0000）

TKC
099991410414N40

都道府県民税・事業税・地方法人特別税・市町村民税の電子申告完了報告書

株式会社　ＳＣＧ印刷　　　　　殿

P - 1
平成28年 5月13日
税理士法人　ＴＫＣコンピュータ会計事務所

　ＴＫＣ電子申告システム（e-TAX1000）を用いて、貴社の都道府県民税・事業税・地方法人特別税および市町村民税についての電子申告を完了しましたので、ご報告いたします。

1．電子申告の内容

（1）納税者情報

法　人　名	株式会社　ＳＣＧ印刷		
納　税　地	栃木県鹿来市鳥島町１１１－１		
代表者氏名	野田　勝美	経理責任者	真木　敦子

（2）都道府県民税・事業税・地方法人特別税の電子申告

電子申告日	平成28年 5月13日 （15時06分01秒）	申告先団体数	1団体
事業年度	平成27年 4月 1日～平成28年 3月31日	申告の種類	確定申告
代表者電子署名	有・㊀無	経理責任者電子署名	有・㊀無

（3）市町村民税の電子申告

電子申告日	平成28年 5月13日 （15時06分01秒）	申告先団体数	1団体
事業年度	平成27年 4月 1日～平成28年 3月31日	申告の種類	確定申告
代表者電子署名	有・㊀無		

2．地方税ポータルシステム（eLTAX）からの「受付通知」の内容

【　都道府県民税・事業税・地方法人特別税の受付通知　】
　納税者の氏名又は名称：株式会社　ＳＣＧ印刷
　発行元：栃木県鹿来税事務所
　　　　　　課税第一担当
　電話番号：045-651-1471
　発行日時：2016/05/13 15:06:01
　件名：受付完了通知
　メッセージ本文：送信された申告データを受付けました。後日、発行元の担当者から、申告内容
　　　　　　　　についての確認をさせていただく場合がありますので、ご了承ください。（MUD
　　　　　　　　0021）
　　　　法人事業税　　所得金額総額　　　　　　　　　　　5,765,976円
　　　　法人事業税　　付加価値額総額　　　　　　　　　　　　　　0円
　　　　法人事業税　　資本等の金額総額　　　　　　　　　　　　　0円
　　　　法人事業税　　申告納付税額　　　　　　　　　　　　68,300円
　　　　地方法人特別税　申告納付税額　　　　　　　　　　　29,500円
　　　　法人県民税（法人税割）　課税標準総額　　　　　　864,000円
　　　　法人県民税（法人税割）　申告納付税額　　　　　　　8,000円
　　　　法人県民税（均等割）　　申告納付税額　　　　　　 26,800円
　受付日時：2016/05/13 15:06:01
　取扱日：2016/05/13
　受付番号：R1-2016-77709000
　手続名：法人都道府県民税・事業税・地方法人特別税
　事業年度（期別）：H27/04/01 ～ H28/03/31
　提出先：栃木県鹿来県税事務所長
　ファイル名称：09000.xml

【　市町村民税の受付通知　】
　納税者の氏名又は名称：株式会社　ＳＣＧ印刷
　発行元：鹿来市
　　　　　　課税第一担当
　電話番号：045-651-1471
　発行日時：2016/05/13 15:06:01
　件名：受付完了通知
　メッセージ本文：送信された申告データを受付けました。後日、発行元の担当者から、申告内容
　　　　　　　　についての確認をさせていただく場合がありますので、ご了承ください。（MUD
　　　　　　　　0021）
　　　　法人市民税（法人税割）　課税標準総額　　　　　　864,000円
　　　　法人市民税（法人税割）　申告納付税額　　　　　　 38,900円
　　　　法人市民税（均等割）　　申告納付税額　　　　　　 78,000円

(e-TAX1000 Copyright(C) TKC)

資料　中小企業の決算書・税務申告書等のサンプル　291

株式会社　ＳＣＧ印刷　　　　　殿

P - 2
平成28年 5月13日

2．地方税ポータルシステム(eLTAX)からの「受付通知」の内容

```
受付日時：2016/05/13 15:06:01
取扱日：2016/05/13
受付番号：R1-2016-77709205
手続名：法人市町村民税
事業年度(期別)：H27/04/01 ～ H28/03/31
提出先：鹿来市長
ファイル名称：09205.xml
```

(e-TAX1000 Copyright(C) TKC)

受 付 通 知

納税者の氏名又は名称：株式会社　ＳＣＧ印刷　　　　　　　　　　　　平成28年 5月13日

地方税ポータルシステム（eLTAX）のメッセージボックスに格納された受付通知は以下の通りです。

納税者の氏名又は名称：株式会社　ＳＣＧ印刷
発行元：栃木県鹿来税事務所
　　　　課税第一担当
電話番号：045-651-1471
発行日時：2016/05/13 15:06:01
件名：受付完了通知
メッセージ本文：送信された申告データを受付けました。後日、発行元の担当者から、申告内容についての確認をさせていただく場合がありますので、ご了承ください。（MUD0021）

法人事業税	所得金額総額	5,765,976円
法人事業税	付加価値額総額	0円
法人事業税	資本等の金額総額	0円
法人事業税	申告納付税額	68,300円
地方法人特別税	申告納付税額	29,500円
法人県民税（法人税割）	課税標準総額	864,000円
法人県民税（法人税割）	申告納付税額	8,000円
法人県民税（均等割）	申告納付税額	26,800円

受付日時：2016/05/13 15:06:01
取扱日：2016/05/13
受付番号：R1-2016-77709000
手続名：法人都道府県民税・事業税・地方法人特別税
事業年度（期別）：H27/04/01 ～ H28/03/31
提出先：栃木県鹿来県税事務所長
ファイル名称：09000.xml

(e-TAX1000 Copyright(C) TKC)

資料 中小企業の決算書・税務申告書等のサンプル

法人税・地方法人税　確定申告書（　年分・事業年度分・平成27年 4月 1日 平成28年 3月31日　）に係る

税理士法第33条の2第1項に規定する添付書面　33の2①

年　月　日
鹿来　税務署長殿

※整理番号

税理士又は税理士法人	氏名又は名称	税理士法人　TKCコンピュータ会計事務所
	事務所の所在地	栃木県鹿来市西鹿来市158-1　電話(0000) 00 - 0000

書面作成に係る税理士	氏　名	税理士　堤　敬士　㊞
	事務所の所在地	栃木県鹿来市西鹿来市158-1　電話(0000) 00 - 0000
	所属税理士会等	関東信越　税理士会　鹿来支部　登録番号　第 789012 号

税務代理権限証書の提出	㊲（法人税・地方法人税　　　　）・無

依頼者	氏名又は名称	株式会社　SCG印刷
	住所又は事務所の所在地	栃木県鹿来市鳥島町111-1　電話(0000) 00 - 0000

私（当法人）が申告書の作成に関し、計算し、整理し、又は相談に応じた事項は、下記の1から4に掲げる事項であります。

1　自ら作成記入した帳簿書類に記載されている事項

帳簿書類の名称	作成記入の基礎となった書類等
依頼者が自らパソコンに入力した仕訳データに基づき、コンピュータ処理により作成した仕訳帳、総勘定元帳、勘定科目残高一覧表（試算表）。期末整理データのみ当方入力。	現金出納帳、預金出納帳、証憑書綴り、手形帳、給与台帳、売掛金台帳、買掛金台帳、売掛・買掛金集計表、預金通帳、小切手帳、契約書綴り、棚卸表、固定資産台帳、重要書類綴り。

2　提示を受けた帳簿書類（備考欄の帳簿書類を除く。）に記載されている事項

帳簿書類の名称	備　考
書類範囲証明書記載のとおり。　（当税理士事務所保存）。	

※事務処理欄	部門	業種	意見聴取連絡事績		事前通知等事績	
			年月日	税理士名	通知年月日	予定年月日
			・　・		・　・	・　・

(1／3)

※整理番号 _____

3 計算し、整理した主な事項

	区　分	事　項	備　考
(1)	印刷売上高	1．売上高は、期中において納品ベースで計上しており、月次巡回監査時の継続的なチェックにより、網羅性を確かめました。 2．TKCｼｽﾃﾑASX（戦略販売・購買情報ｼｽﾃﾑ）により作成された売掛金台帳と売掛金集計表を、発行領収書控えと共に顧客毎に確かめました。 3．請求締め日以後の発生売上分消費税額は別途加算しました。	売掛金台帳 売掛金集計表 領収書控
	ネット・企画売上高	ネット販売代行先の㈱幸楽市場からの計算書により売上額及び販売手数料額を確かめました。	売上精算計算書
	商品・材料仕入及び外注加工費	TKCｼｽﾃﾑASX2（戦略販売・購買情報ｼｽﾃﾑ）により作成された買掛金台帳と買掛金集計表を、受領領収書控えと共に仕入先毎に確かめました。	買掛金台帳、証憑所綴り 買掛金集計表、
	固定資産	当期購入した「サーバー・ﾊﾟｿｺﾝ」は実査して確認しました。備品消耗品・修繕費・消耗品費に減価償却資産に該当するものがないか確かめました。 除却・売却資産の有無を実査して確かめました。	固定資産台帳、納品書・ 請求書綴り、証憑所綴り
	役員報酬及び給料・賞与	役員報酬が27/6より30万円増額された。金額を議事録にて確認しました。期中は、TKCｼｽﾃﾑAPX2（戦略給与情報ｼｽﾃﾑ）により作成された給与台帳及び明細書により金額を確かめました。又、巡回監査時に人員実在の確認をしておりました。	給与台帳 議事録
	棚卸し資産	棚卸金額は、製品は売価還元法によって、材料等は最終仕入原価法によていることを確認しました。またそれが注記されていることを確認いたしました。なお、期末仕入分は受払調査をいたしました。	棚卸し原始記録 棚卸表原本 仕入れ帳
	借入金	金融機関借入残高証明書及び返済予定表により確かめました。 代表者よりの借入金については、その原資が定期預金解約分であることを解約計算書にて確認いたしました。	銀行残高証明書 返済予定表 銀行預金解約計算書
	受取配当金	出資配当金は、振込手続きミスにより個人預金入金となっていたために個人よりの借入金と相殺して会計処理しました。	配当振込通知書
	雑収入	保険契約の配当金の有無を確認し計上しました。自販機販売リベート額は、先方の清算時発行計算書を確認しております。	生命保険配当通知書 自販機清算計算書

	(1)のうち顕著な増減事項	増　減　理　由
(2)	ネット・企画売上高の増加	ネット事業専任営業員の営業及び宣伝営業に注力した結果、対前年131.7%と順調に増収となった。
	印刷売上高の増加	ネット事業からの印刷物受注が予想以上にあった。
	売上総利益率のアップ(23.1%→25.2%)	利益率の高いネット販売分の売上割合が増加した。
	外注加工費の増加	外注制作への依存度を減らす社内努力に励んだが、設備不足面での絶対条件があり増加してしまった。

	(1)のうち会計処理方法に変更等があった事項	変　更　等　の　理　由
(3)	なし。	なし。

(2／3)

資料　中小企業の決算書・税務申告書等のサンプル　295

	※整理番号

4　相談に応じた事項

事　　　項	相　談　の　要　旨
事前確定届出給与	「事前確定届出給与」に関して代表者より相談がありました。「ネット販売」部門での専務の努力に対して賞与を支給したい、とのことであった。 「ネット販売」部門も順調に推移しているが、業界としても今後は競争が激化してくることが予想されますし、専務役員報酬の定期同額給与分の増額もあったので、今回は「様子を見たほうが良い」との助言をいたしました。 その結果、代表者は、「この件は株主総会の議案にはしない」との事となりました。

5　その他

(1) 当税理士事務所は、ＴＫＣ全国会認定の「書面添付実践事務所」です。
(2) 当税理士事務所は、ＴＫＣ地域会研修所主催の生涯研修履修事務所です。
(3) 当税理士事務所は、依頼者の企業を訪問し、巡回監査を実施しています。
(4) 当税理士事務所は、ＴＫＣ財務会計システム及び税務情報システムを利用しています。
(5) 当該企業は「国税関係帳簿の電磁的記録による保存等の承認申請」済みであり、電子帳簿の保存に係る電磁的記録媒体を作成する業務（ＣＤ－Ｒの作成は株式会社ＴＫＣ）は、当税理士事務所と委託契約を締結しております。
(6) その他、当税理士事務所が保存している帳簿書類等は次の通りです。
　　1) 基本約定書　　　　　　　　　　　6) 棚卸資産証明書
　　2) 完全性宣言書　　　　　　　　　　7) 負債証明書
　　3) 記帳適時性証明書　　　　　　　　8) 源泉所得税チェック表
　　4) 3期比較財務諸表、3期比較経営分析表　9) 巡回監査報告書（含、決算監査事務報告書）
　　5) 書類範囲証明書
(7) 総合所見：
　　日々の取引については、整然かつ明瞭に会計処理されており、原始記録の保存状態も良好です。また、契約書、請求書等の証拠書類についても、整然と保管されています。会計組織は適切に確立され内部牽制は機能していると認められます。
　　取引内容については、毎月の監査時にチェックし、仕訳の誤りがあればその都度指導し修正させています。また、決算に当たっては、あらためてすべての損益科目と資産・負債科目について内容を検討しました。毎月の監査の徹底と日々の記帳の確認および決算補正事項も正しく修正されていること等を勘案して、この申告は妥当であると思われます。

税務代理権限証書

※整理番号

受付印

年 月 日
鹿来 税務署長殿

税理士又は税理士法人	氏名又は名称	税理士法人　TKCコンピュータ会計事務所
	事務所の名称及び所在地	栃木県鹿来市西鹿来市158-1　電話(0000)00-0000　連絡先　電話( )-
	所属税理士会等	関東信越 税理士会　　　　鹿来 支部　登録番号等　第　12345　号

上記の ~~税理士~~ 税理士法人 を代理人と定め、下記の事項について、税理士法第2条第1項第1号に規定する税務代理を委任します。

平成 28 年 5 月 13 日

過年分に関する税務代理	下記の税目に関して調査が行われる場合には、下記の年分等より前の年分等（以下「過年分」といいます。）についても税務代理を委任します（過年分の税務代理権限証書において上記の代理人に委任している事項を除きます。）。【委任する場合は□にレ印を記載してください。】	☑
調査の通知に関する同意	上記の代理人に税務代理を委任した事項（過年分の税務代理権限証書において委任した事項を含みます。以下同じ。）に関して調査が行われる場合には、私（当法人）への調査の通知は、当該代理人に対して行われることに同意します。【同意する場合は□にレ印を記載してください。】	☑
代理人が複数ある場合における代表する代理人の定め	上記の代理人に税務代理を委任した事項に関しては、上記の代理人をその代表する代理人として定めます。【代表する代理人として定める場合は□にレ印を記載してください。】	□

依頼者	氏名又は名称	株式会社　SCG印刷　　代表取締役社長　　野田　勝美　㊞
	住所又は事務所の所在地	栃木県鹿来市鳥島町111-1　電話(0000)00-0000

1　税務代理の対象に関する事項

税目（該当する税目にレ印を記載してください。）		年　分　等
所得税(復興特別所得税を含む)※申告に係るもの	□	平成　　　　　　年分
法人税（復興特別法人税・地方法人税を含む）	☑	自 平成27年 4月 1日　至 平成28年 3月31日
消費税及び地方消費税（譲渡割）	☑	自 平成27年 4月 1日　至 平成28年 3月31日
所得税(復興特別所得税を含む)※源泉徴収に係るもの	☑	自 平成27年 4月 1日　至 平成28年 3月31日（法定納期限到来分）
税	□	
税	□	
税	□	

2　その他の事項

(1) 上記1の申告書等の提出を電子申告にて行うこと。

※事務処理欄　部門　　業種　　他部門等回付　・・( )部門

業務の委任に関する
基本約定書

②

税務当局から最高の信頼（申告是認または調査省略などの判定）を受けるため、
（関与先）　　　株式会社　ＳＣＧ印刷　　　　　　　　　（以下甲という）と
（ＴＫＣ会計人）　税理士法人　ＴＫＣコンピュータ会計事務所　　（以下乙という）
とは、次のとおり約定する。

第１条
　甲は、乙または乙の使用人等（以下単に乙という）に対し、甲の資産・負債に影響を及ぼすべき一切の取引を、完全網羅的に、真実を、適時に、かつ整然明瞭に記帳または記録して、これを提示しなければならない。また、これらに関連する乙の質問に対しては、甲は忌憚なく、その実態を開示しなければならない。

第２条
　乙は、ＴＫＣ会計人の誇りと、会計人としての使命とに鑑み、甲に対し原則として毎月１回以上の巡回監査を実施し、全力をあげて、法の許す限りの節税と甲の経営の発展のため、正しい会計処理の指導及び経営助言を行わなければならない。

第３条
　甲は、情を識りつつ、誤って前記第１条に違反して、乙に対し、虚偽、又は不正の証憑書や完全網羅的でない会計記録を提示していたときは、その責任を甲自ら負うとともに、その結果について、乙に損害を与えた場合も、甲の責任とするものとする。

第４条
　乙は、相当の注意を欠き（税理士法第45条２項）、前記第２条に違反したときは、甲の受けた損害につき、その賠償の責任を負うものとする。

　以上の約定の証として、甲乙は自署捺印のうえ、各々正本一通を保管するものとする。

平成 27 年 3 月 13 日

当事者甲　住　　所　栃木県鹿来市鳥島町１１１－１
　　　　　商　　号　株式会社　ＳＣＧ印刷
　　　　　代　表　者　代表取締役社長　　野田　勝美　㊞

当事者乙　住　　所　栃木県鹿来市西鹿来市１５８－１
　　　　　事　務　所　税理士法人　ＴＫＣコンピュータ会計事務所
　　　　　所　　長　　　　　　　　堤　敬士　㊞

©ＴＫＣ全国会2012年

ご注意

1. 申告是認の判定を受けることを希望しないお方は、この約定書をお作りにならなくてもよろしいのです。また、当然のことですが、申告是認の判定を受けたことによる特別な報酬を請求することは、TKC会計人は禁止されています。

2. この基本約定書と完全性宣言書とは、事業年度開始日ごろまでに、関与先によく説明して、お渡しして、署名捺印をしてもらい、その写しを関与先に常置してときどき読んで頂くことが、絶対に必要です。

3. 申告是認を受けられる本当の決め手は、納税者の心構えの中にあります。フランスの税法理論に待つまでもなく、虚偽申告や脱税は、実は国家に対する詐欺行為なのです。真に成功している経営者は、驚くほど経理に関しては、潔癖かつ厳正です。1円でも不正経理を容認することは、国家をだまし、そして自分をだますことです。自分さえもだます人間が、どうして成功する経営者となり得ますか。この点の啓蒙を、関与先のために、しっかりとやっておきましょう。

以 上

©TKC全国会2012年

完 全 性 宣 言 書 ③

平成 28年 5月 13日

（ＴＫＣ会計人）

税理士法人　ＴＫＣコンピュータ会計事務所　殿

（住　所）　栃木県鹿来市鳥島町１１１－１

（商　号）　株式会社　ＳＣＧ印刷

（代表者）　代表取締役社長　野田　勝美　㊞

（関係取締役）　野田　泰彦　㊞

（経 理 事 務
　監 督 責 任 者）　真木　敦子　㊞

（経 理 事 務
　担 当 者）　和泉　妙子　㊞

　私は、私の権限と責任において、当社の資産・負債に影響を及ぼすべき一切の取引について、当社の帳簿には、完全網羅的に、真実を、適時に、かつ整然明瞭に記載して、貴事務所に提示したことを、宣言いたします。

　なお、当社の帳簿に書かれていない私の個人的な租税債務、当社の財産評価に関係してくる重要な契約、法廷上の争い、その他の係争事件や債務関係について、決算日現在及び今日までに貴事務所に報告しなかったものは無いことを誓約します。また当社の会計処理には、仮装隠蔽の事実及び民商法上の（契約の）形成可能性の濫用を行った事実は全くありません。

　なお、当宣言書が虚偽であり、その結果貴事務所に損害を与えた場合は、当方の責任であることを申し添えます。

以　上

©ＴＫＣ全国会2012年

経営者の皆様へ

　申告是認の判定を受けるための基本約定書や、この完全性宣言書など一連の書式については、貴方は、ご自分の意に反する、あるいは厳しすぎるとの印象を持たれるかもしれません。しかし、貴方の企業の健全な発展と経営基礎の防衛のためには、次の事由からは是非とも必要だと信じます。

1．記帳義務の法制化や、偽りその他不正行為による不実記帳（以下単に不実記帳といいます）に対する制裁や罰則が、今後ますます強化される方向にあります。先進文明国が皆そうだからです。

　　例えば、国税通則法、所得税法及び法人税法等の改正により、不実記帳あるときの国税の更正または決定の期間制限については、5年から7年に、また国税徴収権の消滅時効も5年から7年に、さらに逋脱罪の公訴時効も3年から5年に延長されました。

　　因みに、不実記帳がある場合には、過少申告加算税や、35％あるいは40％の重加算税、そのほか刑罰として1千万円以下（脱税額が1千万円を超えた時は、それに相当する金額）の罰金に処せられることがあり、その結果実際の所得以上の罰課金や脱漏分の本税や延滞税が課せられ、貴方の企業にとって壊滅的な打撃となりかねません。また、逋脱罪としては、罰金のほか、法人の代表者及び関係者は、10年以下の懲役刑に処せられることになっています。（法人税法第159条）

　　なお、不完全記帳がなされていた場合、企業が万一にも破産になりますと、5年以下の懲役または罰金に処せられることさえあります。（旧破産法第375条）

2．私たちTKC会計人は、皆様が万が一にも上記の如き悲惨な結果に陥らないよう、そして、合法的な、かつ積極的な節税の方法等によって、堂々と確信をもって企業が維持発展できるよう、責任をもって努力したいと願っているものであります。（転ばぬさきの杖、を考えましょう）

　　そのためには、皆様との信頼関係をより一層堅固なものとし、また経理の真実性を経営者の皆様が、自ら宣言するという、真剣な経営姿勢の表明が必要だと考えています。

　　また、収税官の厳正な行政執行を担保する法律条文（例えば、米国内国歳入法第7214条、スウェーデン所得税法第56条）を欠いているわが国においては、ときによっては、違法な、または社会通念（常識）に反した不当な処置が行われることが無いとはいえません。しかし、皆様が上記書面記載事項を遵守しておられる限り、私たちは全力をあげて上記不当処置を是正すべく最善を尽くします。なお、私たちTKC会計人は、平成22年12月現在1万余名、その関与先企業は76万件に及ぶ全国組織であり、私たちTKC会計人、ひいては関与先の皆様を援護するため、顧問弁護士団あるいは、各種の専門委員会（国会議員を含む）を設置しています。

3．因みに、先進諸外国における法制は、わが国より遥かに記帳の正確性を厳しく要求しており、不実記帳については、税法のほか、商法、会社法さらには刑法をもって、経営者の責任を追及する法制となっております。わが国においても、かかる罰則規定が、徐々に強化されてゆくことは明らかであり、その為にも、今から法的に十分対抗しうる条件の整備が必要です。

4．「民商法上の（契約の）形成可能性の濫用」という言葉は耳慣れない言葉と存じますが、これはドイツ（旧西ドイツ）の国税通則法（Abgabenordnung）の第42条に出てくる「許されない租税回避」のことで、契約自由の原則を濫用して不当に税負担を免れようとする文書作成や計算をいいます。それを、わが国の法人税法（第132条）は同族会社にしかないかのように仮定しています。（しかし、それは、同族、非同族を問わず適用されることがありうることは、わが国の裁判例でも確認済みであります。）

5．なおこの完全性宣言書は、西ドイツ公認会計士協会が1935年から使用しているものであり、1961年制定の西ドイツの金融制度法（Kreditwesengesetz）第44条第1項第1号を基因として、1968年に連邦金融制度監督庁の公布した規定として、関与先の経理の公正さを公の機関に対して鮮明にするために、総ての被監査企業から徴求している完全性宣言書（Vollstädigkeitserklärung）のひな型を、日本流に書き直したものです。

　　以　上

ⓒTKC全国会2012年

資料　中小企業の決算書・税務申告書等のサンプル

3期比較財務諸表

株式会社　SCG印刷

(単位：千円、千円未満切り捨て)

項　目	25年4月から26年3月まで	構成比	26年4月から27年3月まで (A)	構成比	27年4月から28年3月まで (B)	構成比	対比 (B/A)	黒字企業平均 平成27年版	構成比
流動資産	71,334	49.9	75,899	52.7	71,302	51.3	93.9	79,270	53.3
当座資産	61,556	43.1	69,109	48.0	65,973	47.4	95.5	71,228	47.9
（現金預金）	24,075	16.8	33,689	23.4	29,419	21.2	87.3	44,316	29.8
（売上債権）	37,481	26.2	35,419	24.6	36,554	26.3	103.2	26,827	18.0
たな卸資産	9,477	6.6	6,426	4.5	5,141	3.7	80.0	4,724	3.2
その他流動資産	300	0.2	363	0.3	187	0.1	51.5	3,317	2.2
固定資産	71,632	50.1	68,188	47.3	67,786	48.7	99.4	69,468	46.7
有形固定資産	51,760	36.2	46,715	32.4	44,714	32.1	95.7	45,184	30.4
無形固定資産・投資	19,872	13.9	21,472	14.9	23,072	16.6	107.4	24,284	16.3
繰延資産	0	0.0	0	0.0	0	0.0		15	0.0
総資産	142,967	100.0	144,087	100.0	139,088	100.0	96.5	148,754	100.0
流動負債	59,402	41.5	64,019	44.4	63,545	45.7	99.3	31,856	21.4
（買入債務）	17,247	12.1	14,320	9.9	16,840	11.9	115.9	13,245	8.9
（短期借入金）	25,310	17.7	35,442	24.6	35,485	25.5	100.1	7,142	4.8
（割引手形等）	7,477	5.2	0	0.0	0	0.0		1,000	0.7
固定負債	55,709	39.0	46,704	32.4	37,700	27.1	80.7	38,705	26.0
（長期借入金等）	45,275	31.7	36,779	25.5	28,283	20.3	76.9	35,826	24.1
純資産	27,855	19.5	33,363	23.2	37,843	27.2	113.4	78,191	52.6
株主資本	27,855	19.5	33,363	23.2	37,843	27.2	113.4	78,427	52.7
評価差額等・新株予約権	0	0.0	0	0.0	0	0.0		-236	-
純売上高	194,138	100.0	214,234	100.0	226,854	100.0	105.9	168,772	100.0
売上原価	154,609	79.6	164,632	76.8	169,495	74.7	103.0	111,790	66.2
売上総利益	39,529	20.4	49,601	23.2	57,358	25.3	115.6	56,983	33.8
販売費・一般管理費	38,046	19.6	42,320	19.8	51,809	22.8	122.4	51,867	30.7
販売費	14,653	7.5	18,138	8.5	21,980	9.7	121.2	11,660	6.9
一般管理費	23,393	12.0	24,182	11.3	29,829	13.1	123.4	40,206	23.8
（役員報酬）	8,600	4.4	8,400	3.9	11,400	5.0	135.7	14,900	8.8
（役員外人件費）	17,294	8.9	22,423	10.5	27,656	12.2	123.3	16,780	9.9
（減価償却費Ⓐ）	1,217	0.6	1,182	0.6	1,242	0.5	105.1	1,124	0.7
営業利益	1,482	0.8	7,280	3.4	5,549	2.4	76.2	5,116	3.0
営業外収益	1,623	0.8	1,653	0.8	1,734	0.8	104.9	1,820	1.1
（受取利息・配当金）	153	0.1	133	0.1	149	0.1	112.2	46	0.0
営業外費用	1,300	0.7	1,394	0.7	1,236	0.5	88.7	2,003	1.2
（支払利息割引料）	1,230	0.6	1,394	0.7	1,236	0.5	88.7	979	0.6
経常利益	1,804	0.9	7,540	3.5	6,047	2.7	80.2	4,933	2.9
特別損益	-20	-	0	0.0	0	0.0		-637	-
税引前当期純利益	1,784	0.9	7,540	3.5	6,047	2.7	80.2	4,296	2.5
（減価償却費Ⓐ+Ⓑ）	6,481	3.3	5,852	2.7	3,976	1.8	68.0	4,417	2.6
売上原価	154,609	79.6	164,632	76.8	169,495	74.7	103.0	111,790	66.2
商品売上原価	12,134	6.3	15,996	7.5	20,222	8.9	126.4	1,434	0.9
製品売上原価	142,474	73.4	148,636	69.4	149,273	65.8	100.4	110,355	65.4
材料費	51,358	26.5	46,102	21.5	45,093	19.9	97.8	29,011	17.2
労務費	28,949	14.9	30,372	14.2	32,134	14.2	105.8	31,384	18.6
外注加工費	48,331	24.9	59,143	27.6	61,208	27.0	103.5	38,882	23.0
減価償却費Ⓑ	5,263	2.7	4,669	2.2	2,734	1.2	58.6	3,293	2.0
その他の経費	8,997	4.6	8,254	3.9	8,076	3.6	97.8	7,939	4.7
（△たな卸高増減）	426	0.2	-458	-	-125	-			
純売上高	194,138	236.5	214,234	231.6	226,854	227.1	105.9	168,772	170.9
商品売上原価	12,134	14.8	15,996	17.3	20,222	20.2	126.4	1,434	1.5
材料費	51,205	62.4	46,131	49.9	45,101	45.1	97.8	29,032	29.4
外注加工費	48,186	58.7	59,180	64.0	61,219	61.3	103.4	38,820	39.3
工場消耗品費	489	0.6	415	0.4	416	0.4	100.2	730	0.7
加工高（粗利益）	82,121	100.0	92,509	100.0	99,894	100.0	108.0	98,754	100.0
加工高（粗利益）比率（％）	42.3		43.2		44.0		102.0	58.5	
加工高労働生産性	6,317		6,852		7,135		104.1	4,970	
人件費	54,758	66.7	61,215	66.2	71,196	71.3	116.3	62,999	63.8
労務費	25,860	31.5	27,521	29.7	29,214	29.2	106.2	27,244	27.6
給料手当	23,716	28.9	28,415	30.7	35,769	35.8	125.9	28,067	28.4
福利厚生費	5,181	6.3	5,277	5.7	6,212	6.2	117.7	7,687	7.8

(注)「黒字企業平均」の数値は、「TKC経営指標（平成27年版）」における同業黒字企業　16件の平均値です。
　また、その分類水準は、細分類　で、参照業種名は、オフセット印刷以外の印刷業（紙のもの）　（1512）です。
　なお、分類水準が中分類の場合は、近接の異業種を含んだ数値となっています。

株式会社　SCG印刷

3 期 比 較 経 営 分 析 表

平成28年　3月31日現在

	項　　　目	26年　3月	27年　3月(A)	28年　3月(B)	差異(B-A)	対比(B/A)	黒字企業平均
	平均従事員数（月）(人)	13.0	13.5	14.0	0.5	103.7	19.9
	総資本営業利益率(%)	1.0	5.1	4.0	-1.1	79.0	3.4
	総資本経常利益率(%)	1.3	5.2	4.3	-0.9	83.1	3.3
	自己資本利益率(税引前)(%)	6.4	22.6	16.0	-6.6	70.7	5.5
収益性分析	総資本回転率(回)	1.4	1.5	1.6	0.1	109.7	1.1
	総　資　本(日)	268.8	245.5	223.8	-21.7	91.2	321.7
	流動資産(日)	134.1	129.3	114.7	-14.6	88.7	171.4
	現金・預金(日)	45.3	57.4	47.3	-10.1	82.5	95.8
	売上債権(日)	70.5	60.3	58.8	-1.5	97.5	58.0
	たな卸資産(日)	17.8	10.9	8.3	-2.7	75.6	10.2
	その他流動資産(日)	0.6	0.6	0.3	-0.3	48.6	7.4
	固定・繰延資産(日)	134.7	116.2	109.1	-7.1	93.9	150.3
	有形固定資産(日)	97.3	79.6	71.9	-7.6	90.4	97.7
	流動負債(日)	111.7	109.1	102.2	-6.8	93.7	68.9
	買入債務(日)	32.4	24.2	26.5	2.3	109.5	28.6
	買入債務（支払条件）(日)	57.3	42.5	48.7	6.2	114.6	68.7
	固定負債(日)	104.7	79.6	60.7	-18.9	76.2	83.7
	自己資本(日)	52.4	56.8	60.9	4.0	107.1	169.1
売上高対売上高利益率分析	売上高営業利益率(%)	0.8	3.4	2.4	-1.0	72.0	3.0
	売上高経常利益率(%)	0.9	3.5	2.7	-0.9	75.7	2.9
	売上総利益率(%)	20.4	23.2	25.3	2.1	109.2	33.8
	材　料　費(%)	26.4	21.5	19.9	-1.7	92.3	17.2
	労　務　費(%)	14.9	14.2	14.2	0.0	99.9	18.6
	外注加工費(%)	24.8	27.6	27.0	-0.6	97.7	23.0
	経　　費(%)	7.3	6.0	4.8	-1.2	79.0	6.6
	販売費・一般管理費(%)	19.6	19.8	22.8	3.1	115.6	30.7
	販管人件費(%)	13.3	14.4	17.2	2.8	119.7	18.8
	営業外収益(%)	0.8	0.8	0.8	0.0	99.1	1.1
	営業外費用(%)	0.7	0.7	0.5	-0.1	83.7	1.2
	支払利息割引料(%)	0.6	0.7	0.5	-0.1	83.7	0.6
生産性分析	1人当り売上高(年)(千)	14,933	15,869	16,203	334	102.1	8,493
	加工高（粗利益）比率(%)	42.3	43.2	44.0	0.9	102.0	58.5
	1人当り加工高(粗利益)(年)(千)	6,317	6,852	7,135	282	104.1	4,970
	1人当り人件費(年)(千)	4,218	4,533	5,085	552	112.2	3,174
	労働分配率(限界利益)(%)	66.7	66.2	71.3	5.1	107.7	63.9
	1人当り総資本(千)	10,997	10,673	9,934	-738	93.1	7,486
	1人当り有形固定資産(千)	3,981	3,460	3,193	-266	92.3	2,274
	加工高設備生産性(%)	158.7	198.0	223.4	25.4	112.8	218.6
	1人当り経常利益(年)(千)	138	558	431	-126	77.3	248
安全性分析	流　動　比　率(%)	120.1	118.6	112.2	-6.4	94.6	248.8
	当　座　比　率(%)	103.6	108.0	103.8	-4.1	96.2	223.6
	預金対借入金比率(%)	30.4	46.2	45.5	-0.7	98.5	99.8
	借入金対月商倍率(月)	4.8	4.0	3.4	-0.7	83.4	3.1
	固　定　比　率(%)	257.2	204.4	179.1	-25.3	87.6	88.9
	固定長期適合率(%)	85.7	85.2	89.7	4.6	105.4	59.4
	自己資本比率(%)	19.5	23.2	27.2	4.1	117.5	52.6
	経常収支比率(%)	106.0	106.0	105.1	-0.9	99.2	105.2
	実質金利率(%)	1.9	2.5	2.7	0.3	111.4	3.3
債務償還能力	ギアリング比率(%)	253.4	216.5	168.5	-48.0	77.8	55.0
	自　己　資　本　額(千)	27,855	33,363	37,843	4,479	113.4	78,191
	債務償還年数(年)	3.2	1.0	1.1	0.1	112.5	0.0
	インタレスト・カバレッジ・レシオ(倍)	1.3	5.3	4.6	-0.7	86.7	5.3
	償却前営業利益(千)	7,963	13,133	9,525	-3,607	72.5	9,533
成長性	対前年売上高比率(%)	107.5	110.4	105.9	-4.5	96.0	98.1
	経常利益増加額(千)	6,713	5,735	-1,492	-7,228	－	-3,227
損益分岐点分析	損益分岐点売上高(年)(千)	189,877	196,767	213,120	16,352	108.3	160,341
	経営安全率(%)	2.2	8.2	6.1	-2.1	74.3	5.0
	限界利益率(%)	42.4	43.2	44.0	0.9	102.0	58.5
	固定費(年)(千)	80,443	84,942	93,840	8,897	110.5	93,835
	固定費増加率(%)	99.4	105.6	110.5	4.9	104.6	100.3

資料　中小企業の決算書・税務申告書等のサンプル

書　類　範　囲　証　明　書　⑥

（ＴＫＣ会計人）　　　　　　　　　　　　　　　　平成28年 5月13日

税理士法人　ＴＫＣコンピュータ会計事務所　殿

（住　所）栃木県鹿沼市鳥島町１１１－１

（商　号）株式会社　ＳＣＧ印刷

（代表者）代表取締役社長　野田　勝美　㊞

下記は平成27年4月1日より平成28年3月31日に至る事業年度に関し、その決算に採り入れられるため、私の総括的指示及び管理の下に提供した当方の関係書類リストであります。

書類の名称	冊数	備考	書類の名称	冊数	備考
1. 各種議事録綴	1		28. 売上見積書控	×	
2. 契約書綴	2		29. 売上納品書控	×	
3. 決算報告書綴	1		30. 売上請求書控	1	
4. 一覧式総勘定元帳綴	1		31. 売上領収書控	8	
5. 補助元帳綴	1		32. 売上日報	×	
6. 総合仕訳帳綴	1		33. 売上カード	×	
7. 現金出納帳	1		34. 商品受払帳	×	
8. レジペーパー綴	1		35. 売上通帳	×	
9. 当座勘定出納帳	×		36. 仕入先元帳	3	
10. 当座小切手控	5		37. 仕入注文書	×	
11. 当座入金控	×		38. 仕入見積書	×	
12. 当座勘定照合表	4		39. 仕入納品書	11	
13. 普通預金通帳	7		40. 仕入請求書	11	
14. その他の預金証書	8		41. 仕入通帳	×	
15. 預金残高証明書	×		42. 外注台帳	×	
16. 受取手形記入帳	1		43. 作業（製造・販売）日報	4	
17. 棚卸表原本	×		44. 支店（出張所・営業所）日報	×	
18. 棚卸表原始記録	×		45. 源泉徴収関係綴	1	
19. 固定資産台帳	×		46. 給与台帳（賃金台帳）	1	
20. 支払手形記入帳	1		47. 一般・請求書綴	3	
21. 支払手形振出控	1		48. 証憑書綴	11	
22. 借入金割引手形残高証明書	×		49. 判取帳	×	
23. 借入金手形控	×		50. 銀行関係書類綴り	3	
24. 得意先元帳	4		51. 保険関係書類綴り	1	
25. 工事台帳	×				
26. 受注台帳	×				
27. 売上注文書	×				

注意1. 存在しないものには×印を記入のこと。
　　2. おしまいの空欄には右下りの斜線を引くこと。

Ⓒ ＴＫＣ全国会2010年

書類範囲証明書付表
(監査した書類の一覧)
平成27年 4月～平成28年 3月

28. 5. 23
(10:34)
P- 1

商号：株式会社　ＳＣＧ印刷

番号	書類の名称・金融機関名	冊数	特定番号（監査した書類綴の番号）	種類	口座番号
1	各種議事録綴	1	1		
2	契約書綴	2	1, 2		
3	決算報告書綴	1	1		
4	一覧式総勘定元帳綴	1	1		
5	補助元帳綴	1	1		
6	総合仕訳帳綴	1	1		
7	現金出納帳	1	1		
8	レジペーパー綴	1	1		
9	当座勘定出納帳	×			
10	当座小切手控	5	（明細参照）		
	足立銀行・鹿来東支店	2	1, 5	当座	0000123
	栃高銀行・鹿来支店	1	2	当座	0000866
	日陽銀行・宇高支店	1	3	当座	0000198
	朝日信用金庫・熊谷町支店	1	4	当座	0000058
11	当座入金控	×			
12	当座勘定照合表	4	（明細参照）		
	足立銀行・鹿来東支店	1	1		
	栃高銀行・鹿来支店	1	2		
	日陽銀行・宇高支店	1	3		
	朝日信用金庫・熊谷町支店	1	4		
13	普通預金通帳	7	（明細参照）		
	足立銀行・鹿来東支店	3	1, 5, 6	普通	0001565
	栃高銀行・鹿来支店	1	2	普通	0005589
	日陽銀行・宇高支店	1	3	普通	0007845
	朝日信用金庫・熊谷町支店	2	4, 7	普通	0000334
14	その他の預金証書	8	（明細参照）		
	足立銀行・鹿来東支店	1	1	定期預金	
	栃高銀行・鹿来支店	1	2	〃	
	日陽銀行・宇高支店	1	3	〃	
	朝日信用金庫・熊谷町支店	1	4	〃	
	足立銀行・鹿来東支店	1	5	定期積金	
	栃高銀行・鹿来支店	1	6	〃	
	日陽銀行・宇高支店	1	7	〃	
	朝日信用金庫・熊谷町支店	1	8	〃	
15	預金残高証明書	×	（明細参照）		
	足立銀行・鹿来東支店	×			
	栃高銀行・鹿来支店	×			
	日陽銀行・宇高支店	×			
	朝日信用金庫・熊谷町支店	×			
16	受取手形記入帳	1	1		
17	棚卸表原本	×			
18	棚卸表原始記録	×			
19	固定資産台帳	×			
20	支払手形記入帳	1	1		
21	支払手形振出控	1	（明細参照）		
	足立銀行・鹿来東支店	1	1	当座	
22	借入金割引手形残高証明書	×	（明細参照）		
	足立銀行・鹿来東支店	×			
	栃高銀行・鹿来支店	×			
	日陽銀行・宇高支店	×			
	朝日信用金庫・熊谷町支店	×			
	国民生活金融公庫・宇高支店	×			
	中小企業金融公庫・宇高支店	×			
23	借入金手形控	×			
24	得意先元帳	4	1～4		

09999/141　　　税理士法人　ＴＫＣコンピュータ会計事務所　　　TKC・巡回監査・V2015.10A

資料　中小企業の決算書・税務申告書等のサンプル　305

棚 卸 資 産 証 明 書　⑦

（ＴＫＣ会計人）

平成 28年 5月 13日

税理士法人　ＴＫＣコンピュータ会計事務所　殿

（住　所）栃木県鹿来市鳥島町１１１－１

（商　号）株式会社　ＳＣＧ印刷

（代表者）代表取締役社長　野田 勝美　㊞

下記は平成 28年 3月 31日現在に於いて、私の総括的指示及び管理の下に確定した当方の棚卸資産の総括結果であります。

	種　　類	金　　額	備　　考	評 価 方 法	
1	商　　品	円	実地棚卸・帳簿棚卸		法
2	製　　品	228,611 円	〃 〃	売価還元	〃
3	半 製 品	円	〃 〃		〃
4	原 材 料	4,821,633 円	〃 〃	最終仕入原価	〃
5	仕掛品(半成工事)	88,564 円	〃 〃	最終仕入原価	〃
6	貯 蔵 品	3,000 円	〃 〃	最終仕入原価	〃
7		円	〃 〃		〃
8		円	〃 〃		〃
9		円	〃 〃		〃
10	破損棚ざらし品	円	処 分 可 能 価 格		〃
	合　　　計	5,141,808 円			

上記合計の内訳

実地棚卸資産　　　5,141,808 円
帳簿棚卸資産　　　　　×　　 円　（これが無いときには×印をつけます）

この棚卸資産の内容の全部及びその何れの部分についても、私の知りかつ信ずる限りにおいて、以下の記載が正確であることを証明いたします。

1．実地棚卸については、下記のものを除いて、その数量はすべて実際の個数、重量、容積によって決定しました。
　　記：　なし

2．帳簿棚卸については、その数量は、実地棚卸に基づくか、若しくは下記の如くに決定しました。
　　記：　なし

3．ここに記載した、当社で生産または加工した棚卸資産には、生産（加工）のため、及び生産（加工）に附随して要した費用は総て、含まれています。

4．未着品・積送品・預け品等に該当するものについては、下記の如く処理しました。
　　記：　なし

©ＴＫＣ全国会2012年

負債証明書

⑧

平成 28 年 5 月 13 日

(ＴＫＣ会計人)

税理士法人　ＴＫＣコンピュータ会計事務所　殿

(住　所) 栃木県鹿来市鳥島町１１１－１
(商　号) 株式会社　ＳＣＧ印刷
(代表者) 代表取締役社長　野田　勝美　㊞

平成 28 年 3 月 31 日が決算日の、当方の会計記録の監査に関して、当方が知りかつ信ずる限りで、次の通り証明します。

1. 総ての債務金額が、決算日までに請求を受けている総ての項目を含めて、確定債務として実在し(但し、引当金関係を除く)、当方の会計帳簿に記載されていること。即ち脱漏のないこと。

2. 決算日現在で、下記以外の偶発債務は存在しないこと。
   - イ．次以外の割引手形：　なし
   - ロ．次以外の他に譲り渡した手形：　なし
   - ハ．次以外の他人の債務の保証：　なし
   - ニ．次以外の訴訟または判決による債務：　なし
   - ホ．次以外の通常取引以外の金融債務：　なし
   - ヘ．次以外の信用状記載残高の未使用分：　なし
   - ト．次以外の過年度分の更正(修正)による租税公課：　なし
   - チ．次以外の時価以上の金額での、または通常必要とする分量以上の分量の物品購入契約：　なし

3. 次以外の債務免除はないこと：　なし

4. 当社の資産で、債務の担保に供されているものは、次以外にはないこと：
   土地　990 m² (鹿来市鳥島町111-1)

5. 固定資産の建設及び、または、購入を契約した金額は ¥ 0 であること。

©ＴＫＣ全国会2012年

資料　中小企業の決算書・税務申告書等のサンプル

源泉所得税チェック表（自己監査用）　(1)

源泉徴収義務者番号	源泉徴収義務者の所在地及び名称		源泉事務担当者		TKC会計人
12345678	(所在地) 栃木県鹿来市鳥島町111-1		氏名	経験年数	堤
支給人員 14	(名称) 株式会社　SCG印刷		真木敦子	11	

チェック項目	取　扱　い			該当項目 有・無	追加納付事跡		
					人員	支給額	税額
1. 人件費の照合	年～年 月　月 27・4～28・3	徴収高計算書による支給総額 64,608,880円	決算書の人件費等の税額 71,191,226円	有・無			
	決算書の人件費等の方が多いときは、そのうち課税しなければならないものはありませんか。			有・⊜			
2. 雑給	(1) 大入袋、お年玉、新年酒こう料などの名目で、金銭を支給したときは課税の対象となりますが、給与に含めなかったものはありませんか。			有・⊜			
	(2) 皆勤賞、精勤賞等は課税の対象となりますが、給与に含めなかったものはありませんか。			有・⊜			
3. 宿日直料	1回の支給額が4,000円を超える場合の超える金額、代休を与えた場合の支給額、給与に比例している場合の支給額。（所基通28-1） 宿日直を本来の職務とするような人に対する支給額は課税の対象となりますが、給与に含めなかったものはありませんか。			有・⊜			
4. 現物給与 (1) 家賃	(1) 従業員社宅について徴収している家賃等の額が、通常の賃貸料相当額の1/2に満たないときは、賃貸料相当額と徴収した家賃との差額は課税の対象となりますが、給与に含めなかったものはありませんか。（所基通36-45、47）			有・⊜			
	(2) 役員社宅について徴収する家賃等の額が、通常の賃貸料相当額に満たないときは、その差額は課税の対象となりますが給与に含めていますか。また、借上げ社宅の場合で、支払い家賃の50%相当額等が通常の賃貸料相当額を超える時かつ、徴収する家賃が支払家賃の50%相当額より少ない場合は、その差額が課税対象となります。（所基通36-40～44）			有・⊜			
(2) 食事	使用者が役員又は使用人に対して支給した食事は、その食事の価額の50%以上を役員又は使用人が負担すれば原則として課税されません。ただし使用者の負担が月額3,500円（同一人に対して）を超えると使用者が負担した全額が課税の対象となります。 課税対象となる金額は給与に含めていますか。（所基通36-38の2）			有・⊜			
(3) その他	自社製品等の現物給与は課税の対象となりますが課税の対象となる金額は、給与に含めていますか。（所基通36-23、39）			有・⊜			
5. 旅費	旅費等の名目で支給しているものであっても月額又は年額で支給しているものは、わが国ではフランスと異なり原則として課税の対象となりますが、給与に含めなかったものはありませんか。（所基通28-3）			有・⊜			
6. 渡切り交際費	交際費として支給した金額のうち業務のために使用した事績の明らかでないものは課税の対象となりますが、給与に含めなかったものはありませんか。（所基通28-4）			有・⊜			
7. その他	(1) 光熱費、家事使用人の給与などのように個人負担が正当である部分を不当に会社が支出していませんか。（所基通36-26） (2) その他の支出で、多額の記念品等の費用で給与に該当するものは、給与に含めていますか。（所基通36-21、22）			有・⊜ 有・⊜			
8. 原稿料講演料等	原稿料、講演料、デザイン料、設計料、出演料等で課税漏れとなっているものはありませんか。			有・⊜			

注意　上記の有無のうち該当するものは○で囲んで下さい。

©TKC全国会2012年

源泉所得税チェック表（自己監査用）(2)

源泉徴収義務者番号	源泉徴収義務者の所在地及び名称	源泉事務担当者		TKC会計人
12345678	（所在地）栃木県鹿来市鳥島町１１１－１	氏名	経験年数	
支給人員 14	（名称）株式会社　ＳＣＧ印刷	真木敦子	11	堤

チェック項目	取扱い	該当項目 有・無	追加納付事跡		
			人員	支給額	税額
9. 弁護士税理士等の報酬	弁護士、税理士、公認会計士、企業診断員、不動産鑑定士、司法書士等に支払う報酬、料金で故なく課税漏れとなっているものはありませんか。	有・(無)			
10. 芸能人等の報酬	芸能人、芸能プロダクション、楽団、劇団等に支払う報酬、料金で課税漏れとなっているものはありませんか。	有・(無)			
11. ホステス等の報酬	バー、キャバレー、ナイトクラブ、のホステス等に支払う報酬、料金で課税漏れとなっているものはありませんか。	有・(無)			
12. 扶養控除等申告書	適用区分　甲欄適用者 14人　乙欄適用者 0人　丙欄適用者 0人				
	控除対象に該当しない人を控除していませんか。又は税額表の適用区分に誤りはありませんか。	有・(無) 有・(無)			
13. 保険料控除申告書	証明書が必要なのに添付されていないもの、受取人が本人及びその親族でないものを誤って控除しているものはありませんか。	有・(無)			
14. 税額の計算	各月の税額の計算、年末調整の計算に誤っているものはありませんか。年末調整で多額の過納額のでた人、中途就職者などについて検算してください。	有・(無)			
15. 配当役員賞与	配当、役員賞与に対する源泉徴収税額で未納となっているものはありませんか。（未納の場合でも、支払確定の日から1年を経過すると納税しなければなりません。）	有・(無)			
16. 未納税額	源泉徴収税額で未納となっているものはありませんか。あればその内訳と納付見込月日を記入してください。源泉所得税の未納税額				

年月日	所得の種類	未納税額	年月日	所得の種類	未納税額
年　月分		円	年　月分		円

注意　1. 用語は同じでも、商法上の給料、報酬と税法上のそれとは、内容が違うことを知っておきましょう。
　　　2. この表は、関与先を守るためのものですから、厳密に使用して下さい。

©TKC全国会2012年

おわりに

　最後に，執筆者一同が本書に期待することについて申し述べたい。

　2016年10月，金融庁は「平成28事務年度金融行政方針」を公表した。その中で新たに「日本型金融排除」というキーワードが登場した。金融庁は日本型金融排除を「十分な担保・保証のある先や信用力のある先以外に対する金融機関の取り組みが十分でないために，企業価値の向上が実現できていない状況」と定義している。この日本型金融排除は，以下の理由で早急に改善されるべきである。

◆今後の人口減少傾向と日本経済

　昨今，日本の人口減少問題が日本経済に与える影響について，さまざま局面で議論が行われている。ある国の国内総生産（GDP）の大きさは，その国の「生産年齢人口」と「労働生産性」の積で決まる。労働生産性は世界的に頭打ちであり，結局GDPは労働者数に左右される。したがって，日本は労働者数が将来に向けて大きく減少するのであるから，経済の成長率が世界の中でも相対的に低い部類となり，経済は衰退するという悲観論があり（人口減少ペシミズム），これについてはどうしようもないことであるとの論調が多く見られる。

　日本経済はこのまま縮小均衡で推移するしかないのだろうか。

◆人口減少社会でも需要は喚起できる

　上記の悲観論に対して，「人口減少を前向きにとらえるべきである」との議論がある。

　将来に向けAI（人工知能）やICT（情報通信技術）によって仕事を奪われる人が多数出てくると危惧する向きがある。反面，日本のように急激な人口減少が進み，労働力不足が生じる環境は，逆にAIやICTの進展による産業の構造改革にいち早く取り組むことができるのであるから，そのアドバンテージを最大限利用すべきであるとの前向きな見解である。

日本は長時間労働が社会問題化するなど，労働生産性は諸外国と比べて決して高い水準ではなく，特にサービス業におけるそれは改善の余地が大きい。人口が減少しても，イノベーション（技術革新）により労働生産性を向上させてGDPを維持できれば，1人当たりの「所得」は上昇する。そうすれば，需要はまだまだ喚起できるという発想である。

◆労働生産性向上の要は「イノベーション」

　人口減少局面の日本では，上記のように将来に向かってイノベーションが引き起こされる環境が必要不可欠であるにもかかわらず，それが十分に整っているとはいえない。

　日本には，本来イノベーションが生まれる条件，すなわち「人材・技術・資金」がそろっているはずである。日本人のライフステージを通じて培われた能力水準は高く，特に企業の手厚い育成のもと中高年の能力は世界有数の水準にある。

　また，諸外国に追い上げられているとはいえ，大企業・中小企業を問わず日本の技術力はまだまだ健在である。

　では，資金面ではどうだろうか。ゼロ金利政策という背景がありながら，人材や技術に将来性があっても，自由な起業や新たな投資を促し成長をバックアップする資金面でのインフラが整備されているとはいえない現状がある。融資にあたっては「担保・保証に過度に依存することなく，企業の事業の内容や成長可能性等を適切に評価（「事業性評価」）すべき」とされているが，中小企業金融の現場では未だ試行錯誤が続いている。その実態が「日本型金融排除」と表現され，克服すべき課題として示されているのである。

　間接金融がメインとなる中小企業がイノベーションを巻き起こすためには，豊かな発想を持つ人材の育成とそれを実現する技術開発を後押しする資金供給が必要不可欠となる。「必要なところへ，必要なときに，必要なだけ」資金が供給される社会的なインフラとしての中小企業のための金融のしくみが整備されていかなければならない。

　当然，うまくいくケースばかりとは限らない。失敗した事業は公正な評価のもと市場から退場し捲土重来を期せる，そういった新陳代謝の進展も含めて自

由な社会でなければならない。

◆相互理解の必用性

　中小企業に対して金融機関が求める「決算書」と，職業会計人（税理士，公認会計士）が作成し，あるいは作成を指導している「決算書」とは視点が異なっているというギャップが生じている。金融機関は決算書に回収可能性の情報を求めてきたし，職業会計人には正しい税務申告の前提として中小会計要領等を遵守した正しい決算書を作成する義務がある。そのギャップを埋めるためには両者が理解し尊重し合う歩み寄りの努力が必要である。

　また，将来に向かって中小企業の決算書の信頼性を確保するしくみの重要性について，税理士も公認会計士もその意義に異存はないはずである。中小企業の決算書の信頼性を確保する方法は，「財務諸表監査（公認会計士の独占業務）」のしくみである必要はない。さまざまな可能性について業際問題を超えて議論する時期が来ているのではないか。ここにも十分なコミュニケーションと歩み寄りの努力が必要である。

　日本の中小企業金融のためにベストな選択はなにか，どうあるべきかといった議論を深めていく時期が間違いなく来ている。

◆本書の意義

　日本の中小企業を取り巻く環境に上記のような背景がある中，本書が企画された。

　本書は，中小企業会計学会（会長 河﨑照行甲南大学教授）における課題研究委員会最終報告書「中小企業金融における会計の役割」がベースとなっている。

　中小企業会計学会は，「中小企業をめぐる諸問題を理論・制度・実務の諸側面から，研究者と実務者の広範な意見交換を通して解明し，わが国および諸外国の会計理論と会計実務の発展に資すること」を目的とし，研究者，会計専門職，教育者，事業経営者，その他中小企業関係者の多様な英知を結集させることを目指して2013年2月に設立された。

　当課題研究委員会も中小企業会計学会設立の趣旨に沿って，研究者，金融機関融資担当役員，会計専門職といった多彩な顔ぶれの委員が役割分担をして約

2年間の研究の後，最終報告書「中小企業における会計の役割」を公表した。

報告書では「中小企業金融」を共通の「場」としてとらえ「融資（貸出）」「決算書の信頼性」「経営改善」という相互に密接に関連したテーマを「会計」という切り口で論じている。実務の最前線で中小企業金融に携わる金融機関の実務担当者や中小企業の会計・税務のみならず，認定経営革新等支援機関として経営全般に深くかかわっている職業会計人（税理士・公認会計士），そして中小企業会計をテーマに問題意識を持っている研究者とのコラボレーションを通じ，中小企業金融を取り巻く現状を明らかにするとともに，中小企業金融における「会計」の機能を理論的・実務的に解明し，諸課題を明らかにし，あるべき姿はどこなのかについて体系的・網羅的に論じていることが本書の最大の特色である。

本書が日本の中小企業の将来を支える中小企業金融の現状を多くの方々にご理解いただくとともに，相互理解のもと，将来のあるべき姿をともに考え，理想の姿に近づけていく一助となれば，執筆者一同これに勝る喜びはない。

2017年5月

編者　加藤　恵一郎

索　引

欧文

Action ································194
Amazon レンディング ·················137
BIS 規制 ·····························29
Check ································193
Do ···································193
IT を活用したモニタリング手法 ·······226
PDCA サイクル ·······················193
Plan ·································193

あ

新しい中小企業金融の法務に関する研究
　　会報告書 ·······················82
アテステーション ····················178
一般に公正妥当と認められる企業会計の
　　慣行 ··························119
入口対応 ····························90
営業キャッシュフロー ················204
エキスパートシステム ················139

か

会計監査人制度 ······················153
会計行為 ····························156
会計参与 ·······················31, 154, 170
会計情報の活用 ······················201
会計調査人調査制度 ··············29, 153
会計帳簿の記載要件 ··················150
確定決算主義 ···············121, 158, 169
可視性の確保 ························140
貸出条件の検討 ·······················73
貸出審査 ·························68, 70
借入効果 ····························73
借入申込金額の妥当性 ·················72
関係書類等の備付け ··················140
監査行為 ····························156
勘定科目内訳明細書 ··········249, 269-274
勘定科目の自動推測機能 ··············135
管理会計 ····························216

機械論的アプローチ ····················6
企業のライフステージ ················104
記帳適時性証明書 ·········144, 235, 254
記帳の重要性 ························121
機能論的アプローチ ····················6
逆基準性 ····························158
逆選択 ······························15
業績管理 ····························190
業務管理 ····························190
業務指標 ····························218
金融機関が行うモニタリング ··········213
金融機関職員の「目利き力」···········65
金融機関との信頼関係の再構築 ········224
金融機関のコンサルティング機能 ······228
金融機関の取引実績 ···················73
金融検査マニュアル ···················48
金融検査マニュアル金融円滑化編 ······78
金融検査マニュアル別冊（中小企業融資
　　編）···························49
金融市場 ····························14
金融仲介機能のベンチマーク ··········109
クラウド型会計ソフト ················134
クラウド型会計ソフトベンダーと金融
　　機関との連携 ·················137
経営改善計画策定支援 ······36, 78, 195, 198
経営改善計画策定支援事業におけるモニ
　　タリング ·····················208
経営改善計画の策定目的 ··············188
経営者保証ガイドライン
　　·····················37, 77, 81, 197, 248
決算書の信頼性 ···········176, 204, 229
決算報告書 ······················255-267
月次巡回監査 ························152
減価償却内訳明細書 ·············275-276
減価償却費 ·························128
検索機能の確保 ······················141
限定されたディスクロージャー ········121
見読可能性の確保 ····················140
合実計画 ····························200

公正処理基準（一般に公正妥当と認めら
　れる会計処理の基準）……………158,163
購買管理………………………………195
コベナンツ（財務制限条項）…19,125,213
コンサルティング機能…………………65
コンピレーション……………………178

さ

在庫管理………………………………195
財務会計システム……………………172
債務者区分判定チェック表……………60
財務数値の信頼性……………………235
財務データ……………………………103
財務のモニタリング…………………215
シームレス管理………………………229
資格要件…………………………………71
事業性評価……………19,65,77,99,244
事業性評価モデル……………………105
事業のモニタリング…………………221
資金使途の確認…………………………72
資金のモニタリング…………………223
シグナリング……………………………18
自己査定…………………………………49
自己資本比率……………………………13
実施計画の策定………………………202
実態財務への修正………………………50
実態把握…………………………………76
実抜計画………………………………200
社内業務管理…………………………194
修正財務確認表…………………………53
巡回監査………………………19,144,172
情報の非対称性……………………15,225
書面添付制度………19,155,169,293-308
審査申込書類……………………………70
真実性の確保…………………………140
信用格付…………………………………50
信用格付表………………………………51
信用状態の調査…………………………71
正確性…………………………………151
税理士の使命…………………………176
税理士の独立性………………………182
税理士法…………………………172,176
セーフハーバールール…………………61

全国信用保証協会連合会中小会計要領
　チェックリスト………………………37
早期経営改善計画策定支援……………231
相互関連性の確保……………………140
相談相手………………………………189
相当注意義務…………………………174
相当の償却……………………………128
租税正義の実現………………………174

た

棚卸資産の評価………………………127
地域金融人材育成システム開発事業……30
"ちいさな企業"未来会議取りまとめ
　（経済産業省）…………………35,124
知的資産………………………………111
知的資産経営…………………………111
知的資産経営報告書…………………112
中期経営計画の策定支援……………108
中小会計要領………34,116,171,192,219
中小会計要領に取り組む事例65選……219
中小会社経営簿記要領…………………29
中小企業…………………………………12
中小企業会計割引制度…………………32
中小企業金融円滑化法…………………32
中小企業金融における会計の位置づけ…2
中小企業金融における経営改善…………4
中小企業金融における決算書の信頼性…3
中小企業金融における融資（貸出）の
　しくみ……………………………………3
中小企業経営者………………………189
中小企業経営者の会計活用スキル……205
中小企業経営者の経営課題…………189
中小企業経営力強化支援法……………35
中小企業憲章……………………23,33,43
中小企業再生支援協議会での再生計画
　……………………………………200
中小企業政策審議会企業力強化部会
　「中間とりまとめ」……………………34
中小企業庁………………………………85
中小企業等経営強化法…………………39
中小企業の新たな事業活動の促進に
　関する基本方針………………………36
中小企業の会計に関する基本要領の適用

に関するチェックリスト･･････････34
中小企業の会計に関する研究会報告書･･･30
中小企業の会計の質の向上に向けた推進
　計画･･････････････････････････････31
中小企業の再生を促す個人保証等の在り
　方研究会報告書･････････････････････87
中小企業簿記要領･･･････････････････29
中小指針･････････････････31,117,171
中小・地域金融機関向けの総合的な監督
　指針･･･････････････33,35,62,241
停止条件付き個人保証･･･････････214
訂正・削除履歴の確保･･･････････140
定性情報･･･････････････････････111
定性情報一覧表･･･････････････････56
適時性･････････････････････････150
適切な記帳･････････････････････194
電子帳簿保存法･････････････140,170
特別目的の財務報告の枠組みに準拠して
　作成された財務諸表に対する監査（監
　査基準委員会報告書800）･････････37
取引方針策定書･･････････････････58
取引明細取り込み機能･･･････････135

な

日本再興戦略　改訂2014･･･････38,100
日本再興戦略　改訂2015･････････････38
認定支援機関･･･････････35,198,243

は

バーゼルⅠ･････････････････････29
バーゼルⅡ･････････････････････32
販売管理･･･････････････････････194
非財務情報･････････････････････221

非財務情報の有用性･････････････235
フィンテック･･･････････････136,139
部門別業績管理体制･････････････216
プリパレーション･･･････････････178
粉飾･････････････････････63,127,131
平成27事務年度「金融行政方針」･･･38,102
平成28事務年度「金融行政方針」･･･････40
平成26事務年度「金融モニタリング基本
　方針」･･･････････････････38,99,101
ベシャイニグング･･･････････････179
返済能力の有無････････････････････73
包括根保証の禁止････････････････86
法人事業概況説明書･････････････249
法人税申告書･････････････249,277-292
保証の連続体･･･････････････････179

ま

魅力発信レポート･･･････････････112
モニタリング･･･････････････････19,207
モニタリングによるコミュニケーション
　･････････････････････････････237
モニタリング報告書･････････････209
モラルハザード･････････････････17

や

有価証券の評価･････････････････127
融資相談受付（ヒアリング）･･････68
融資の5原則････････････････････71

ら

レビュー･･･････････････････････178
レモン市場･･････････････････････15
ローカルベンチマーク･･･････39,66,147

◆執筆者紹介 (執筆順)

坂本 孝司 (さかもと たかし)　　担当：編集, 序章, 第2章, 特別収録, 資料解説
　愛知工業大学教授　税理士・米国公認会計士　TKC全国会会長

成川 正晃 (なりかわ まさてる)　　担当：第1章
　東北工業大学教授

平井 正大 (ひらい せいだい)　　担当：第3章・第4章
　浜松信用金庫常務理事

松﨑 堅太朗 (まつざき けんたろう)　　担当：第5章・第6章
　税理士・公認会計士　博士 (経営情報科学)
　TKC全国会中小企業支援委員会副委員長

古川 忠彦 (ふるかわ ただひこ)　　担当：第7章・第8章
　アルパーコンサルティング株式会社代表取締役　経営管理修士

上野 隆也 (うえの たかや)　　担当：第9章
　税理士　博士 (経営情報科学)

加藤 恵一郎 (かとう けいいちろう)　　担当：編集, 第10章
　税理士・公認会計士　TKC全国会副会長・戦略特別委員会委員長

原田 伸宏 (はらだ のぶひろ)　　担当：第11章
　税理士・公認会計士　TKC関東信越会会長

増山 英和 (ますやま ひでかず)　　担当：第12章
　税理士　TKC全国会中小企業支援委員会委員長

〈編著者紹介〉

坂本 孝司（さかもと たかし）

税理士・米国公認会計士　博士（経営情報科学・愛知工業大学）
愛知工業大学　経営学部・大学院　教授
1956年生まれ。1978年神戸大学経営学部卒業。1998年東京大学大学院法学政治学研究科博士課程単位取得退学、2011年愛知工業大学大学院経営情報科学研究科博士後期課程修了。経済産業省「中小企業政策審議会」臨時委員、中小企業庁「中小企業の会計に関する研究会」委員等を歴任。現在、TKC全国会会長、中小企業会計学会副会長。
〈主要著書〉　『会計制度の解明－ドイツとの比較による日本のグランドデザイン』（中央経済社、2011年、日本会計研究学会　太田・黒澤賞受賞）、『ドイツにおける中小企業金融と税理士の役割』（中央経済社、2012年）、『会計で会社を強くする（中小会計要領対応版）』（TKC出版、2013年）、他多数

加藤 恵一郎（かとう けいいちろう）

税理士・公認会計士
1957年生まれ。1980年立命館大学経営学部卒業。公認会計士第二次試験合格後、札幌中央監査法人（現あずさ監査法人）、加藤高正税理士事務所を経て加藤恵一郎公認会計士・税理士事務所開設。2003年税理士法人加藤会計事務所設立、代表社員に就任して現在に至る。日本税理士会連合会情報システム委員会副委員長、北海道税理士会常務理事（情報化対策部・紛議調停委員会担当）等を歴任。現在、TKC全国会副会長・戦略特別委員会委員長、中小企業会計学会理事。
〈主要著書〉　『中小企業金融と税理士の新たな役割』（共著、中央経済社、2012年）

中小企業金融における会計の役割

2017年7月20日　第1版第1刷発行

編著者	坂　本　孝　司
	加　藤　恵一郎
発行者	山　本　　　継
発行所	㈱中央経済社
発売元	㈱中央経済グループ パブリッシング

〒101-0051　東京都千代田区神田神保町1-31-2
電話　03（3293）3371（編集代表）
　　　03（3293）3381（営業代表）
http://www.chuokeizai.co.jp/

© 2017
Printed in Japan

印刷／昭和情報プロセス㈱
製本／誠　製　本　㈱

＊頁の「欠落」や「順序違い」などがありましたらお取り替えいたしますので発売元までご送付ください。（送料小社負担）
ISBN978-4-502-23041-7　C3034

JCOPY〈出版者著作権管理機構委託出版物〉本書を無断で複写複製（コピー）することは、著作権法上の例外を除き、禁じられています。本書をコピーされる場合は事前に出版者著作権管理機構（JCOPY）の許諾を受けてください。
JCOPY〈http://www.jcopy.or.jp　eメール：info@jcopy.or.jp　電話：03-3513-6969〉

─ ■おすすめします■ ─

学生・ビジネスマンに好評
■最新の会計諸法規を収録■

新版 会計法規集

中央経済社編

会計学の学習・受験や経理実務に役立つことを目的に、最新の会計諸法規と企業会計基準委員会等が公表した会計基準を完全収録した法規集です。

《主要内容》

会計諸基準編＝企業会計原則／外貨建取引等会計処理基準／連結CF計算書等作成基準／研究開発費等会計基準／税効果会計基準／減損会計基準／自己株式会計基準／１株当たり当期純利益会計基準／役員賞与会計基準／純資産会計基準／株主資本等変動計算書会計基準／事業分離等会計基準／ストック・オプション会計基準／棚卸資産会計基準／金融商品会計基準／関連当事者会計基準／四半期会計基準／リース会計基準／工事契約会計基準／持分法会計基準／セグメント開示会計基準／資産除去債務会計基準／賃貸等不動産会計基準／企業結合会計基準／連結財務諸表会計基準／研究開発費等会計基準の一部改正／変更・誤謬の訂正会計基準／包括利益会計基準／退職給付会計基準／原価計算基準／監査基準／連続意見書 他

会 社 法 編＝会社法・施行令・施行規則／会社計算規則

金 商 法 編＝金融商品取引法・施行令／企業内容等開示府令／財務諸表等規則・ガイドライン／連結財務諸表規則・ガイドライン／四半期財務諸表等規則・ガイドライン／四半期連結財務諸表規則・ガイドライン 他

関 連 法 規 編＝税理士法／討議資料・財務会計の概念フレームワーク 他

■中央経済社■